Ber

EL HOMBRE EN EL UMBRAL
El reto del desarrollo interior

Antroposófica

TITULO ORIGINAL: MENS OP DE DREMPEL
UCC Copyright 1983 Uitgeverij Vrij Geestesleven, Zeist, Holand
Copyright Edición Inglesa 1985 Hawthorn Press, Stroud GL5 2HU,
Reino Unido
Editorial Rudolf Steiner S.A. 1997
AUTOR: BERNARD LIEVEGOED
TRADUCCCION: Jaime Acevedo Altamira
TITULO EN CASTELLANO: EL HOMBRE EN EL UMBRAL
SEGUNDA EDICION EN CASTELLANO: Editorial Antroposófica 2001
DERECHOS RESERVADOS A FAVOR DE: Editorial Antroposófica

Hecho el depósito que previene la Ley 11.723
I.S.B.N. 987-9066-47-2

EDITORIAL ANTROPOSOFICA
El Indio 1837, 1607. Villa Adelina
Buenos Aires - Argentina.
antroposofica@arnet.com.ar

Impreso y Encuadernado en *Gráfica Guadalupe*
Av. San Martín 3773, Rafael Calzada.
Buenos Aires, Argentina, en el mes de abril de 2002

CONTENIDOS

Prólogo 7
Biografía del autor 11
Capítulo 1
El hombre en el umbral 15
Capítulo 2
El camino interior: los misterios egipcios 27
Capítulo 3
El camino exterior: los misterios del Norte 35
- *Canción del sueño de Olav Asteson*
Capítulo 4
Hombre diurno y hombre nocturno 57
- *Los Himnos a la noche de Novalis*
Capítulo 5
El segundo hombre interior 77
Capítulo 6
Los caminos de desarrollo en el pasado y en el presente 85
- *El camino oriental de desarrollo*
- *El camino cristiano medieval*
- *El camino cristiano rosacruz*
Capítulo 7
El camino de la Antroposofía 99
Capítulo 8
Sobre los "dobles" humanos 115
- *El doble como guardián del umbral*
- *Constitución, temperamento y carácter*
- *La educación y la cultura como dobles*
- *Los seres naturales no redimidos como dobles*
- *El problema masculino y femenino*
- *El guardián del umbral*
Capítulo 9
Los procesos planetarios en el cosmos y en el hombre 145
- *Punto de partida*
- *Los siete procesos planetarios*
- *Resumen*

Capítulo 10
El desarrollo del alma sensible, del alma del intelecto
y de corazón y del alma consciente 177
- *El desarrollo del alma sensible*
- *El desarrollo del alma de intelecto y de corazón*
- *El desarrollo del alma consciente*

Capítulo 11
La Sombra del camino interior 193

Capítulo 12
La Sombra del camino exterior 209

Capítulo 13
El pensar terapéutico en la psicoterapia antroposófica 217

Capítulo 14
Puntos de vista para el diagnóstico y la terapia 231

Capítulo 15
El tratamiento terapéutico de perturbaciones en el
desarrollo anímico 241

Capítulo 16
La constitución histérica 249
- *La histeria como fenómeno de nuestro tiempo*

Capítulo 17
Vías de escape 265
- *Puntos de vista generales*
- *Anorexia nerviosa*
- *Comportamiento psicopático*
- *Adicción*

Capítulo 18
La formación del terapeuta 299
Notas y Bibliografía 311

Prólogo

Tiempo: Invierno 1928-29. Lugar: el viejo hospital *Binnengasthuis* de Amsterdam, departamento de Medicina Interna, dirigido por el profesor Piet Ruitenga. Más exactamente: el cuarto de guardia del pabellón de mujeres, antes un retrete. El cuarto de guardia eran los dominios de los jóvenes co-ayudantes, que llevaban a cabo los tests rutinarios y anotaban los resultados en las fichas de los pacientes. El cuarto era también el lugar en que todo el personal del hospital tomaba café por la mañana, todos de pie, intercambiando las últimas noticias.

Una mañana en concreto, el profesor Ruitenga y todos sus ayudantes y co-ayudantes departían juntos, con sus tazas de café en la mano. Uno de los ayudantes contaba algo: "He visitado a mi tía este fin de semana. Reumatismo crónico...pobre mujer...tan encogidita. Se ha intentado todo: salicílico, oro, pero nada funciona.

Ahora le han llevado a la nueva clínica *Rudolf Steiner*, y ¿qué creéis que hacen con ella? ¡*Hablan* con ella cada día durante media hora! ¡Ja, ja, ja!". Grandes risotadas en todo el grupo. ¡Qué locura!

Entonces se oyó la voz del más joven de los co-ayudantes: "Yo he conocido a uno de los médicos que trabajan allí. Parecía alguien bastante razonable..." De pronto el profesor Ruitenga se volvió: "¿Qué sabes tú de esa medicina antroposófica?"

El joven co-ayudante respondió: "Bueno, profesor, no mucho, pero me interesa, y espero poder averiguar más sobre ella."

El profesor Ruitenga: "Es extraño...el otro día me vino a visitar uno de esos médicos, un antiguo alumno mío. Me dio un libro para que lo leyera. Lo intenté, pero, sinceramente, ¿tienes alguna idea de lo que significa *cuerpo etérico*?"

El joven co-ayudante: "No he llegado a tanto, profesor." Ruitenga: "Varios antiguos alumnos míos han ido a parar allí. No lo entiendo. Eran mis mejores alumnos..."

Se alejó del grupo y se marchó, con su taza medio llena, murmurando: "Eran mis mejores alumnos...".
Silencio general y miradas acusadoras hacia el joven co-ayudante que había estropeado el ambiente.

Ésta fue la primera experiencia del joven co-ayudante. A los 24 se graduó en medicina, y descubrió que la conversación biográfica debía formar parte de toda terapia. Se interesó por la Psiquiatría y decidió fundar un hogar para niños disminuidos psíquicos partiendo de las bases de la Antroposofía.

El profesor Carp de Leiden le ayudó a llevar a cabo un estudio basado en el trabajo de ese instituto. Esto le llevó a presentar su tesis doctoral en 1939[1].

En los años 30, hubo una intensa discusión en la Clínica Jelgersma, en Holanda, sobre si en el futuro debía haber o no una especialización en psiquiatría infantil, y si ésta debía ser incluida en la formación. Yo tuve el privilegio de tomar parte en esas deliberaciones, gracias a mi experiencia en el *Zonnehuis* (hogar para deficientes). Esa especialización, de hecho, se instituyó tras la Segunda Guerra Mundial.

Durante ese tiempo, por razones que no vienen al caso, mi trabajo tomó la dirección de la psicoterapia general. En los años 30 la psicoterapia era casi lo mismo que el psicoanálisis. Yo seguí mi propio camino, basándome en la Antroposofía, animado por mis frecuentes contactos con la gente de la Clínica Jelgersma.

A esta forma de psicoterapia le llamé *terapia biográfica*, porque su objetivo era el situar los problemas del paciente en el contexto del desarrollo biográfico de su vida en conjunto, y no el buscar las causas solamente en shocks o frustraciones vividas por el paciente en el pasado.

El concepto de *desarrollo* se convirtió en el tema central, y se me hizo cada vez más claro que el desarrollo se producía como resultado del encuentro y superación de una resistencia, no sólo en el plano constitucional, educacional o de experiencia, sino además en la incapacidad de aceptar la situación *actual* y en la falta de perspectivas en el futuro individual de cada uno.

También se me hizo evidente que esa resistencia (de gran ayuda para el desarrollo personal) era producto de experiencias interiores sobrecogedoras que no se habían comprendido.

Con objeto de encontrar medios para confrontarse con estos problemas vitales, se le intentaba dar al paciente, en primer lugar, una panorámica de las leyes que normalmente actúan en el curso de la vida humana. Este fue el tema de mi libro *Fases - Crisis y desarrollo del individuo*, que se publicó en 1976[2].

Muchos problemas toman una nueva perspectiva cuando son vistos como fases normales del desarrollo.

El tema de este libro es la *resistencia* en un sentido profundo. Este tema nos ha llevado a hacer referencia a la imagen antroposófica del hombre en su totalidad. Por ello este libro es más *antroposófico* que el anterior.

El libro se divide en dos partes. La primera es más general. Describe diferentes aspectos del desarrollo humano, con el trasfondo de la imagen del hombre y la concepción del mundo antroposófica.

La segunda parte da una imagen de los aspectos fundamentales de la terapia biográfica y está dirigida a lectores con miras más profesionales. Puede ser para ellos el punto de partida de un estudio y una experiencia práctica individual más profunda. No obstante muchos aspectos de esta segunda parte pueden ser de provecho para aquellos que buscan alguna terapia.

Este libro es el resultado de 50 años de experiencia propia, y tiene por ello mi impronta personal. Sin duda alguna hay otros aspectos y puntos de vista, diferentes o complementarios, válidos en este área.

Se ha omitido una introducción detallada o una fundamentación de los conceptos derivados de la Antroposofía; con ellos este libro habría sido desproporcionadamente voluminoso. Sin embargo la terminología más importante está comentada en notas al final del libro, con referencias bibliográficas, de manera que se pueda profundizar y buscar orientación en este tema.

Una observación previa: el autor quería inicialmente escribir *él/ella* respectivamente a lo largo de todo el libro. Pero debido a que esto hubiera ido en detrimento de su legibilidad, se decidió, tras consultar con el editor, el uso del masculino en un contexto general, con el entendimiento explícito de que siempre que se escriba *él* es igualmente válido, en todos los casos, para *ella*.

Octubre de 1983   B.C.J. Lievegoed

Biografía del Autor

Bernard Lievegoed nació el 2 de septiembre de 1905 en Medan, Sumatra, Indonesia. Era hijo del director de un periódico local. Allí creció y estudió, rodeado de la más exuberante belleza natural del mundo entero. A los 17 se fue a Holanda, donde realizó sus estudios secundarios. Lievegoed decidió estudiar medicina porque, según su inusual razonamiento, eso le dejaría el futuro abierto.

Terminó la carrera en seis años. Mientras tanto, Lievegoed comenzó a interesarse en la psiquiatría, y conoció, al mismo tiempo, la Antroposofía gracias al psiquiatra holandés Willem Zeylmans van Emmichoven. En un viaje a Suecia, Lievegoed visitó un instituto antroposófico para niños con deficiencias mentales, y quedó tan impresionado que decidió fundar una institución similar en Holanda. En 1931 se abrió el *Zonnehuis*, que él mismo financió en parte por medio de una consulta de medicina general que atendía por su cuenta. En 1939, Lievegoed completó su tesis doctoral basada en el trabajo de ese instituto, tratando temas como el uso terapéutico de la música, que luego publicó con el título *Maat, Ritme, Melodie* (Medida, ritmo, melodía).

Tras los años de la guerra de 1940-45, el *Zonnehuis* creció rápidamente hasta tener más de 200 niños. Lievegoed, sin embargo, se aventuró en empresas de muy distinta naturaleza. Al haber escrito un libro sobre el desarrollo infantil y su relación con la educación*, y dar frecuentes conferencias sobre educación y pedagogía desde un punto de vista antroposófico, fue llamado en 1948 a dirigirse a un prestigioso grupo de empresarios con la cuestión de cómo la educación podía potenciar la expansión industrial holandesa de la postguerra. Esto

---

* Etapas evolutivas del niño. En preparación E.R.S.

pronto llevó a solicitudes individuales en relación con la formación profesional. Le surgió tanto trabajo de consultoría de empresas, que decidió dejar la dirección del *Zonnehuis* y dedicarse por completo a asesorar a las empresas sobre problemas humanos.

En 1954, Lievegoed fue llamado a participar en el Colegio de Economía Holandés, más tarde llamado Universidad Erasmus, en Rotterdam, como profesor de *Pedagogía Social*. Lievegoed accedió, y también fundó el Instituto Holandés de Pedagogía, para realizar trabajos de investigación. El NPI, *Netherlands Paedagogical Institute*, consiguió rápidamente ponerse a la cabeza de los organismos que investigan las cuestiones sociales en el campo de la empresa y de la industria. Con Lievegoed como director y participante activo en el trabajo, el NPI abrió brecha en *desarrollo de organización socio-terapéutico*, relaciones humanas y formación profesional.

En 1963. fue también llamado a cooperar en la creación del departamento de ciencias sociales en el *Techniche Hogeschool* (Colegio Técnico), de Twente, donde su colaboración fue clave para crear un nuevo curso, que puede describirse como ingeniería terapéutico - industrial. También acabó su libro *La organización en desarrollo*, que fue publicado en Holanda en 1969, y se hizo internacionalmente conocido.

Mientras tanto, sin embargo, le ocupaban también otras cuestiones. Aparte de sus tareas docentes en el Colegio de Economía de Rotterdam, Lievegoed se hizo *psiquiatra de los estudiantes*. Descubrió que el 85% de los problemas que le traían los estudiantes estaban relacionados con dificultades en los estudios, la soledad y la elección errónea de materias. En 1971, dimitió como director del NPI y fundó el *Vrije Hogeschool* (Escuela Superior Libre) para ofrecer una oportunidad a los jóvenes que habían acabado la educación secundaria, y se sentían inseguros respecto a su futuro, ofreciéndoles hacer un año de orientación general y desarrollo personal. Haciendo un gran rodeo, el médico de 65 años, educador, asesor de empresas y profesor, había regresado a su vieja pasión, la psiquiatría. Había tomado ahora la forma de *fomento de la individualización* para jóvenes. Durante los años en que estuvo como rector del *Vrije Hogeschool* (se retiró en 1982), Lievegoed escribió *Fases*, sobre el desarrollo de la vida humana, que acabó siendo un *best seller* en Holanda.

Además de sus múltiples actividades, en las que hay que incluir muchas de carácter oficial en el gobierno y la empresa, Lievegoed escribió más de 20 libros y folletos, y numerosos artículos, reportajes, etc. sobre una gran variedad de temas, tales como psicología del desarrollo, pedagogía curativa, pedagogía social, desarrollo de organización, educación, arquitectura, desarrollo comunitario y medicina. En diciembre de 1983 recibió la *Pluma de Oro*, un premio literario que otorga la Real Asociación de Escritores de Holanda a autores que han destacado por su contribución a la vida cultural del país. Fue descrito en esa ocasión como "un hombre contemporáneo, que está al tanto de los problemas de nuestro tiempo y de las necesidades de un mundo turbulento". Lievegoed, siempre ha estado ocupado por los problemas más candentes en lo cultural y social.

"Hoy día, nos dice, cada problema es un problema moral."

Primera parte

Capítulo 1
El hombre en el umbral

La premisa básica de este libro es una frase de Rudolf Steiner: "La Humanidad ha cruzado el umbral". Las seguras fronteras que salvaguardaban nuestra consciencia durante los pasados siglos ya no son seguras. Especialmente la frontera interior, la que da acceso al cuerpo y al alma, ha dejado de ser efectiva. Fuerzas compulsivas y desconocidas consiguen el acceso a nuestra consciencia y hacen subir los miedos, la alienación y la depresión, a la superficie.

Los primeros signos comenzaron a manifestarse a comienzos de siglo con el psicoanálisis. Al principio, aquellos cuyos límites aún se mantenían sólidos como rocas se burlaron y lo ridiculizaron, pero pronto penetró en la vida cultural. Hoy día es difícil imaginar una novela o una película sin connotaciones psicoanalíticas.

La sensación de ansiedad crece día a día. ¡Esto no puede ser! Se supone que somos personas sanas, psíquicamente equilibradas (que quiere decir en definitiva tener una consciencia *sensible*, orientada hacia el mundo material visible y tangible).

En este siglo el uso de tranquilizantes y del alcohol se ha incrementado año a año. En los últimos 15 años su consumo se ha cuadruplicado, y sigue subiendo mes a mes. ¿Qué está pasando?

Con este libro tengo la intención de profundizar en la comprensión de estos fenómenos desde el punto de vista de la Antroposofía y de su imagen del ser humano. Gracias a la Antroposofía podemos discernir con claridad *áreas oscuras* para nuestra comprensión ordinaria. Para poder superar la ansiedad y el miedo debemos partir de una comprensión real. El conocimiento ahuyenta el miedo.

Si caminamos por el campo al anochecer y nos encontramos de pronto en la penumbra con la figura de un hombre en pie enfrente de nosotros, nos llenamos de miedo e inquietud. Pero al descubrir que no es más que un matorral, entonces, aliviados, recuperamos el aliento y nuestro corazón deja de palpitar con tanta intensidad. En cuanto uno ha reconocido el fenómeno en lo que es, el miedo a lo desconocido desaparece, uno se siente seguro de sí mismo y puede hacer frente a la situación con dignidad.

En los próximos capítulos intentaremos hacer efectivo este proceso de eliminación del miedo a lo desconocido. Podremos ver claramente que estamos tratando con procesos evolutivos enteramente justificados y necesarios para la humanidad occidental; procesos, por otra parte, tan naturales como el cambio de dentición o la pubertad, y tan naturales también como los cambios por los que la humanidad pasó en la transición de la Edad Media al Renacimiento, a una nueva era que trajo el impulso de hacer nuevos descubrimientos.

Surgió entonces un deseo irresistible de dirigir la atención, antes ocupada con la especulación filosófica, hacia el mundo en sí mismo, visto de pronto como un planeta desconocido e inexplorado, y hacia la naturaleza, que comenzó a verse como la fuente de una riqueza abundante, y aún sin explotar. Ahora nuestra atención se dirige hacia nuestro mundo interior con una fuerza igualmente irresistible. En lugar de aquellos viajes en busca de continentes desconocidos, es en nuestra propia psique humana donde se produce la exploración de territorios desconocidos. Se están cruzando fronteras aterradoras. Hubo un tiempo en que estaba prohibido viajar hacia el oeste, se suponía que llegabas al fin del mundo y que los barcos caían por una inmensa catarata a las inconmensurables profundidades de la Nada. Ahora lo prohibido es cruzar las fronteras de la consciencia diurna y entrar en la locura de la Nada.

No obstante, igual que aquellos barcos que se atrevieron a viajar hacia el oeste, y encontraron un nuevo continente con nuevas maravillas y nuevos tesoros, también los que se atrevan a hacer el viaje interior con plena consciencia comprobarán que allí donde van hay nuevas maravillas y tesoros por descubrir.

El pensamiento científico se equivoca al pensar que en lo esencial la humanidad ha tenido la misma relación con el mundo que en los últimos 150 años, solo que nos hemos hecho más listos que nuestros torpes y supersticiosos ancestros; que ahora, por fin, nos hemos hecho sensatos y científicos, y así continuará hasta el fin de los tiempos.

¡Pero así no funcionan las cosas! De la misma manera que se abandonó la Escolástica, considerada la más elevada forma de conocimiento en su época, y se la sustituyó por la ciencia, ahora vivimos una época en la que, como alternativa al pensamiento natural-científico, naturalista, hay una forma de pensamiento que intenta investigar la materia *y* el espíritu en el mismo grado.

Dicho de otra manera: todas las culturas de la antigüedad se basaban en una visión del mundo en la que el mundo divino era visto como el creador. La única realidad era la espiritual. Los antiguos griegos aún vivían, en cierta manera, en ese mundo divino, pero desarrollaron entonces una nueva visión idealista del mundo, en la que detrás de los fenómenos externos se vivía la *idea* como causa y origen de todo. Nuestra época ha relegado el mundo divino y el mundo ideal al ámbito de la ingenuidad infantil, y sólo entiende de materia. En el materialismo, las leyes naturales y el azar son la causa y origen de todas las cosas, y el espíritu es la gran *Maia*, un mundo de ilusión.

Pero en este siglo, el materialismo clásico ha pasado su cenit. Estamos a punto de dar el paso hacia el *realismo espiritual*, en el que ambos, materia y espíritu son realidades en continua interacción. "No hay materia sin espíritu, ni espíritu sin materia". Así decía Rudolf Steiner, que se presenta a sí mismo como un verdadero *realista*[1].

Este libro ha sido escrito con esa visión realista del mundo, tal como la ha desarrollado la Antroposofía.

El hombre actual vive entre dos fronteras. Una es la de la observación. Vemos los fenómenos del mundo desde fuera. En todas partes nos encontramos con la superficie exterior de las cosas. Si queremos saber lo que se esconde detrás de la superficie, y cortamos el objeto, entonces nos encontramos con que hemos creado dos nuevas superficies. Incluso con la mayor amplificación posible en el microscopio electrónico nos encontramos con la superficie de las partículas más pequeñas, y luego llegamos a la disolución de esas partículas en unas fuerzas no materiales, hipotéticas, que sólo podemos deducir por su actividad.

La visión exterior del Hombre se topa con las superficies, hechas visibles por la iluminación. La visión interior del Hombre, en su alma (psique), se topa con un muro oscuro, en el cual sólo se manifiestan los recuerdos. Lo que ocurre detrás de ese espejo de recuerdos, ya sea en forma de procesos orgánicos y procesos anímicos inconscientes, se escapa a nuestra observación directa, de la misma manera que se nos escapan las fuerzas que actúan en la naturaleza. En el camino exterior recurrimos a instrumentos, que nos ayudan a ampliar o reducir, para poder penetrar en la esencia de las cosas. En el camino interior intentamos conocer la esencia del mundo detrás del espejo de los recuerdos por medio de técnicas tales como el análisis de los sueños, la hipnosis, y la investigación de los fenómenos psicológicos.

Pero en este caso también, uno no llega más que a describir procesos de un mundo inconsciente en términos del consciente. Por ello, el ser humano vive entre dos fronteras que no puede cruzar en su consciencia diurna.

Rudolf Steiner describió esas fronteras en una conferencia en 1918. Hizo un dibujo, que reproducimos a continuación de forma simplificada[2].

En el universo actúan fuerzas que tocan apenas las fronteras del mundo sensorio, sin llegar a manifestarse ellas mismas.

En el sistema metabólico del hombre bullen fuerzas que chocan contra la frontera de la memoria.

El cosmos exterior y el metabolismo interior son dos mundos desconocidos. La ciencia se ha declarado incapaz de penetrar en la esencia de la realidad. El dogma de "no preguntar sobre cuestiones ontológicas" quiere decir, no preguntar sobre el *ser* de las cosas. Solo se puede preguntar sobre *cómo* trabajan las fuerzas en el universo, pero no *qué* son. Sabemos bien *cómo* funciona una carga positiva o negativa, pero no *qué* es. Y cuando lo llamamos energía, esto no es más que una descripción. Así es cómo el materialismo manifiesta su carácter agnóstico. Pero, en cualquier caso, es honesto con ello (al menos en el caso de los verdaderos estudiosos, no en el de los que promulgan una ciencia popular y hacen creer que nombrar algo es lo mismo que explicarlo).

El materialismo tiene dos fronteras. El paso hacia el realismo requiere que el espíritu sea también investigado en su interacción con la materia. Esto significa que las fronteras interior y exterior deben ser franqueadas, y el ser espiritual debe estar sujeto a una investigación exacta, tal y como hemos aprendido a hacer con la ciencia. El realismo espiritual no es un paso atrás, hacia la vieja visión espiritualista del mundo, sino un paso adelante, que de hecho ha sido posible gracias a que le ha precedido el materialismo, con su observación exacta y sus estrictos métodos de procedimiento.

Daremos, a modo de introducción, un sumario, con el fin de que el lector tenga una impresión general de lo que puede esperar de este libro.

"La humanidad ha cruzado el umbral": Fuerzas desconocidas han accedido a la consciencia desde el reino del *inconsciente*; crean confusión, que se manifiesta en miedo, depresión, etc. El mundo psíquico, al que nos referiremos como mundo anímico en este libro, debe ser fortalecido y puesto en orden para que pueda mantener su equilibrio. Esto sólo puede ser llevado a cabo por el yo del ser humano, por su individualidad, que se encuentra en algún lugar en el camino de su propio desarrollo.

En este camino tiene un pasado, una tarea impuesta por el presente, y un futuro en el que los frutos de la vida presente formarán a su vez la subsiguiente tarea.

En cada encarnación, en cada paso en este proceso de desarrollo, se construye la estructura del alma en conjunción con la naturaleza física, dada por la herencia. La naturaleza física cuenta con varias cualidades: en primer lugar el cuerpo físico, hecho de materia; en segundo lugar un sistema de fuerzas vitales que lo penetran, y que lo construyen y destruyen continuamente, llamado cuerpo vegetativo o etérico; y en tercer lugar, un sistema de fenómenos y mecanismos psíquicos y animales, llamado cuerpo astral en concordancia con una antigua terminología, o en términos de Aristóteles, alma animal.

El Hombre nace con un cuerpo físico, fuerzas vegetativas y fuerzas anímicas animales. El yo tiene la tarea de penetrar esos *instrumentos* y humanizarlos.

Este proceso de humanización es la tarea de la primera mitad de la vida; subsiguientemente las fuerzas humanizadas pueden ser utilizadas para un desarrollo posterior. Este desarrollo tiene siempre lugar en interacción con otros seres humanos. Seguimos el camino de nuestra vida individual dando y recibiendo, y aumentando los *talentos* con que comenzamos la vida. Esto es lo que nos enseña la parábola de los talentos[3].

El hombre tiene en común con el animal las funciones anímico-animales. Del ámbito de la vida surgen pulsiones dedicadas a la perpetuación de la vida: comer, procrear, construir un nido, y defender un territorio, todas las pulsiones que el hombre tiene en común con el animal.

El mecanismo de estímulo-respuesta es la base del behaviorismo. Se trata de una psicología materialista que ve estos mecanismos como la única vida anímica *real*, y considera los llamados impulsos y deseos *superiores* como algo fuera de la realidad. Considera que el hombre no debe imaginarse ser más que un animal inteligente. Y que la causa de todos los problemas psicológicos reside en el hecho de que el hombre, influenciado por los tabúes culturales, reprime los mecanismos animales. La curación, por tanto, sólo puede encontrarse en la supresión de esos obstáculos, y en la creación de situaciones en las que se dé rienda suelta a esos mecanismos animales. Muchos grupos de terapia modernos se basan en esto. Todo ello se deriva del psicoanálisis, y no reconoce más que un mundo psíquico consciente y otro inconsciente. Sólo la logoterapia de Frankl y la psicosíntesis de Assagioli reconocen un mundo psíquico relacionado con la consciencia superior. En la consciencia superior, el hombre entra en contacto con su *yo superior* y con lo que ha alcanzado como atributos culturales gracias a su consciencia superior.

La terapia antroposófica consiste en reforzar las funciones del yo, y elevar así la vida anímico-animal a una esfera anímica media y serena, propia del nivel humano. Esto significa que las reacciones inmediatas deben ser retenidas e interiorizadas en el área central del alma humana, donde se confrontan con las cualidades morales, estéticas e intelectuales.

Todo esto será tratado en los capítulos concernientes al desarrollo de las llamadas *alma sensible, alma de intelecto y de corazón y alma consciente*. La cuestión central de este tema es que el hombre sólo se hace hombre en la zona media, entre las fuerzas de simpatía y antipatía, etc. . En esta zona media el hombre puede ser libre por un momento, y experimentar el espíritu. El animal va compulsivamente del placer al dolor, del ataque a la retirada, del hambre a la saciedad, etc. . el hombre puede interiorizar tales estímulos y reacciones entre los dos polos y vivir un encuentro íntimo con el mundo. De ahí surge una nueva cualidad, que, aparte de impresiones, proporciona sentido, belleza y juicio moral.

El hombre es un ser del medio, y toda cultura humana emana del medio.

El niño aprende esta cultura humana por imitación y veneración; en una fase posterior, el ser humano debe confrontarse con el yo individual. Esto ocurre hacia la mitad de la vida. Después del comienzo de los cuarenta el carácter individual ya ha sido formado, y se crea la base para la capacidad de encontrar un lugar propio en la vida cultural, de manera creativa, dando de uno mismo.

El joven intenta introducir la renovación por medio de la protesta, no puede hacerlo de otra manera. En una tercera fase, después de los cuarenta, el individuo busca la renovación a partir de las conclusiones que extrae de lo que Neumann llamó la *voz interior*[4].

El ser humano maduro y creativo es *herético* para su entorno, por causa de esa voz interior. La voz interior ya se había anunciado antes en la vida, bajo la forma de esa protesta frente a lo que no proviene del yo, sino del entorno cultural. Pero esa voz, la voz del yo superior, sólo se puede manifestar con firmeza y serenidad mucho más tarde.

El hilo conductor de este libro es el proceso del desarrollo del yo a partir del centro.

Con una esfera media fortalecida y consciente, el hombre puede cruzar el umbral exterior, y aprender a experimentar cada vez más claramente las cualidades que están detrás de las percepciones sensoriales, hasta encontrar la realidad espiritual: los seres espirituales que en otro tiempo eran visibles. Ahora deben ser vistos a la luz plena de la consciencia, una vez que ésta ha pasado por un ejercitamiento del pensar, del sentir y de la voluntad.

Con una esfera media fortalecida y consciente, el hombre puede cruzar el umbral interior, y encontrarse con aquellas fuerzas que atraviesan el espejo de los recuerdos cada vez con más frecuencia y perturban la consciencia diurna.

Este camino interior consciente es la única terapia contra la creciente amenaza de la vida anímica inconsciente, y el camino exterior consciente es la terapia contra el deseo de excarnarse por medio de la adicción a las drogas, al alcohol y a otros tóxicos.

Para que las experiencias que pueden ocurrir en estos dos caminos sean entendibles en nuestra época, hemos decidido describirlas, en primer lugar, tal como se experimentaban en la antigüedad, en los llamados *misterios*. En esos misterios de culturas antiguas se practicaban estos caminos. Los misterios germánicos del Norte conocían el camino exterior de iniciación, para entrar en el mundo de los seres elementales. Los misterios del Sur, en particular los egipcios, utilizaban el camino interior, el de la vida anímica inconsciente.

Los antiguos griegos situaban a sus dioses en el Olimpo, en el vasto mundo etérico de los seres elementales. Zeus-Júpiter reinaba sobre el rayo y el trueno. En el Arte y la Filosofía, Apolo conducía al hombre al mundo luminoso de la consciencia superior, por medio de las artes de las Musas. A los griegos les aterrorizaba el *submundo*, donde Dionisos dejaba que la pasión se desbocara, gracias a la intoxicación, y dominara al hombre. Sólo una vez al año, las bacantes y los sátiros eran liberados y se les permitía tomar las riendas por un corto periodo, en una orgía controlada por los misterios.

La resaca de estas festividades dionisíacas reforzaba la repulsión hacia el *submundo* durante un largo tiempo después; y esto era un paso importante en el camino hacia el desarrollo de la consciencia.

El hombre moderno se enfrenta a la necesidad de ser capaz de convivir con los dos mundos. El camino antroposófico de desarrollo consiste en encontrar un equilibrio entre los pasos hacia el interior y los pasos hacia el exterior. Sólo el hombre puede mantenerse en el medio.

La primera parte del libro, tras la descripción de los antiguos misterios, en interés de todos los lectores, se concentra en la Antroposofía como fundamento para la profundización de los acontecimientos psíquicos. Esto también ha de servir de base para fundamentar la segunda parte, en la que se tratará sobre los síndromes modernos y la psicoterapia a un nivel más profesional.

Esta segunda parte no es un libro de consulta sobre las neurosis, sino más bien un tratado ejemplificador de algunos síndromes, de manera que permita a los que deseen profundizar su experiencia en este campo, conocer algunos aspectos espirituales que les puedan llevar a acciones concretas y sensatas. La psicoterapia antroposófica no se basa en técnicas fijas que puedan ser aprendidas, sino en el encuentro de dos seres humanos, uno buscando ayuda y el otro ofreciendo acompañarle en la búsqueda de la continuación de su camino de desarrollo.

Aparte de patologías generales, en aumento como signo de los tiempos, sólo existe el sagrado camino de desarrollo individual de cada uno. El otro sólo puede ser ayudado a encontrar y desarrollar su propio centro si respetamos en grado máximo este camino, con todas sus dificultades. El que ayuda no se puede permitir juicios, solamente asombro y un sentido de responsabilidad hacia el despertar del sentido moral del otro.

El reforzamiento de la esfera central no sólo es el primer paso de la psicoterapia, sino también del camino de desarrollo individual. Este camino comienza con la creación de una rica vida interior, con la experiencia de la naturaleza, de la cultura, del arte. Continúa con el desarrollo de la paz interior, con el encuentro de momentos de contemplación, paso preliminar a la meditación, en la cual dejamos que un contenido elegido por nosotros mismos nos llene por un corto periodo de tiempo (lo cual es por tanto diferente de repetir sonidos o palabras eliminando todo pensar).

Así se creará una esfera central cálida, *solar*, con positividad y apertura hacia el mundo, y rica en contenidos provenientes de la cultura humana.

Sólo un centro que ofrece calor y luz puede ser entendido como el punto de partida del cruce consciente de las fronteras; de otra manera el cruce es vivenciado como una imposición debida a la necesidad de nuestra época, y no estamos preparados.

Un camino consciente de desarrollo interior elegido por nosotros y para nosotros, está en consonancia con una terapia cultural y una psicoterapia.

En los siguientes capítulos intentaremos describir cómo podemos experimentar conscientemente estos caminos de desarrollo sin caer en la neurosis, el escapismo o la adicción.

como un obstáculo para continuar. En la época de la cultura egipcia esta figura tomó la forma de la *esfinge*, que el discípulo ya conocía exteriormente, al verla en las estatuas que flanqueaban el camino al templo. Pero tenía que encontrarse con su propia esfinge. (Más tarde, los místicos tuvieron que confrontarse con una experiencia similar en sus votos de trabajo, tanto como fuera humanamente posible, con su propia alma.)

Debemos señalar que el camino interior es un camino *hacia atrás en el tiempo*. De la misma manera que el camino exterior conduce a la disolución del ego en el espacio, el camino interior implica un sumergirse en la corriente del tiempo. Nuestra constitución corporal, nuestros órganos, han sido formados por las fuerzas del pasado. Son el fruto de pasadas encarnaciones que se han coagulado, podríamos decir, en la formación y las funciones de nuestro cuerpo. Durante la iniciación este proceso de desarrollo se vivencia a la inversa.

Si la preparación se realizaba según lo previsto, el discípulo egipcio debía pasar el guardián del umbral, en la iniciación, con relativa rapidez, para confrontarse con su propio cuerpo astral (y más concretamente con el área bajo el plexo solar, o en otras palabras, con la vida anímica inconsciente). Ya había desarrollado el coraje y el valor necesarios para tal prueba. Pero sin la guía del hierofante, a través de cuyos ojos lo observaba todo, y sin la intercesión de éste cuando el discípulo corría el peligro de perderse, no hubiera conseguido progresar.

El siguiente paso es el que llevaba al discípulo a su propio *cuerpo etérico*, y en él las fuerzas ya no son tan restringidas, son *compulsivas*. El cuerpo etérico es la fuerza dinámica de todos los procesos vitales. Construye los órganos, destruye los alimentos, reconstituye con ellos las proteínas del organismo. En el cuerpo etérico trabajan fuerzas inimaginablemente destructivas y constructivas de los procesos bioquímicos. Estas fuerzas son seres etéricos reales, llamados *seres elementales* por Rudolf Steiner[2]. Están a nuestro servicio, pero si trabajan fuera de lugar, tienen un efecto destructivo. Y los llamamos enfermedades.

El cuerpo etérico es el *cuerpo del tiempo*, una amalgama de todos los procesos rítmicos de la esfera vital, trabajando en la formación del cuerpo etérico individual en el periodo prenatal. La formación individual del etérico está determinada por el *karma* que uno trae de sus vidas precedentes, y, como se puede comprender, altera los ritmos cósmicos ideales. En este sentido, los seres elementales a nuestro servicio toman un carácter negativo; nos persiguen bajo la forma de tendencias patológicas y unilateralidades constitucionales.

Esta tendencia constitucional hacia ciertas enfermedades, escondida dentro de nosotros, y que se manifiesta más tarde en la vida, es la que amenaza con dominar el yo del discípulo. Para prevenirlo estaban los doce ayudantes, ¡que también podrían ser llamados los doce sanadores!.

El discípulo, al estar protegido contra ese peligro, podía concentrarse en las fuerzas que habían individualizado su cuerpo etérico antes del nacimiento. Es decir, podía sumergirse en la corriente de su propio tiempo. La primera experiencia consistía, por tanto, en ver cómo en la fase prenatal el hombre elabora las fuerzas hereditarias para la vida que va a vivir. Para esta tarea el alma debe buscar el *ancestro* (de la próxima encarnación) a través de muchos siglos, y *acompañarlo* desde el reino de la existencia prenatal. Este *ancestro* (origen, linaje), es el que imprime sus características en el cuerpo etérico, a través de la herencia. Durante la experiencia iniciática uno remonta la propia corriente hereditaria. Uno puede encontrar reminiscencias de este tipo de iniciación en los pueblos que adoran a los antepasados.

La primera experiencia, la experiencia astral de los propios *pecados*, era como ponerse ante un espejo. Pero el discípulo tenía que atravesar el espejo y encontrarse con las fuerzas que trabajan en las imágenes reflejadas en él. Para poder soportar esta experiencia el alma debe ser educada en el desinterés por uno mismo, en el amor y en la compasión. Esta educación del alma consistía, en el periodo egipcio, en el desarrollo del *alma sensible*[3].

El cuerpo etérico es el portador de las fuerzas hereditarias; por ello se le hacía evidente al discípulo de la iniciación que debía participar en la formación de una herencia que correspondiera a la estructura etérica de su *karma*. A partir de las características de su propio cuerpo etérico se le hacía manifiesto que éste había sido formado en el gran lapso de tiempo entre su última muerte y su reciente nacimiento. Y veía que lo que perturbaba su cuerpo etérico tenía relación con las fuerzas que vivían en el cuerpo etérico de su vida anterior. Este cuerpo etérico había dejado su marca en las esferas del éter universal y podía vivenciar sus efectos. Para poder experimentar su vida anterior, el discípulo debía desligarse de todo lo que le ataba a su vida actual. Para el futuro iniciado, la reencarnación ya no era una enseñanza, sino una experiencia.

El discípulo sentía dentro de sí mismo a otra persona, el portador del *karma* viejo. Este *otro hombre*, este *doble*, tenía que aceptarlo y sanarlo. El discípulo sentía como si fuese *dos personas*: una vieja y otra nueva.

Pero debía sumergirse de nuevo en su constitución, y vivenciar que su vida anterior estaba *coloreada* por una vida precedente, y así sucesivamente, hasta llegar al momento en que los cuerpos etéricos se individualizaron por primera vez en la historia de la humanidad.

Esto ocurrió en el comienzo de la llamada época Lemúrica (véase *Ciencia Oculta*, de Rudolf Steiner[4]). En la precedente época Hiperbórea los cuerpos etéricos aún tenían un carácter vegetal, no estaban individualizados. En Lemuria adquirieron forma individual, gracias a la actividad formadora del cuerpo astral. Por ello, los misterios egipcios sólo llegaban al comienzo de Lemuria.

Moisés, que había pasado por una iniciación egipcia, también llegó al comienzo de la humanidad en Lemuria. El Paraíso es un recuerdo de lo que en Lemuria se vivenciaba del anterior periodo hiperbóreo.

Pero el discípulo egipcio debía ir más lejos aún. Debía también adquirir conocimiento de las fuerzas de su propio *cuerpo físico*. Debía aprender a ver su propio cuerpo físico desde dentro, y experimentar cómo se habían imprimido en él la características raciales y tribales. Aprendía a retroceder hasta el tiempo en que las razas comenzaron su existencia; entonces podía saber de las aportaciones que su raza había hecho al desarrollo de la humanidad. Y necesitaba saberlo para ser capaz de guiar a su pueblo de manera correcta, como iniciado.

El poder más elevado en el mundo etérico para los egipcios era *Tot/Hermes/Mercurio*[5]. *Hermes Trimegistos*, es decir, *Hermes tres veces grande*, era el primer hierofante y el fundador de los misterios egipcios. En la Biblia lleva el nombre de Enoc, que significa *el iniciado*.

El iniciado egipcio era, pues, iniciado en esos misterios *herméticos*, en primer lugar en los misterios del cuerpo etérico, de la corriente del tiempo, del desarrollo.

Quien experimente en nuestros días el surgir de las fuerzas etéricas-orgánicas y carezca de preparación alguna, caerá presa de ellas y anularán su consciencia.

Quien es víctima de esas fuerzas, desgarrado interiormente, experimentará en sí mismo, en su esquizofrenia, a dos personas que le hablarán en sus alucinaciones, le darán órdenes, o ánimos, dependiendo del órgano desde el que se manifiesten. Los que sólo experimenten fuerzas astrales se sentirán invadidos por sentimientos depresivos, que en última instancia, pueden conducir al suicidio. No sin razón se le puede llamar a la psicosis, una *iniciación fallida*, como explicaremos más tarde.

En todos los antiguos misterios se necesitaba un líder, un *gurú*, o un hierofante que guiara al discípulo paso a paso. Los *mantrams* que daba el maestro durante el periodo de preparación, estaban cargados con el poder personal del líder.

En la Edad Media, y desde el comienzo del Cristianismo, los místicos ya no eran guiados por un *gurú* en vida. Seguían su camino impregnados de Cristo. Para ellos el *gurú* era Cristo, a quien se entregaban totalmente. Este camino, sin embargo, requería la retirada de la vida normal.

El hombre moderno no debe entregar su yo a un *gurú*. Dado que su yo está notablemente más individualizado, debe ser él el responsable de su propio progreso. Sí debe seguir los consejos de alguien de más sabiduría, o de un iniciado, pero debe llevar a cabo su preparación con pleno dominio de su consciencia, y determinar por sí mismo cuando está preparado para el siguiente paso consciente. No debe haber sumisión a otra persona. Esto podría anular el desarrollo del yo moderno y supondría una regresión hacia etapas inmaduras del desarrollo del yo. Pero volveremos sobre el papel del *gurú* o maestro en los capítulos referentes al desarrollo interior (capítulos 6 y 7).

Capítulo 3
El camino exterior: Los misterios del Norte

Debido a su naturaleza sensoria, la consciencia diurna está confinada en la consciencia superficial que hemos mencionado anteriormente. Cada noche al dormirnos atravesamos esta superficie de la consciencia y entramos en la realidad espiritual que se esconde tras la ella. Nosotros mismos somos responsables de que esto nos permanezca oculto, ya que no nos ocupamos más que de lo que nos muestran los sentidos físicos.

En el momento de dormirnos, cuando renunciamos a la consciencia sensoria, entramos en el mundo de los elementos y en el de los seres que pueblan ese mundo, de cuya actividad en el mundo sensorio no percibimos más que los efectos. Pero al dormir perdemos nuestra consciencia diurna. En el mundo nocturno no percibimos nada normalmente.

Un camino iniciático *exterior* consiste en retener nuestra consciencia al dormirnos, para atravesar el umbral conscientemente.

En los misterios germánicos y célticos[1] el discípulo no era conducido hacia el interior, a su mundo subjetivo, sino hacia fuera, al cosmos, al mundo de las jerarquías[2] que guían el desarrollo de la humanidad. Estos misterios del lejano Norte se extendieron por toda Europa y el sur del Rusia, y llegaron hasta la antigua Persia de Zaratustra.

Mientras que el camino interior conducía a la experiencia alucinatoria de las propias fuerzas orgánicas, el camino exterior llevaba al *éxtasis*, a hacerse uno con las fuerzas del cosmos. Esto implicaba la disolución del yo, la expansión del yo en el cosmos, lo cual provocaba su debilitamiento progresivo. La fase de preparación consistía, por tanto, en un reforzamiento del yo, en el desarrollo de fuerzas suplementarias del yo. En los misterios nórdicos esto se llevaba a cabo por medio del desarrollo del *coraje*. Los años de preparación consistían en una serie de pruebas de coraje, tanto físicas como morales.

De ahí que los viajes de los vikingos en sus pequeños barcos por el mar abierto fueran una buena preparación. El coraje debía también ser practicado en la batalla, y a través de la vivencia del miedo. Si visitan el principal santuario germánico de *Externsteine* en Alemania (entre Paderborn y Detmold) se encontrarán con unos escarpados acantilados de 45 metros de altura. Entre dos de ellos, sobre un profundo precipicio, se pueden ver aún los restos del anclaje del llamado *"schwankende Brücke"* (el puente colgante), que estaba formado por dos sogas con travesaños de madera. El discípulo debía atravesarlo sin sentir vértigo; para los que no pasaban la prueba, era el fin de sus días. Algo similar ocurría, en un lugar cercano, en la *carrera de carros sagrada*, que no era de ninguna manera un agradable paseo[3].

Para la iniciación en sí era necesaria una dosis extraordinaria de coraje del yo. Las legiones romanas, fuertemente armadas y curtidas en la batalla temblaban de miedo ante los gritos de guerra de las hordas de los teutones cuando se lanzaban al ataque. Los celtas siempre luchaban totalmente desnudos, con sus cuerpos pintados de azul y armados sólo con un pequeño escudo y una larga espada. Esas fuerzas suplementarias de coraje tenían un efecto mágico sobre la gente del sur, que no las conocían en esa forma.

Cuando el discípulo había pasado por las pruebas, llegaba el momento de la iniciación. Para ello, debía experimentar primero una conexión muy particular con el ciclo del año.

Entonces el sacerdote le llevaba a conectarse, con plena consciencia, con el mundo de los elementales. En cierto sentido, ese mundo era accesible para los pueblos nórdicos de aquella época. La naturaleza estaba poblada de elfos y trolls, de gigantes de la niebla y de la tormenta. Los últimos restos de esto se pueden aún encontrar en Suecia, Noruega e Irlanda. Pero en la iniciación no se trataba de un encuentro a la luz del día, sino de *hacerse uno* con el mundo de los elementales. El yo se disolvía en las tormentas, era precipitado a las profundidades de la tierra, pasaba por la helada rigidez de las fuerzas del frío y por el calor abrasador.

La primera liberación del yo se experimentaba como un sentimiento de bendición y ligereza y como un escape de los vínculos terrestres. Y uno se confrontaba con la tentación de permanecer en ese estado. Cuando se trata la neurosis, es evidente que uno se confronta con la tentación de esa experiencia de excarnación, de levedad.

Pero entonces se producía bruscamente la transición al cosmos, con el mundo elemental como primer nivel, causando un desgarro interior por las fuerzas de la tierra, del agua, del aire y del fuego.

En estos misterios, el sacerdote también tenía doce ayudantes. Se habían preparado para imbuirse completamente con las fuerzas y el carácter de las estaciones del año, y se repartían de tres en tres las estaciones: tres para la primavera, tres para el verano, tres para el otoño y tres para el invierno. Debido a esta especialización, y como resultado de un sacrificio voluntario, estos ayudantes habían desarrollado unas fuerzas del yo unilaterales y concentradas. Juntos ayudaban al discípulo para que no fuera despedazado por los elementos. Acompañaban las experiencias del discípulo en su propia alma de manera consciente, con su consciencia del yo totalmente firme. Gracias a ello, el discípulo podía atravesar el mundo de los elementales y proseguir a la siguiente experiencia. Se hacía consciente de que detrás y en cada cosa, hay seres espirituales presentes. Caía un velo: la tierra, el agua, el aire y el fuego *se hacían seres*.

El discípulo tomaba sus cualidades anímicas del mundo elemental, y estas cualidades podían, en mayor o menor grado, perturbar el orden cósmico. También se le hacía presente que los seres elementales no son todos seres buenos, sino que también hay seres malvados. Conocía a los seres luciféricos y ahrimánicos[4], los cuales se asociaban inmediatamente con las características negativas del discípulo, y las reforzaban. Si hubiera vuelto en ese momento a la consciencia diurna, sus cualidades negativas se hubieran amplificado sobremanera.

Por esa razón, el sacerdote le llevaba entonces a una visión de lo que el ser humano debe llegar a ser, al final de su desarrollo. Ante el ojo espiritual del discípulo aparecía entonces un ser de inconmensurable luminosidad, un ser radiante de determinación y bondad. En el lenguaje de los misterios se le llamaba el *Guardián Superior del umbral*, diferenciándolo así del *guardián menor*, y subjetivo, que se encuentra en el camino interior. El guardián superior es el Yo de la Humanidad, que aparece en el mundo como el Cristo. La imagen de este guardián superior, esta figura pre-cristiana de Cristo, permitía ser consciente de lo que el hombre será, una vez que su ser sea penetrado por la fuerza de Cristo. Por eso los celtas le llamaban a Cristo *el Rey de los Elementos*.

Este encuentro representaba un golpe devastador contra el egoísmo del discípulo. Había visto lo que era y lo que llegaría a ser. Y hacía un compromiso en su alma para el resto de su vida: combatir el egoísmo y la ambición de poder.

Tras el encuentro con el Guardián Superior, ahora podía adentrarse más lejos en el mundo espiritual a través del mundo elemental. En los misterios germánicos se representaba el cruce del Puente Gjallard. Tras él estaba lo que en la terminología hindú antigua se conocía por el *Kamaloka*, y en términos medievales por el Purgatorio. Allí se encontraba con los muertos, en la fase en la que penan por las deficiencias astrales que tuvieron en la Tierra e intentan superarlas.

Más allá aún, está el mundo del orden y la armonía de las fuerzas planetarias, en el que se mueven los seres de las jerarquías espirituales superiores. Como ya había experimentado las fuerzas astrales inferiores, el discípulo podía ahora conocer las superiores en el mundo del orden y la armonía cósmica. Estas fuerzas también trabajan sobre nuestro cuerpo astral y determinan nuestra salud. Los antiguos griegos representaban estas fuerzas astrales puras con el Vellocino de Oro; la búsqueda del Vellocino de Oro era una imagen del camino de iniciación. Los pueblos germánicos experimentaban este mundo macrocósmico como un enorme *reloj*, con doce grupos de seres espirituales (nuestro Zodiaco) y siete manecillas planetarias que daban vueltas por él, formando cada vez nuevas constelaciones (nuestro reloj, con doce números y dos manecillas es una imagen simplificada, la manecilla pequeña es el sol y la larga, la Luna, lo cual aún se puede ver en algunos relojes antiguos). Con siete manecillas pueden formarse numerosas constelaciones dentro de la totalidad de la armonía del cosmos.

Este reloj cósmico formaba palabras en un lenguaje espiritual: los signos del Zodiaco son las consonantes, los planetas las vocales. Entender ese lenguaje quería decir saber *lo que el momento demandaba de la Humanidad*.

Ese era el fruto de una iniciación correctamente realizada.

Finalmente el discípulo era llevado hacia mundos aún más elevados, y aprendía a manejarse en el mundo de las fuerzas que forman nuestro cerebro y hacen posible nuestro pensar (en alemán: *der Vernunftwelt*). Y, con el tiempo, llegaba al mundo de los arquetipos (*Urbilder*), donde trabajan las más altas jerarquías. (Jung encontró una imagen de este mundo de los arquetipos en los arquetipos humanos que cada hombre lleva en sí, pero que, como señala el propio Jung, no son reconocibles en principio por nuestra consciencia diurna.)

No todos los discípulos seguían la misma iniciación. En el mundo elemental el camino a través del macrocosmos variaba según el temperamento del discípulo. El colérico experimentaba el ardiente mundo del fuego, el sanguíneo el mundo de los vientos, el flemático pasaba por un pantano y el melancólico sentía un frío helador. (Véase el cuento de hadas *La Reina de las Nieves* de Hans Christian Andersen, o en los cuentos populares nórdicos, donde viven imágenes de la iniciación.)

Para la humanidad contemporánea, la entrada en el mundo elemental sin preparación significa la despersonalización, la disolución del yo, que a menudo se experimenta como una sensación de libertad y ligereza, como una liberación de los problemas cotidianos. Pero cuando cruza el umbral en estas condiciones, el hombre moderno se encuentra con que apenas es capaz de retornar (podemos encontrar una intensa descripción de este fenómeno en el libro *Snapping*, de Conway y Siegelman, sobre el que volveremos en el capítulo 12).

A través del encuentro con las poderosas fuerzas naturales el iniciado nórdico adquiría un intenso autoconocimiento. Sin una preparación dirigida a este fin, y sin ser capaz de confrontarse con el "esto es lo que soy", el encuentro con la imagen ideal del hombre nos aplastaría. Pero los que han aprendido a conservar la autoconfianza frente al autoconocimiento, a aceptar a su doble, pueden, gracias al encuentro con el Guardián Superior, recibir esperanza: ¡Esto es lo que el Hombre puede llegar a ser! El que ha tenido este encuentro sabe lo imperfecto que es, pero al mismo tiempo ha adquirido el poder imperecedero de continuar luchando por la perfección sean cuales sean las circunstancias de la vida, y sabe que le ayuda Cristo, *el Rey de los Elementos*.

Gracias a un buen giro de la fortuna, ha sido conservado un resto de la iniciación nórdica: *El Canto Sueño de Olav Asteson*, *"el que durmió largo tiempo"*. Trataremos sobre él a continuación, y reproduciremos el texto íntegro, como ejemplo de una experiencia iniciática[5].

Canción del sueño de Olav Asteson

Sobre el año 1850, un clérigo noruego de nombre Landstad grabó *El Canto Sueño de Olav Asteson* en un valle remoto de Telemarken, que aún pervivía en la memoria oral de la población local. El canto, en antiguo noruego, se hizo estandarte de los que defendían la antigua lengua noruega ante la influencia del noruego urbano, que era en realidad danés.

En 1919, la autora noruega Ingeborg Möller-Lindholm mostró el *Canto* a Rudolf Steiner durante su visita a Oslo. Éste le pidió que hiciera una traducción literal del texto, y luego la trabajó él mismo. Desde ese momento, Rudolf Steiner hizo referencia al *Canto* en varias ocasiones. Marie Steiner-von Sivers lo recitaba en alemán en esas ocasiones. En sus conferencias, Rudolf Steiner puso de manifiesto la importancia de esa antigua leyenda para nuestra época[6].

Pero, ¿qué tiene de especial este *Canto Sueño de Olav Asteson*? No es más que un fragmento de un texto mucho más largo, pero ha preservado todos los elementos del camino de iniciación nórdico.

¿Quién era Olav Asteson? Para ponerlo en un contexto histórico, debió vivir hacia el año 1000, cuando Noruega, aún en el paganismo germánico, entró en contacto con el cristianismo a través de los reyes Olav I y Olav II. Olav I, *Tryggveson*, vivió del 969 al 1000. Llegó de Estonia como esclavo, pasó su juventud en Novgorod, y después, como vikingo, navegó hasta Francia e Inglaterra.

Se hizo cristiano irlandés a través de un ermitaño de las islas Scilly, y se casó con una princesa cristiana irlandesa. De vuelta a Noruega, fue coronado rey en el 995, y comenzó a cristianizar el país. También intentó conquistar Suecia, pero fue asesinado en el año 1000, durante una batalla naval, en su barco *La Gran Serpiente*, el mayor barco de la época. Olav Tryggveson era el arquetipo del rey y del iniciado vikingo, con todo el coraje y la ferocidad del camino de iniciación nórdico. Para él, que ya había encontrado al Guardián Superior, la conversión al cristianismo cósmico irlandés era un paso natural.

Olav II, *Haraldson*, nació en el 995, el año en que Olav I fue coronado rey. Encontró por tanto el cristianismo en su juventud, pero como se puede ver en el *Canto*, también había pasado por una iniciación nórdica, lo cual no estaba en conflicto con el cristianismo irlandés. También fue a Inglaterra como vikingo en su juventud, y regresó a Noruega en el año 1015, con 20 años. En 1016 se confrontó en batalla con el rey, y se hizo rey de Noruega. Empezó a forzar la conversión al cristianismo, lo cual creó mucha resistencia. En 1029 hubo una rebelión de la nobleza, liderada por Knut el Grande. Olav huyó a Rusia, regresó en el 1030, y murió en la Batalla de Stiklestad, luchando contra sus compatriotas. Pronto se olvidó su crueldad y ferocidad. Su tumba se convirtió en lugar de peregrinación, donde ocurrieron milagros de sanación. En 1164 fue canonizado, y es venerado hasta nuestros días como San Olav.

La madre de Olav Haraldson se llamaba Aste. Este nombre tiene dos significados, *amor*, en primer lugar, y también *"la corriente hereditaria en que aún vive la clarividencia"*.

Olav Asteson, por tanto, tiene conexión hereditaria con los antiguos misterios del coraje, a través de su madre, y a través de este entorno hace conexión con el cristianismo cósmico, por el que, según la tradición irlandesa, se experimenta al Cristo como *el Rey de los Elementos*. En su alma vivía una dualidad típica de las épocas de transición, y desde luego no se puede decir que su biografía sea la de un ciudadano de clase media.

Pero tras el contexto histórico hay siempre, en materias de este tipo, un trasfondo espiritual. Rudolf Steiner señaló que el nombre de Olav Asteson debía ser considerado como un nombre que pasaba de generación en generación (como el del Rey Arturo), y que el *contenido* del *Canto* tiene origen en una versión más antigua que data del siglo XIII. En sus conversaciones con Ingeborg Möller le facilitó más información sobre el particular, de la que ella tomó notas. En un pasaje de sus notas, se lee lo siguiente: "El contenido del *Canto Sueño* es mucho más antiguo de lo que se le supone: procede del 400 d.C. Un gran iniciado cristiano vivió entonces en Noruega. Su nombre mistérico era Olav Asteson, y el canto describe su iniciación. Su escuela de misterios se encontraba en el sur del país; no menciona el nombre del lugar. Originalmente el canto era mucho más largo, y tenía doce partes, una para cada signo del Zodiaco. El canto describe el viaje de Olav Asteson a través del mundo de las estrellas, y cuenta lo que vio y experimentó. Lo que ha sobrevivido hasta hoy no es más que una reminiscencia del canto original. La escuela de misterios arriba mencionada continuó su existencia hasta comienzos de la Edad Media, y el líder seguía llamándose Olav Asteson."

Esta información, obtenida por investigación espiritual (de Rudolf Steiner), aclara algunos puntos sobre Olav el Santo. Tal vez este rey era en ese sentido Olav Asteson. Lo esencial es que el canto es el *sedimento* de un auténtico camino iniciático.

En el canto, tal como lo conocemos, se describe a Olav como el iniciado que tiene un sueño iniciático en las doce noches santas, entre Navidad y la Epifanía. El 6 de enero cuenta a sus feligreses su experiencia. El canto contiene todos los elementos del camino de iniciación cósmico de los pueblos nórdicos, pero de un periodo posterior; por ello aparecen elementos cristianos mezclados en las imágenes.

Las fases del camino se marcan con los cambios del coro. Tras una introducción, se habla del mundo etérico: "La luna mucho brilla, y ante mí se extienden caminos lejanos". Este es el paso por el mundo elemental, bien alto entre las nubes; es llevado por turbios pantanos, atraviesa riachuelos sagrados, viaja por agrestes páramos y ve masas de hielo como llamas azules.

Entonces llega al puente Gjallard, que le lleva a la siguiente región. El puente está guardado por tres bestias: el *perro*, la *serpiente* y el *toro*, una especie de esfinge nórdica, es decir, el *espíritu perro*, el *espíritu serpiente* y el *espíritu toro*. Sólo los que hacen honor a la verdad pueden atravesar el puente.

De nuevo lleva el camino por pantanos, a través de la tierra, por masas de hielo. Escoge el camino de invierno, y de lejos ya reluce la luz del paraíso. Entonces se encuentra con la Madre de Dios, que le envía al

Purgatorio, el *Kamaloka*, aquí llamado Brooksvalin. Entonces cambia el coro: "En Brooksvalin se encuentra el juicio del destino". Olav vivencia entonces las consecuencias de la culpa terrenal. Está claramente en la región astral: desde el Norte, malos espíritus vinieron al galope, llevados por el Señor del Infierno en persona. Pero del Sur vino San Miguel, al lado de Cristo. Cristo es aún el juez del mundo, el Guardián Superior, que observa cómo Micael sopesa las almas humanas.

Luego viene la última parte: la bendición. El coro dice entonces: "Las lenguas hablan pero se dirá la verdad en el día del Juicio". Habla entonces la balanza de Micael, y en su ser espiritual resuena la sabiduría. Esta parte da la impresión de ser de una época posterior; le fálta el rigor formal de las partes anteriores.

Durante su viaje por los páramos agrestes, Olav desgarra su capa escarlata. La capa escarlata es indicativo del status de rey, también en el mundo allende el umbral, lo que significa: estaba totalmente iniciado.

Ahora reproduciremos una traducción del *Canto Sueño*[7].

Canción del sueño de Olav Asteson

I

¿Escucharías el canto que voy a cantar
y el cuento que voy a contar?
Escucha entonces sobre Olav Asteson
que un profundo sueño durmió.
Ay, así era Olav Asteson,
el que un sueño profundo, tan largo, durmió.

II

En la Noche Santa se echó
y un profundo sueño le envolvió;
despertó trece días más tarde
cuando todo el mundo a la iglesia llegaba.
Ay, así era Olav Asteson,
el que un sueño profundo, tan largo, durmió.

En la Noche Santa se echó
y durmió en su cama un sueño profundo;
despertó trece días más tarde
cuando los polluelos sus plumas abrían.
Ay, así era Olav Asteson,
el que un sueño profundo, tan largo, durmió.

Despertó trece días más tarde
cuando el sol brillaba en los prados con fuerza;
ensilló su caballo deprisa
y a la iglesia fue cabalgando con él.
Ay, así era Olav Asteson,
el que un sueño profundo, tan largo, durmió.
Pero ya el sacerdote en el altar estaba,
durante mucho tiempo el Libro leyó.
Olav se sentó junto a la puerta
y allí comenzó su Sueño Canción.
Ay, así era Olav Asteson,
el que un sueño profundo, tan largo, durmió.

La gente que allí estaba, jóvenes y viejos,
callaron para oír su canción;
mientras tanto Olav Asteson seguía
y todo su sueño contó.
Ay, así era Olav Asteson,
el que un sueño profundo, tan largo, durmió.

III
En la Noche Santa me eché
y sobre mí un gran sueño cayó.
Desperté trece días más tarde
cuando todo el mundo a la iglesia llegó.
Y la luna mucho brilla
y ante mí se extienden caminos lejanos.
Por las altas nubes he viajado
y bajé a los profundos mares;
el que me siga los pasos
no sonreirá con sus labios.
Y la luna mucho brilla
y ante mí se extienden caminos lejanos.
Por las altas nubes he viajado
y he bajado a fangosos cenagales,
y he visto el llameante infierno
y también una parte del cielo.
Y la luna mucho brilla
y ante mí se extienden caminos lejanos.
Llegué hasta el Río Sagrado
y a hondos valles bajé;
las aguas oí, pero sin verlas,
cuando bajo la tierra corrían.
Y la luna mucho brilla
y ante mí se extienden caminos lejanos.
No relinchó mi fiel caballo,
y mi perro no ladró;
no cantó el pájaro de la mañana;

y todo me maravilló.
Y la luna mucho brilla
y ante mí se extienden caminos lejanos.

Llegué al país de los espíritus,
un agreste páramo crucé.
Desgarré mi manto escarlata
y hasta las uñas de mis pies.
Y la luna mucho brilla
y ante mí se extienden caminos lejanos.

Al puente Gjallard llegué,
que cuelga muy alto en el viento;
de rico oro rojo cubierto
y remaches en los goznes.
Y la luna mucho brilla
y ante mí se extienden caminos lejanos.
Mala la Serpiente, el Perro mordedor,
el Toro en la mitad del camino;
las tres criaturas que habitan el puente,
fieras y malvadas son.
Y la luna mucho brilla
y ante mí se extienden caminos lejanos.

Pica la Serpiente, el Toro embiste,
muerde el Perro y ladra,
Nadie cruza ese puente
si tiene falsos juicios.
Y la luna mucho brilla
y ante mí se extienden caminos lejanos.

Yo por el puente Gjallard viajé,
un camino duro y penoso;
tuve que cruzar la Ciénaga Infernal;
pero ya detrás lo dejé.

*Y la luna mucho brilla
y ante mí se extienden caminos lejanos.*

*Tuve que cruzar la Ciénaga Infernal;
a mis pies el suelo no sujetó.
Y así fue como pasé el puente Gjallard,
con el sabor de la muerte en mi boca.
Y la luna mucho brilla
y ante mí se extienden caminos lejanos.*

*Y llegué hasta las aguas aquellas
donde arde el hielo con llamas azules.
Pero Dios me dijo al corazón
que no mirara hacia allí.
Y la luna mucho brilla
y ante mí se extienden caminos lejanos.
Entonces me acerqué al camino
de estrellas a mi derecha
y me asomé al Paraíso
abarcando a ver las amplias tierras
Y la luna mucho brilla
y ante mí se extienden caminos lejanos.*

*Y me asomé al Paraíso
pero a nadie conocía;
sólo la Madrina Difunta
con oro vino hacia mí.
Y la luna mucho brilla
y ante mí se extienden caminos lejanos.*

*Ahora que encontré a mi Madrina,
no podía ocurrirme nada mejor,
"Ve a Brooksvalin por tu camino.
Pues allí un juicio tú verás."
Y la luna mucho brilla
y ante mí se extienden caminos lejanos.*

IV

Allí estaba en el otro mundo
y pasé muchas noches allí.
Sólo Dios en el cielo lo sabe
qué profundo sufrir yo allí vi.
En Brooksvalin se encuentra
el juicio del destino.
Vi primero a un hombre malvado
como yo nunca un hombre así vi.
En sus brazos un niño llevaba,
y hasta las rodillas enterrado caminaba.
En Brooksvalin se encuentra
el juicio del destino.

Luego después llegué a otro
con una túnica de plomo.
Pobre alma que en la vida
la sepultó la codicia.
En Brooksvalin se encuentra
el juicio del destino.
Dos llevaban tierra ardiente
Dios se apiade de sus almas;
cambiaron los límites de sus tierras en el bosque,
y ahora ocultarlo no pueden.
En Brooksvalin se encuentra
el juicio del destino.

Me encontré también con niños
sobre ramas encendidas.
Dios les perdone por haber echado de su casa
a su padre y a su madre.
En Brooksvalin se encuentra
el juicio del destino.

Llegué entonces a la casa de torturas,
las brujas estaban sobre las brasas. .

*En sangre bañadas, algo revolvían
y era ésta una horrible tarea.
En Brooksvalin se encuentra
el juicio del destino.*

*Tan caliente estaba como el Pozo del Infierno
que ningún hombre lo creería.
Entorno a un caldero lleno de brea,
a un párroco estaban hirviendo.
En Brooksvalin se encuentra
el juicio del destino.*

*Vino del Norte un tropel
galopando rápidamente.
Grutte Barbagris en cabeza
y tras él una horda ruidosa.
En Brooksvalin se encuentra
el juicio del destino.
Desde el Norte viene galopando un tropel
con mucho alboroto y estruendo.
Grutte Barbagris en cabeza
sobre un jaco negro montaba.
En Brooksvalin se encuentra
el juicio del destino.*

*Desde el Sur galopa una muchedumbre,
en santa calma ya llegan.
Micael galopa en cabeza,
el que está a la derecha de Cristo.
En Brooksvalin se encuentra
el juicio del destino.*

*Desde el Sur galopa esa muchedumbre,
más noble nunca se ha visto.
Micael en cabeza, el Señor de las Almas,
sobre un caballo albo montado.*

*En Brooksvalin se encuentra
el juicio del destino.*

*Desde el Sur galopa esa muchedumbre
tan grande que parece sin fin.
Micael en cabeza, el Señor de las Almas,
lleva un cuerno en su mano.
En Brooksvalin se encuentra
el juicio del destino.*

*Micael, el Señor de las Almas, tocó
el cuerno que en su mano llevaba.
Y cada alma debe presentarse
ante el trono del juicio.
En Brooksvalin se encuentra
el juicio del destino.
Temblaron las almas pecadoras
como hojas llevadas en el viento;
cada alma que allí se encontraba
lloró amargamente por sus pecados.
En Brooksvalin se encuentra
el juicio del destino.
Allí estaba Micael, el Señor de las Almas,
pesándolas con su balanza,
y Cristo cargaba con todos,
cuyos pecados pesaban.
En Brooksvalin se encuentra
el juicio del destino.*

V
*Benditos sean los que en vida terrena
dan sus zapatos al pobre;
podrán caminar en el agreste páramo
sin que sus pies sufran daño.
Las lenguas hablan
pero se dirá la verdad en el día del juicio.*

Benditos sean los que en vida terrena
dan una res al pobre;
no han de temer en el puente Gjallard
que se desvanezca su vista.
Las lenguas hablan
pero se dirá la verdad en el día del juicio.

Benditos sean los que en vida terrena
dan pan al pobre;
no han de temer en el puente Gjallard
el fiero ladrido del perro.

Las lenguas hablan
pero se dirá la verdad en el día del juicio.
Benditos sean los que en vida terrena
dan grano al pobre;
no han de temer en el puente Gjallard
el cuerno afilado del toro.
Las lenguas hablan
pero se dirá la verdad en el día del juicio.
Benditos sean los que en vida terrena
dan ropas al pobre;
no han de temer en las tierras del espíritu
el helado arrasar del hielo.
Las lenguas hablan
pero se dirá la verdad en el día del juicio.

Benditos sean los que en vida terrena
dan comida al pobre;
verán en las tierras del espíritu
que odio y envidia se alejan de ellos.
Las lenguas hablan
pero se dirá la verdad en el día del juicio.

VI

Todo el mundo escuchó sus palabras;
todos, jóvenes y viejos, escucharon.
Así era Olav Asteson,
que su sueño contó.
Levántate, oh Olav Asteson,
que tanto tiempo has dormido.

Capítulo 4
Hombre diurno y hombre nocturno

De todos es conocido el conflicto entre las necesidades del ser *natural* de uno, formado a partir de la herencia y la educación, y el otro, el ser interior, que tiene ideales, se fija metas, y juzga las acciones propias según sus propias reglas. El poeta Schiller declaró en sus *Cartas para la Educación Estética de la Humanidad* que todo individuo tiene a una persona ideal en su interior. El llegar a ser esa persona ideal es la más elevada tarea de la vida[1].

Pero esto, en nuestra cultura actual, no es más que una afirmación romántico-idealista, ya que lo que muchos entienden por el hombre superior es el producto artificial de éticas obsoletas y la causa de innecesarios conflictos interiores y de muchas neurosis típicas de nuestra época. Mucha gente piensa que la indulgencia sin límites hacia los impulsos y deseos del hombre *primario y natural* es una buena terapia contra el daño causado por la *consciencia social*. De esto se ocupan muchos de los populares grupos de terapia.

Aquellos que, sin embargo, no rechazan la posibilidad de la existencia del *segundo hombre*, pueden ver con sus propios ojos el nacimiento de éste si dedican una observación objetiva al desarrollo del niño hacia la adolescencia y la edad adulta. Ese segundo hombre se anuncia ya cuando el niño empieza a decir "yo" sobre los dos años y medio de edad, y comienza a tener sus primeras experiencias del yo. Hacia los diez años se vive una intensa experiencia del yo, que involucra toda la vida emocional, hasta tal punto que el niño reacciona contra su entorno. En los años subsiguientes se experimentan sentimientos de soledad y duda. Es decir, duda sobre la legitimidad del ser humano hereditario, y se expresa a menudo con preguntas tales como si sus padres son realmente sus padres.

Durante la adolescencia, entre los 17 y los 23 años, el segundo hombre se desarrolla por completo. El joven despierta a preguntas más o menos conscientes:

"Aquí estoy yo, con ciertas tendencias hereditarias y ciertos condicionamientos de la cultura en que vivo. Lo primero es evidente en mi constitución, temperamento y carácter, y lo segundo en los diplomas que he obtenido. Es un hecho dado, del que no soy libre; puedo hacer algunas cosas, otras no. Pero, ¿qué voy a hacer con estos dones? ¿continuar mi educación? ¿buscar un trabajo? ¿explorar el mundo? ¿o tal vez esperar y ver lo que la vida me trae?". (Estas preguntas no siempre se hacen conscientemente, pero son expresadas en forma de protesta; los adolescentes reaccionan contra sus padres, contra su educación, su escuela, su sociedad, etc.)

Son preguntas esenciales, que con el tiempo pasan a formar parte de la vida misma y nos rondan la consciencia como una *voz interior* que nos pide que vivamos nuestra propia vida, según nuestros propios objetivos, normas, consciencia, a menudo en contra de nuestras aptitudes y educación; y es que la voz interior que nos habla tan claramente a los 19 años es la voz de nuestro yo superior, que es el portador de un impulso hacia el futuro. Todo lo que se ha formado hasta entonces es viejo, ha sido creado a partir del *karma* de las vidas anteriores. Ahora el yo, que quiere traer algo nuevo en esta vida frente a lo viejo, hace su aparición. Lo nuevo es lo que en realidad da sentido a nuestra vida actual.

Debemos hacer un comentario al respecto. En nuestra cultura occidental ha habido una escisión en dos corrientes desde el año 1700 aproximadamente. De éstas fueron los primeros exponentes claros dos personajes que vivieron en la misma época: Locke y Leibnitz.

El inglés John Locke (1632-1704), teólogo y médico, huyó a Holanda durante las guerras de religión inglesas, y allí escribió su mundialmente famoso *Ensayo sobre el entendimiento humano* (1690). Es bien conocida la tesis, que expone en este ensayo, de que el hombre al nacer es una página en blanco, una *tabula rasa*. Todo lo que tenemos más tarde, como vida consciente, ha entrado, según Locke, a través de los sentidos: *"Nihil est in intellectu quod non prius fuerit in sensu"*. Las experiencias vitales llenan la página en blanco. El hombre es pasivo y se forma *a partir del exterior*.

Además, Locke tomó la posición de que las ideas complejas, como la amistad, la lealtad, el amor, la honestidad, etc., son dudosas. Sólo pueden ser investigados científicamente los componentes simples. Los conceptos complejos, por tanto, deben ser reducidos a sus componentes más simples. Las ideas más simples, a fin de cuentas, son los ladrillos de la psique humana. El *comportamiento* humano *(behaviour)* es el único aspecto de la psique que puede ser observado y del que podemos obtener conocimiento objetivo y, por tanto, debe ser investigado en los términos de los más simples impulsos básicos. Cualquier idea superior es especulativa y subjetiva. De acuerdo con este modo de pensar, la rata puede ser un modelo simplificado del ser humano. Por esta razón la investigación científica del comportamiento de las ratas se considera más fiable que la investigación del comportamiento complejo de las personas.

Gordon Allport, el decano de los psicólogos americanos, afirmó que el pensamiento anglosajón se basa en la *tradición lockiana*[2]. Así, el *behaviorismo* se basa en la *tabula rasa* y en la formación pasiva de la personalidad desde el exterior.

Otra figura destacada fue Gottfried Wilhelm Leibnitz (1646-1716). Fue un niño prodigio: a los 20 años consiguió una cátedra de profesor en la Universidad de Nuremberg, Alemania, y allí conoció además la alquimia rosacruz. A los 26 fue embajador de los reinos alemanes en la corte de Luis XIV. Allí escribió su *Consilium Aegyptiacum*, en el que sugería que era Luis XIV quien tenía la tarea de conquistar Egipto, y no los otros países europeos. Durante sus años como embajador, por puro aburrimiento, se dedicó a las matemáticas, después de entrevistarse con Christiaan Huyghens, ya que ese era un campo nuevo para él. Al poco tiempo inventó el cálculo.

Cuando Leibnitz leyó el ensayo de Locke escribió una crítica, *Nouveaux essais sur l'entendement humain (Nuevos ensayos sobre el entendimiento humano, 1704),* en la que expone su visión del ser humano.

Según Leibnitz el hombre se activa por su *mónada* central, su personalidad. La observación ya es en sí un proceso activo individual, que se produce de manera diferente en cada persona; en cada situación. Para Leibnitz el hombre es un ser que vive hacia el futuro, siempre *en camino*, o como dijo Allport más tarde, siempre *"en devenir"*. Para Leibnitz lo que llamamos mundo no es material, sino que está compuesto de espíritu condensado, de conglomerados llamados mónadas. El reino mineral tiene las mónadas espirituales más condensadas, las cuales tienen, en consecuencia, un estado de consciencia como de un profundo trance. La vida del reino vegetal está compuesta de mónadas menos condensadas, adormecidas, pero más activas. Las mónadas del reino animal están en un estado de sueño donde ya aparece la consciencia. La mónada central humana apenas está condensada y sí despierta.

El hombre tiene la tarea de elevar la consciencia natural hasta tal punto que al morir pueda disolverse en la consciencia divina. Para Leibnitz, por tanto, el hombre tiene una gran tarea, que es libre de cumplir o rechazar. Allport señala que el pensamiento europeo ha mantenido durante largo tiempo esta imagen activa del hombre. Tras la Segunda Guerra Mundial, sin embargo, debido a la idolatría de todo lo que venía de América, la tradición lockiana ha prevalecido también en Europa, y ahora domina en la educación, las ciencias humanas y la medicina.

Frankl[3] ha señalado que esta tradición es un caso de ceguera selectiva, de *daltonismo*, podríamos decir, hacia todo lo que tiene que ver con el espíritu. Desmond Morris en *El mono desnudo*[4] describe, de una forma radical y popularizada, esta imagen reducida del hombre.

Los seguidores de la imagen behaviorista y lockiana del hombre tachan el reconocimiento del segundo hombre de *ideológico, globalista* y por tanto no científico. A esto se podría responder que su imagen del hombre es igualmente ideológica y globalista. El materialismo, a fin de cuentas, se basa en postulados pre-científicos; que no difieren mucho de la *fe*[5].

En cuanto aceptemos, sin embargo, que el segundo hombre no es una adaptación, sino nuestra propia identidad, a la que llamamos yo, individualidad, o, como dijo Aristóteles, *entelequia*, aparecerá una imagen del hombre llena de color y dramatismo. Y entonces se hará realidad lo que en mi libro *Fases* establecí como lema: la biografía humana es una sinfonía compuesta por nosotros mismos.

Los *"Himnos a la noche"* de *Novalis*

El segundo hombre, en la tradición de Leibnitz, puede ser descrito de muchas maneras. El poeta alemán *Novalis*, seudónimo de un abogado e ingeniero de minas de nombre Friedrich von Hardenberg, contemporáneo de Goethe y Schiller, describió a este segundo hombre, en el lenguaje del romanticismo, como el *hombre nocturno*. Él se hizo consciente de este segundo hombre, de este hombre nocturno, como resultado del shock producido por la muerte de su prometida Sophie, de 15 años, tras la cual escribió su obra maestra, *Himnos a la noche*. Les presentaremos a continuación la traducción de un extracto de esta obra, como ejemplo de una experiencia del *segundo hombre interior*.

Novalis estaba, en este sentido, adelantado a su tiempo. Debido a su particular disposición anímica, fue capaz de experimentar algo que sólo ahora comienza a vivenciar un número elevado de personas. Esta experiencia consciente del *hombre nocturno* no se produjo por medio de un camino de desarrollo interior, sino provocada por el shock de la muerte ya mencionada. Al mismo tiempo, *Novalis* tuvo la rara capacidad de *despertar* como resultado de la experiencia, y no caer, como es habitual, en la insensibilidad y el desinterés por la pena.

Antes del texto apuntaremos una serie de datos sobre la vida de Novalis y la creación de los *Himnos*:

Friedrich von Hardenberg nació en 1772, hijo de un barón sajón, que era el director de una mina de sal en Weissenfels, Alemania. Unos años más tarde, tras la muerte de su primera mujer, el padre se hizo miembro de la Hermandad *Hernhutter*, un grupo piadoso hasta el fanatismo.

El joven Friedrich era un niño delicado y sensible, pero tras una grave enfermedad a los 9 años se convirtió en un joven alegre y lleno de energía. Recibió una educación clásica en un *Gymnasium*, y estudió Derecho en Jena, la universidad alemana más famosa en aquellos días. Allí se encontró con Schiller, que enseñaba historia, lo cual fue para él una importante experiencia. También conoció a Goethe y a otras figuras importantes de la vida cultural de la época.

Cuando comenzó a trabajar como abogado en 1794, conoció a Sophie von Kühn, una niña de 12 años, durante un viaje de negocios. Enseguida se enamoró profundamente de ella y este fue un amor que le marcaría para el resto de su vida. Poco tiempo después se prometieron oficialmente.

No es fácil imaginarse a Sophie, a este ser extraordinario. Lo cierto es que provocaba una profunda impresión a todo el que la conocía. Todos la describían como una criatura celestial, un alma inocente y encantadora, cuya mirada sugería una gran profundidad en el alma.

Para Friedrich ella se convirtió en el *pilar* y al mismo tiempo la motivación principal de su vida. Siquiera su prematura muerte en 1797 alteró esto. Hasta el final de su corta vida (murió en 1801 a los 29 años) se sintió conectado con ella, y a través de ella, con el *otro mundo*, el *mundo de la noche*, en el que tuvo una experiencia de la imagen de Cristo.

Los *Himnos a la noche* son el sedimento del proceso experimentado por el poeta como consecuencia de la muerte de su amada. En él experimentó el cruce del umbral interior. El trabajo artístico de Hardenberg (publicado bajo el seudónimo de *Novalis*, que quiere decir, *el que aclara y siega la nueva tierra*) se produce en el corto periodo entre la muerte de Sophie y la suya propia. Tras las vestiduras del lenguaje romántico alemán, encontramos la experiencia de cómo la noche "nos ilumina como nuestra verdadera patria".

Los *Himnos a la Noche* fueron acabados en 1799[6].

Himnos a la noche de **Novalis**
I
*¿Qué ser viviente
de sentidos dotado
no amará, entre tantas
manifestaciones prodigiosas
del espacio que lo circunda,
la luz que todo lo exulta -
con sus rayos y sus ondas,
con sus colores,
y su suave omnipresencia
en el día ?
Como el alma
más íntima de la vida,
respírala el mundo inmenso
de constelaciones sin reposo
flotando en su mar azul;
la respiran la piedra fúlgida,
la planta silenciosa,
y la fuerza
multiforme
que en los animales
incesante se agita.
La respiran las nubes
y los aires multicolores
y sobre todo
esos magníficos extraños
de ojos pensativos,
de paso oscilante
y de voz sonora.
Como si fuera un rey
de la naturaleza terrena,
cada impulso la invoca
en innúmeras mutaciones,
y sólo su presencia
revela la magnificencia*

del imperio terrenal.
Mas yo desciendo
a la noche misteriosa,
sagrada e inefable.
Allá abajo yace el mundo
como abismado en honda gruta.
¡Cuán yermo y solitario
es su paraje!
Honda nostalgia
vibra del pecho en las cuerdas;
lejanías del recuerdo,
deseos de juventud,
sueños de la niñez,
alegrías fugaces
de toda una larga vida,
y vanas esperanzas
se presentan en grises vestiduras,
como niebla vespertina
después de ponerse
el sol.
A lo lejos se halla el mundo
con sus goces polícromos.
En otros espacios
tendió la luz
aéreos entoldados.
¿Acaso no volverá
a sus hijos fieles,
a sus jardines,
a su espléndida morada?
Mas, ¿qué es eso que brota
tan fresco, vivificante,
tan lleno de augurios
en el corazón,
y devora
el débil hálito de nostalgia?
¿Tienes tú también,

corazón humano,
noche oscura?
¿Qué ocultas
bajo tu manto
que tan poderoso
llega invisible al alma?
Eres terrible sólo en apariencia,
pues bálsamo delicioso
de tu mano se derrama,
del ramo de amapolas.
En dulce embriaguez
abres las pesadas alas del ánimo
y nos donas regocijos
oscuros e inexpresables,
misteriosos como tú misma,
alegrías
que nos dejan entrever un orbe celestial.

¡Cuán pobre y pueril
se me antoja la luz
con sus polícromos elementos!
¡Cuán gozosa y bendita
la despedida del día!
Y sólo porque
la noche
te aparta de los siervos,
sembraste
en las lejanías del espacio
las esferas luminosas
para anunciar tu omnipotencia,
y tu retorno
en los tiempos en que estás lejos.

Más celestiales que esas estrellas rutilantes
en aquellas vastedades,
nos parecen los ojos infinitos

que la noche
abrió en nosotros.
Contemplan más allá
que los más pálidos
de los ejércitos sin fin;
sin que les haga falta la luz
penetran en las honduras
del alma enamorada,
llenando un espacio superior
con voluptuosidad indescriptible.
Dádiva de la reina del universo,
de la gran anunciadora
de un mundo sagrado,
de la que cultiva
el amor bienaventurado.
Tú llegas, amada -
la noche ya está aquí -
mi alma está embelesada,
ya concluyó el día
y vuelves a ser mía.
Te miro en los profundos ojos oscuros
y sólo veo amor y dicha.
Nos hundimos en el altar de la noche,
en el tálamo mullido,
caen las envolturas,
y encendidos por el cálido contacto
arde el fuego puro
de la dulce inmolación.

II

¿Ha de volver siempre la mañana?
¿No cesará jamás el terrenal imperio?
¿Devorará esa actividad desventurada
el celestial vuelo de la noche?
¿No arderá eternamente
la ofrenda secreta del amor?
Limitado le fue
su tiempo a la luz
y a la vigilia -
pero intemporal es el dominio
de la noche,
eterna la duración del sueño.
¡Sueño sagrado!
No seas parco en otorgar tu dicha
al que está consagrado a la noche -
en esta diaria labor terrenal.
Sólo los necios te desconocen
y sólo conocen del sueño
la sombra que tú, compasiva, extiendes sobre nosotros
en cada crepúsculo
de la noche verdadera.
No te sienten
en el flujo dorado de la vida,
en el prodigioso aceite
del almendro,
ni en el bruno elixir de la amapola.
No saben
que eres tú
quien envuelve
el delicado seno de la joven
y conviertes en cielo el regazo -
no sospechan
que, abriendo los cielos,
tú emerges de antiguas historias
y portas la llave

*de las moradas
de los bienaventurados,
la llave de infinitos arcanos
y mensajeros silenciosos.*

III
Una vez, cuando derramaba amargas lágrimas - cuando se desvaneció mi esperanza disuelta en el dolor y me hallaba solitario en la yerma colina que enterraba en el estrecho espacio oscuro la figura de mi vida, solitario como nunca nadie lo ha sido, llevado por una indecible angustia, impotente, restando tan solo la idea de la desdicha - cuando buscaba ayuda a mi alrededor y era incapaz de avanzar o retroceder - cuando me aferraba con infinito anhelo a la fugaz vida extinguida - sobrevino desde las lejanías azuladas, de las alturas de mi antigua felicidad, una lluvia crepuscular.- Y de repente rompióse el cordón del nacimiento, la cadena de la luz - desvanecióse la magnificencia terrenal y con ella mi pensar. Junto a ellos hundióse la nostalgia en un nuevo mundo insondable y tú, embeleso de la noche, dormitar celestial, te posaste en mí. Despacio empezó a elevarse el lugar y sobre él flotaba mi espíritu recién nacido y liberado de sus cadenas. La colina tornóse una nube de polvo y a través de ella vi los rasgos transfigurados de mi bienamada. En sus ojos reposaba la eternidad - tomé sus manos y las lágrimas volviéronse un lazo rutilante e indestructible. Milenios se desvanecieron en lontananza, como si fueran tempestades. - En su cuello derramé las lágrimas que despiertan la nueva vida. Ese fue el primer sueño en ti. Marchó, pero quedó su reflejo, la eterna fe inconmovible en el cielo de la noche y su sol, mi bienamada.

IV
Ahora sé cuándo sobrevendrá la última mañana - cuando la luz ya no ahuyente a la noche ni al amor, cuando el dormitar sea eterno y sólo exista un ensueño inagotable. Ahora no me abandonará jamás la fatiga celestial. Largo y esforzado fue el

camino al sepulcro santo y pesada fue la cruz. La voz de aquél que antaño humedeció la ola cristalina que, invisible a los sentidos comunes, brota en el seno oscuro de la colina, a cuyo pie se estrella el flujo terrenal, aquél que se irguió en ese monte que hace de frontera del mundo y contempló la nueva tierra en la morada de la noche: en verdad no vuelve al quehacer frenético del mundo, a la tierra donde rige la luz y habita la perpetua inquietud. Ahí arriba se construyen moradas, cobijos de paz, donde anhela y ama y otea el horizonte hasta que la hora más bienvenida de todas lo haga descender a las honduras del manantial. Todo lo terrenal flota ahí arriba y se ve regado desde las alturas, pero lo que fue sagrado por el contacto del amor, se derrama disuelto en ocultas vetas sobre la región más allá, donde cual nubes se mezcla con amores extintos.

Todavía despiertas tú,
luz bulliciosa,
a los cansados a trabajar -
y me infundes vida gozosa.
Pero no me apartas
de la musgosa estela
del recuerdo.
Gustoso busco
tocar las laboriosas manos,
mirar por todas partes
donde tú me necesites,
exaltar la plenitud
de tu resplandor,
seguir infatigable
la bella coherencia
de tu obra de artificio,
deleitarme contemplando
el curso elocuente
de tu inmenso
reloj luminoso,
escrutar la proporción

de las fuerzas
y las reglas
del prodigioso juego
de espacios incontables
y de sus tiempos.
Pero fiel a la noche
se mantiene mi corazón secreto
y su hijo
el amor creador.
¿Puedes acaso mostrarme
un corazón eternamente fiel?
¿Tiene tu sol
ojos amistosos
que me reconozcan?
¿Toman tus astros
mi mano solícita?
¿Acaso me devuelven
el suave apretón?
¿Adornaste mi mano
con colores
y contornos delicados?
¿O acaso fue ella
quien dio sentido supremo
a tu ornamento?
¿Qué goce
y qué deleite
ofrece tu vida,
que hagan rebosar
los hechizos de la muerte?
¿No lleva todo
lo que nos conmueve
el color de la noche?
Ella te lleva consigo maternal,
y tú le debes
todo tu esplendor.
Tú te disiparías

en ti misma,
en el espacio sin fin
te evaporarías,
si ella no te sostuviera -
si no te sujetara,
para que cobrases calor
y llameando,
engendraras el mundo.
En verdad yo existía
con mis semejantes
antes de que tú existieses,
me envió la madre
a habitar tu mundo
y a santificarlo
con amor.
A darle
sentido humano
a tus creaciones.
Aún no maduraron
esos pensamientos divinos,
y escasas
son aún las huellas
de nuestra presencia.
Un día marcará tu reloj
el final de los tiempos,
cuando tú seas
como uno de nosotros
y llena de anhelo
te extingas y mueras.
Siento en mí
el final del quehacer agitado,
la libertad celestial,
el bienaventurado retorno.
En salvajes dolores
reconozco tu lejanía
de nuestro hogar,

tu resistencia
al cielo antiguo
y magnificente.
En vano son tu furia
y tu cólera.
Incombustible
se yergue la cruz,
estandarte victorioso
de nuestra grey.
Más allá voy flotando
y cada dolor llegará a ser
aguijón de la sensualidad.
Poco tiempo más,
y libre estaré,
y yaceré embriagado
en el seno del amor.
Vida infinita
ondea poderosa en mí,
contemplo desde arriba
mirándote a ti.
En aquella colina
se extingue tu resplandor -
una sombra trae consigo
la corona mitigante.
¡Oh, sombra bienamada
absórbeme con todo tu poder,
a fin de que pueda
dormir y amar!
Siento el flujo
rejuvenecedor de la muerte,
mi sangre se torna
bálsamo y éter -
vivo durante el día
lleno de fe y presencia
y muero las noches
en sagrada incandescencia.

Con estas últimas palabras "Siento el flujo rejuvenecedor de la muerte ... vivo durante el día/lleno de fe y presencia", Novalis expresa su íntegra gratitud hacia la vida. Porque al atravesar el umbral por la tumba de su amada, pasa su iniciación. Desde ese momento, la vida de la noche está también presente durante el día.

Himnos a la noche es algo más que un texto autobiográfico; es también un documento de la evolución de la humanidad, una visión del futuro. Lo que la Vida ofrece a Novalis, y lo que éste asimila de ello, puede incorporarse conscientemente a la biografía del hombre actual: la doble consciencia de la vida diurna y de la nocturna, unida a una valiente firmeza frente a las tormentas de la vida.

Capítulo 5
El segundo hombre interior

El extracto de *Himnos a la noche* de *Novalis* que hemos presentado en el anterior capítulo es una imagen de lo que Rudolf Steiner llamaba a menudo *"la experiencia del amanecer de una nueva era"*, en la que acaba el oscurecimiento de la vida espiritual, y en la que el verdadero ser anímico-espiritual del hombre (nuestro *yo superior*, o, en palabras de Schiller, *el hombre ideal interior*) puede determinar cada vez más conscientemente el sentido y las metas de la vida. Los románticos se referían a este verdadero ser anímico-espiritual como *hombre nocturno* porque en aquella época sólo se le podía sentir en la inconsciencia de la noche y en el día no aparecía más que como un sueño.

La intención del camino de desarrollo descrita en los siguientes capítulos es la de hacer que este yo superior se convierta en el guía de nuestra vida también durante el día. Pero el yo superior tiene un papel importante en la vida del ser humano hoy en día, incluso cuando no ha habido conscientemente un desarrollo interior.

En el cenit de la vida entre la muerte y un nuevo nacimiento, en la llamada *medianoche cósmica* (volveremos sobre ello más adelante[1]), el ser humano decide con su yo el buscar una nueva encarnación para poder avanzar en su camino de desarrollo. El yo superior recibe las recompensas de la vida anterior, así como las deudas. Además, el yo tiene la memoria de la visión del hombre cósmico, la imagen que el mundo divino tiene como meta para el desarrollo de la humanidad, y que se muestra a cada ser humano entre la muerte y el nuevo nacimiento. Esta *memoria* es una fuerza creativa capaz de construir, como *principio espiritual*, el cuerpo físico en toda su complejidad[2]. Es como si fuera el plano del arquitecto, según el cual las fuerzas vitales del cuerpo etérico pueden construir el cuerpo físico. Este principio espiritual está especialmente activo en las primeras fases del desarrollo embrional.

El yo, sin embargo, se ocupa más del futuro, de las tareas para la próxima vida, y acompaña al ser humano que se encarna, durante el *descenso* desde el mundo espiritual, hasta el nacimiento. Luego se queda en un segundo plano, en el mundo espiritual, y desde arriba, manda impulsos a la biografía.

Cada noche nos encontramos con el yo superior en el mundo espiritual y somos juzgados por él. Por la mañana nos levantamos con sentimientos semiconscientes, positivos o negativos, hacia nuestros actos e intenciones. Si no hacemos nada al respecto, estos sentimientos de satisfacción o desagrado, a los que llamamos *conciencia*, permanecerán.

Al morir nos encontramos con nuestro yo superior, con nuestro ser anímico, que durante el periodo de purificación, nos presenta la factura de nuestra vida pasada.

Lo que aquí se describe es, en realidad, lo que hay detrás de la conocida parábola de los *talentos*[3]. Un señor, antes de salir de viaje, le da un talento a cada uno de sus criados, con instrucciones de que lo cuiden. Cuando regresa les pide cuentas de lo que han hecho con los talentos. Las respuestas son variadas: uno lo ha enterrado, y lo devuelve tal como lo recibió; esto, sin embargo, desagrada al señor. Otro lo ha malgastado, y viene con las manos vacías; tampoco esto agrada al señor. El tercero ha comerciado con él, y lo devuelve con intereses; esto sí agrada al señor. Podemos enriquecer esta parábola con nuestra imaginación y presentar otras posibilidades, pero en todos los casos el señor estará satisfecho sólo si uno devuelve más de lo que ha recibido. Nuestro propio yo superior pide, como señor de sus criados, que el talento que uno ha traído sea devuelto con creces y desarrollado. En otras palabras, los criados: los cuerpos físico, etérico y astral, deben ser enriquecidos en la vida.

Lo que llamamos yo en la vida corriente no es nuestro yo superior. Es el *reflejo* del yo superior en el alma - en el cuerpo astral y en el alma sensible, en el alma de intelecto y de corazón y en el alma consciente[4]. La moderna imagen científica del hombre no reconoce nuestro verdadero yo. Desea explicar al hombre enteramente en términos de las funciones animales que tiene. "El hombre no es más que un animal inteligente, y nada más", me dijo un estudiante durante una conferencia en la Universidad de Boston, cuando, en referencia a la pedagogía terapéutica, hablé del ser espiritual del niño que no puede expresarse porque cuenta con un *instrumento* deficiente.

Efectivamente, el ser espiritual del hombre no es perceptible; uno tiene que pasar por un ejercitamiento interior para hacer consciente a la luz del día lo que ocurre por la noche. El yo superior abandona, en cierta manera, al ser humano que se encarna en el momento del nacimiento y le acompaña en lo sucesivo desde fuera.

Pero hay momentos en la vida del hombre en que el yo superior puede dar impulsos renovados, *impulsos de nacimiento*. En ciertos momentos, la puerta hacia el yo superior se vuelve a abrir, y el hombre terrenal puede reforzar sus intenciones hacia la presente encarnación. Esos momentos se determinan por la constelación cósmica, en concreto por la relación del sol, la luna y la tierra.

Como dije antes, el yo superior acompaña al alma que se encarna en su descenso a través de las esferas planetarias, hasta la esfera lunar, desde donde se produce el nacimiento físico. Entramos en la tierra por la *puerta de la luna*. El Yo, entonces, se retira a la esfera solar, donde está su verdadera morada.

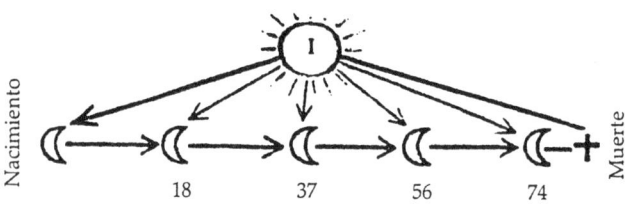

Justo 18 años, 7 meses y 9 días más tarde, la constelación natal, respecto de los *aspectos* del sol, la luna y la tierra, se repite (es el llamado *nódulo lunar*). En ese momento, el yo puede renovar sus impulsos para la nueva encarnación. Este proceso se repite en el segundo nódulo lunar (otros 18 años, 7 meses y 9 días más tarde), y así consecutivamente. (Estos momentos no deberían ser considerados como limitados a un sólo día, sino como un periodo en el que la influencia del yo superior se incrementa y luego decrece, siempre entorno a la constelación del nódulo lunar[5].)

La primera repetición de la constelación natal se produce, por tanto, hacia los 19 años. Por ello, entre los 17 y los 20 años es la edad más importante para las futuras intenciones de los jóvenes. Se enfrentan con importantes decisiones respecto de los estudios y la vocación, o puede ser el momento de rechazar o confirmar lo que se había elegido prematuramente. El joven se pregunta: "¿Quién soy yo? ¿qué quiero? ¿qué soy capaz de hacer?". Es muy importante para la educación secundaria ocuparse activamente con estas preguntas existenciales entre los 17 y los 20 años[6].

El segundo nódulo lunar es también de gran importancia; llega a los 37 años, poco después de la mitad de la vida, en un momento en que mucha gente vivencia un punto muerto. Dos de las grandes obras de teatro de todos los tiempos, la *Divina comedia* de Dante y el *Fausto* de Goethe, comienzan con esta desesperada situación a los 35 años, momento en el que se hace evidente que sólo se puede sentir con plenitud esta encarnación en la segunda parte de la vida, si se logra retomar el hilo conductor de la vida.

También el tercer y el cuarto nódulo tienen un lugar especial en muchas biografías[7].

Si uno visualiza la imagen del yo superior cuando acompaña el curso de la vida desde las alturas espirituales, uno está dando el primer paso en el camino del desarrollo imaginativo. El paso siguiente es formar una imagen de cómo el yo superior actúa en las fuerzas anímicas del pensar, del sentir y de la voluntad. En la visión del hombre tripartito, el pensar tiene lugar en el sistema neurosensorial, fundamentalmente situado en la cabeza; el sentir está conectado con las funciones rítmicas del corazón y el respirar; y la voluntad está relacionada con los miembros y el metabolismo. El yo superior, sin embargo, actúa a la inversa: trae fuerzas de la voluntad al pensar y consciencia a la voluntad.

En el sentir se produce una superposición. Pero en ésta encontramos el contraste entre el sentir ordinario y cotidiano, que viene del pasado, y el sentir relacionado con el yo superior, que señala hacia el futuro. Nuestro pensar, nuestro sentir y nuestra voluntad cotidianos, a fin de cuentas, son fruto de nuestras vidas pasadas y de nuestra educación. Nuestro yo superior se orienta hacia el futuro, y nos dirige hacia lo que debemos añadir a nuestros talentos. Así, uno puede observar claramente cómo en la adolescencia, entre los 17 y los 21 años el sentir, que antes estaba más afianzado, comienza a confundirse. Las tareas para el futuro, vagamente intuidas, hacen que todo lo que viene del pasado sea rechazado, hasta de manera irracional: los padres, las estructuras sociales en que uno ha crecido, la moral, etc. La consciencia del propio yo superior, del hombre ideal, o segundo hombre interior, se despierta primero en la vida del sentir, y luego en las otras fuerzas anímicas. Entran nuevos impulsos en el pensar, haciéndolo más *creativo*, abriendo nuevas maneras de mirar a las cosas y creando nuevos intereses. Cuando la dormida voluntad se hace más consciente, se expresa en el plano ético. La vieja moralidad, asumida sin cuestionamientos, se hace problemática. Surgen nuevos valores, nuevas normas, nuevas metas éticas desde las profundidades del inconsciente, y confrontan al ser humano en desarrollo con una crisis existencial.

A través de conversaciones con gente que estaba en la primera mitad de su vida, Rudolf Steiner señaló que era de suma importancia no dormirse durante esos fructíferos, aunque a menudo difíciles, años, en los que se produce un intenso encuentro con el yo; uno debería despertar a nuevos impulsos que producirán un desarrollo provechoso en la propia biografía.

Hemos hablado del desarrollo biográfico, desde el pasado hacia el futuro, tal como se desarrolla naturalmente, culminando con el pleno encuentro con el yo en la muerte, cuando se hace evidente si el señor queda satisfecho con lo que sus criados han hecho con los talentos.

Hoy día, sin embargo, en el periodo del alma consciente, este encuentro natural no es ya suficiente. Las fuerzas opositoras, y Ahriman[8] en particular, hacen todo lo posible para evitar el encuentro con el yo superior, o al menos, para hacer que pase desapercibido. La imagen materialista del ser humano y del mundo deja poco espacio para el concepto de una figura espiritual como el yo del ser humano. Y cuando surge la experiencia, se rechaza, considerándola como indeseados sentimientos de inseguridad, como debilidad, o como experiencias aterradoras que deben ser suprimidas. Para ello hay *tranquilizantes* de todo tipo, destinados a no permitir que ninguna experiencia de los impulsos del yo hacia el futuro se abra paso.

Uno sólo puede estar seguro de lo que ya existe, del pasado. Todo lo que nos trae el futuro es inseguro por definición. El ideal de Ahriman es que el hombre no añada nada a sus nuevos talentos, sino que construya a partir de sus capacidades innatas con las leyes de la lógica; que la vida transcurra como un programa informático. Un hombre predecible, en un entorno tecnológico, ese es el ideal de Ahriman y de todos los dictadores inspirados por él. El ser humano que trabaja a partir de su propio yo es impredecible, y por tanto disidente. Debe estar en una institución psiquiátrica. Hay que exterminar su yo, o, al menos, hacerlo inaccesible.

Por esta razón, aquellos que quieran vivir a partir de su yo deben hacer algo más que sentarse a esperar. Pueden buscar un camino de desarrollo interior, y abrirse al despertar del segundo hombre interior.

En los próximos capítulos trataremos de los caminos de desarrollo que han sido recorridos en el pasado, así como los requisitos de un ejercitamiento interior adecuado para la época del alma consciente, en la que juegan un papel importante los problemas éticos individuales y de la voluntad.

El animal sólo conoce el pasado, está programado por la herencia. El hombre tiene también un futuro, del que se puede hacer consciente gracias a su yo superior. Cuanto más consciente se haga el segundo hombre interior, más podremos asumirnos a nosotros mismos. Este es el resultado del camino de ejercitamiento interior.

Capítulo 6
Los caminos de desarrollo en el pasado y en el presente

Desde el comienzo de sus actividades en la sección alemana de la Sociedad Teosófica, Rudolf Steiner dejó bien clara su posición. En el ciclo de conferencias titulado *A las puertas de la Ciencia Espiritual*, pronunciado en Stuttgart en 1906, dijo: "Hay tres caminos de desarrollo oculto: el oriental, el cristiano gnóstico y el cristiano rosacruz, o simplemente rosacruz. Se distinguen entre sí sobre todo por el grado en que el discípulo se somete al maestro[1]". En este capítulo describiremos brevemente los aspectos más importantes de los tres caminos, lo que nos llevará a una descripción del camino antroposófico en el siguiente.

El camino oriental de desarrollo

Para poder tener una idea aproximada del camino oriental debemos regresar a la situación de la antigua India, unos 6000 años antes de Cristo. En las regiones hindúes fue donde se desenvolvió la primera cultura post-atlante[2]. La humanidad en aquella época apenas estaba individualizada. El cuerpo etérico humano no tenía los claros contornos que ahora tiene, debido a su fuerte relación con el cuerpo físico. En aquel tiempo se disolvía gradualmente con el mundo etérico circundante. Esto suponía para la consciencia de entonces que aquello que ahora llamamos clarividencia atávica, y que algunas personas aún experimentan espontáneamente, era algo muy común.

Los *Rishis sagrados,* guías de la cultura hindú, podían dirigir esta clarividencia hacia el mundo divino (las altas jerarquías) para darles a los cuerpos etéricos de la gente, aún cósmicos, forma y definición de la manera correcta, con la ayuda divina. Esto era necesario como primer paso hacia la individualización. Requería caminos de desarrollo adaptados a la consciencia de esa época. Esto significaba total dependencia, y al mismo tiempo veneración hacia los maestros. Este camino se le llamaría más tarde el yoga real *(raja yoga)*. Era un camino puramente meditativo.

Además surgió el *hatha yoga*, que tenía el propósito de hacer al cuerpo, y particularmente a la respiración, súbdito obediente del camino meditativo. Esto suponía un paso más hacia la individualización, dando más definición al cuerpo etérico, y atándolo más al cuerpo físico. Dado que el cuerpo etérico es el portador de todos los ritmos vitales, en la respiración, en la sangre, en el metabolismo, los ejercicios de *hatha yoga* consistían en aprender a controlar esos ritmos vitales.

Mucho tiempo después, en el siglo primero después de Cristo, el gran maestro de yoga Patanjali fundó su escuela de yoga, con restos de la filosofía Sankhya y lo que quedaba como recuerdos del *yoga original*, y se convirtió en el más importante ejemplo y modelo para las escuelas de yoga creadas posteriormente. Aquí fue donde nació la aspiración de alcanzar paz y felicidad, por medio del reforzamiento del alma, después de la purificación y el ennoblecimiento. Este ideal surgió en una época en que los cuerpos etéricos estaban ya muy definidos y la clarividencia natural estaba en decadencia. El objetivo ya no era el encuentro con los dioses (las altas jerarquías), sino la educación del alma y la inmersión feliz en el Todo indiferencia.

El camino de yoga de Patanjali lleva a la felicidad deseada *(Samadhi)* en ocho pasos[3]:
Yama: no mentir, no matar, no robar, etc.
Niyama: seguir costumbres y rituales religiosos (el yoga no conoce los dogmas, sino los rituales, que se integran en el discípulo por medio de la repetición)

Asana: adoptar ciertas posiciones durante la meditación.

Pranayama: controlar la respiración, hasta tal punto que el meditador deje de exhalar (venenoso) monóxido de carbono.

Pratayahara: control de las impresiones sensoriales.

Dharana: ser capaz de inhibirse de toda impresión sensorial.

Dhyana: meditar sobre imágenes que no tienen equivalente en el mundo sensorio.

Samadhi: vaciar la consciencia, sin quedarse dormido; pensar sin pensamientos, de manera que el mundo espiritual se manifieste por sí mismo.

Estas son las ocho áreas en las que el *gurú* instruye a su pupilo, señalando por ejemplo cuánto tiempo tiene que permanecer en cada fase.

En lo esencial, todas las escuelas de yoga posteriores siguen este mismo patrón.

Para poder comprender estas escuelas de yoga y el poder que tienen sobre sus discípulos, debemos mencionar lo siguiente: el contenido de las meditaciones era (y es todavía) formado por los nombres de los dioses hindúes, a los que se invocaba y adoraba. En la antigüedad eran Brahma (el Padre), Vishnu (el que trae la vida) y Shiva (el espíritu divino, la consciencia divina). Shiva es el más invocado; "Om namah Shivaja" (Me inclino ante Shiva) es repetido incesantemente en la meditación hindú. En el verdadero yoga, las palabras sagradas debían ir acompañadas de pensamientos de Shiva y del deseo de unirse con Shiva. (La meditación sin pensamientos, tal como se aprende en ciertas escuelas, es una forma decadente, que pone al discípulo en una situación de gran dependencia del *gurú*.)

Swami Mactanandra, el que trajo el Siddha yoga a Occidente, dijo: "Shiva es tu propio yo interior. *Om* es la consciencia que lo penetra Todo. El *gurú* es ese *Om*. En el *mantram* que te da el *gurú*, su *Shakti* (fuerza espiritual) vibra. Estos *mantrams* te liberan porque disuelven los nudos de tu *karma*. Kundalini, la Madre de Todo, la que abarca todos los yogas, es la forma y el contenido del *mantram* que da el *gurú*. Por eso, repite el *mantram* todo el tiempo. A través del *mantram*, el *gurú* entra en ti y abre un nuevo mundo de yoga para ti. Él lo realiza y disuelve todo lo que es negativo. Aquellos que buscan son llevados a la liberación total, gracias al *gurú*. Repite el *mantram*, no dejes que el mundo te tiente. En el curso de tus meditaciones, el ego personal desaparece, ¡y la experiencia del yo te abandona! Lo que queda es la consciencia pura y eternamente feliz, el ser más elevado, y ¡ese eres tú! Interior y exterior se hacen uno. Búscate a ti mismo. ¡Hari, Shiva, Shakti, Alá, Jesús, Buda, todos viven en ti!"[4].

Esto significa, por tanto, que si el interior y el exterior son uno, la existencia individual desaparece.

De este discurso se concluye que la dependencia del *gurú* es total. Por medio del *mantram*, el *gurú* entra en el discípulo, le libera de su *karma*, así el discípulo no tiene que hacerlo por sí mismo. El discípulo permite que el *gurú* le desarrolle. El objetivo de este desarrollo es la eliminación del yo individual, de la individualidad, a cambio de la felicidad. El discípulo no tiene que entender el *mantram*.

Sólo un *gurú* en vida puede llevar a cabo este liderazgo, lo cual quiere decir: el conocimiento de los libros se queda en los libros, la sabiduría personal puede ser transferida y actuar para ti.

En los tiempos antiguos era necesaria la supresión del yo. El yo estaba aún permeado de egoísmo luciférico, y ese yo egoísta debía ser eliminado[5]. Sólo con las fuerzas cristianas de amor, que trabajan como una semilla en el yo humano, es posible un desarrollo no egoísta de lo individual. Por esta razón debe cambiar la relación entre discípulo y maestro en nuestros días. La dependencia debe dejar lugar a la libertad.

El ser humano del presente, que se debate en un camino de desarrollo consciente, debe aceptar el consejo de un iniciado. Pero es él mismo quien es responsable de su camino. Esto sólo es posible cuando uno tiene una idea de lo que está haciendo.

La tarea del iniciado moderno es permitir que se tenga idea de lo que se hace. La Antroposofía puede darnos muchas ideas de las cosas, y nosotros mismos, con mucho esfuerzo, podemos hacerlas propias por medio del estudio y la comprobación.

Este camino de meditación, por tanto, es muy diferente del oriental. En Oriente el antiguo lenguaje original tiene un poder mágico propio. La invocación a los dioses es algo más que sonidos de palabras y las emociones que lo acompañan. Pero los *mantram*s que dio Rudolf Steiner fueron hechos de tal manera que el contenido es siempre comprensible y claro. El que medita se conecta con el contenido.

Por esta razón los versos y *mantram*s antroposóficos pueden ser traducidos a otros idiomas, aunque no es fácil; es difícil expresar el mismo contenido en diferentes lenguas.

Rudolf Steiner rechazaba tajantemente toda relación hacia él del tipo *gurú*. No quería reverencia, quería que la gente comprendiera lo que decía, que lo comprendiera y que decidiera por sí misma, y se responsabilizara de su propio camino.

El camino cristiano medieval

Desde que el yo del hombre recibió la fuerza del amor desinteresado como *posibilidad*, a través de Cristo, toda forma de dependencia con un *gurú* en vida significa un paso atrás en el camino de desarrollo. El yo cristianizado debe aprender a ser su propio *gurú*, a decidir su ritmo, su contenido, en resumen, a ser responsable.

El seguidor de los caminos orientales de iniciación ve esto como arrogancia, como algo mortalmente peligroso. Para él el yo es el peligro, ha sido hecho egoísta por Lúcifer. *Yo* es lo mismo que *egoísmo*, y sólo puede ser erradicado cultivando el *no yo* y limpiando el cuerpo astral, portador de la consciencia, con la guía del maestro.

En la Edad Media surgió una forma intermedia: el camino cristiano místico de desarrollo. En él el discípulo también tenía que retirarse de la vida cotidiana y seguir su camino como monje o ermitaño. Uno podía seguir este camino sin un maestro en vida, ya que era Cristo quien servía de guía.

Esto requería una conexión con Cristo de tal manera que uno pudiera experimentar la Pasión en el Gólgota en siete *estaciones*. Cada estación llevaba varios años de lucha en solitario.

La primera estación era *el lavatorio de los pies*. Lo más elevado se inclina con gratitud ante lo más pequeño, lo cual, puesto que ha hecho el sacrificio de existir en ese nivel, hace posible la vida y el actuar en lo más elevado. Así se arrodilló Cristo ante sus discípulos y les lavó los pies.

La segunda estación era la de *la flagelación*. Uno tenía que aprender a mantenerse firme ante los golpes de la vida. Uno había de decirse: permaneceré firme ante todo el sufrimiento y el dolor que la vida me pueda dar. Esto llegaba hasta experimentar el dolor físico en todo el cuerpo.

La tercera estación era la de *la corona de espinas*. Uno tenía que aprender a soportar la burla y la provocación del mundo. La imaginación de la corona de espinas se hacía tan intensa que uno tenía insoportables dolores de cabeza.

La cuarta estación era *la carga de la cruz y la crucifixión*. El cuerpo se hacía como la madera de la cruz que había que cargar, y nosotros mismos éramos los que la cargábamos. Esta meditación llevaba a la visión de que uno mismo estaba crucificado, y provocaba la estigmatización, tal como les ocurrió a muchos santos medievales (San Francisco de Asís entre otros).

La quinta estación era la de *la muerte mística*. En ella, todo se oscurecía, y uno se unía a Cristo en su bajada a los infiernos. Uno experimentaba todos los aspectos del mal, hasta que la oscuridad era rota en pedazos y la luz de Cristo iluminaba todo lo que estaba en la oscuridad. A esto se llamaba *el desgarramiento del velo en el templo*.

La sexta estación era *el enterramiento*. La encarnación terrestre no se reduce a los límites del propio cuerpo; la tierra entera se hace nuestro cuerpo, en el que uno sigue los actos de Cristo.

En la séptima estación se vivía *la resurrección*, que no puede ser descrita con palabras. Uno se unía enteramente a Cristo. La palabras de San Pablo: "No yo, sino Cristo en mí", se hacían realidad.

Este camino cristiano de desarrollo floreció en la Edad Media. El alma medieval tenía la capacidad de intensificar y profundizar la vida interior hasta tal punto, que se podía vivenciar realmente el camino de Cristo en la tierra. Desde el comienzo de la Nueva Era, es cada vez menos posible hacerlo con la misma intensidad y forma. Las condiciones del alma del presente, así como las circunstancias, demandan algo nuevo en forma de camino de desarrollo consciente.

El camino cristiano rosacruz

Además del camino de los místicos cristianos, que era seguido dentro de la Iglesia, había también una tradición cristiana fuera de ella. No nos referimos a las docenas, tal vez centenares de sectas y movimientos de escisión que hubo desde el siglo primero, sino a la tradición que transcurre como un hilo conductor a través de la historia y sale a la superficie en el siglo nueve como la *corriente del Grial*.

El símbolo del Grial está conectado con los misterios de la sangre y con las reliquias de la sangre que jugaron un importante papel en la baja Edad Media. A menudo se hablaba de la *"sangre color de rosa de Cristo"* en este contexto. Hay muchas historias que hablan de reliquias de sangre que fueron traídas de Oriente a Occidente (véase por ejemplo, el libro El siglo noveno, de W.J.Stein). El misterio de la sangre más importante es el del Grial. No trataremos aquí el tema en profundidad (mi libro sobre *las cuatro corrientes místéricas* trata en parte este misterio[6]). Lo que podemos señalar es que se pensaba que el Grial era la piedra que Micael, en su lucha celestial con Lúcifer, hizo saltar de la corona del propio Lúcifer. Esta piedra cayó en la tierra. A través de la Reina de Saba y del Rey Salomón, esta piedra, tallada en forma de cáliz, fue a parar a manos de José de Arimatea, que recogió la sangre de Cristo en el cáliz bajo la cruz.

Esa sangre había pasado por los efectos de la encarnación de Cristo, y había sido limpiada de todos los deseos. La turbia sangre roja, portadora y símbolo de las pasiones más animales y bajas, se había transformado en inocente y rosada, portadora y símbolo de la penetración del ser humano con la fuerza purificadora de Cristo.

Hay muchas leyendas que cuentan cómo fue traída la sangre del Grial de Oriente a Occidente. Según algunas, los ángeles trajeron el Grial a España; según otras fue José de Arimatea en persona el que lo llevó al sur de Inglaterra; según otras, los hijos de Bron llevaron el

Grial a Francia. Entre los caballeros de la Mesa Redonda del Rey Arturo, sólo Sir Galahad, gracias a su fe, podía hacer visible el Grial en el círculo de los caballeros de Arturo.

Rudolf Steiner indicó[7] que esas leyendas del Grial son una imagen de la propia fuerza de Cristo, que se traslada gradualmente de Oriente a Occidente en los corazones de los hombres, limpiando el cuerpo astral de las bajas pasiones y transformándolo en yo espiritual. Eso es la experiencia del color rosa.

A través de los siglos el número de personas que podían mantener el Grial vivo en sus corazones disminuyó considerablemente, pero entonces apareció un *importante líder de la humanidad*, bajo el nombre de Titurel, y recibió la tarea espiritual de construir un castillo protector, y fundar una orden de caballeros del Grial para protegerlo. Pero ya en la tercera generación después de Titurel, el rey del Grial Amfortas, falló en su tarea de mantener la pureza de corazón, y fue herido por el (luciférico) mago Klingsor.

Entonces el Grial es salvado de nuevo por Perceval, al seguir éste un arduo camino hasta hacerse Rey del Grial. Perceval puede verse como el que prepara la humanidad del futuro, la cual puede (en la época del alma consciente) hacerse portadora del Grial, portadora de la sangre del yo espiritual, por su propio poder, comenzando de la nada (es decir, sin ninguna tradición del pasado).

Pero todo el relato del Grial, tal como lo escribió siglos más tarde Chretien de Troyes, Wolfram von Eschenbach, y otros, se sitúa en la época del alma de intelecto y de corazón. El conocimiento y el saber estaban aún conectados con el *corazón*, y penetraban totalmente la vida afectiva del hombre. La nueva era, la era del alma consciente, ha traído una forma de conocimiento y de saber que sólo es llevada por la cabeza, y se expresa en fórmulas abstractas, que de ninguna manera tienen un contenido personal o emocional.

En la época del alma consciente es infinitamente más difícil experimentar algo de la penetrante fuerza del Grial. Con Perceval como Rey, la tradición del Grial como dador de vida, guardado en un castillo al que sólo se entra por la noche, llegó a su fin. Ni siquiera el hombre nocturno puede contemplar y experimentar el Grial como símbolo del Cristo Resucitado, en este tiempo de pensamientos abstractos.

Perceval, según la tradición, lleva el Grial consigo hasta el fin de su vida, y navega *hacia el Este*, donde lo guarda, hasta que Occidente pueda de nuevo recibirlo, por su propio esfuerzo. Según esto, desde el siglo X el misterio de la sangre, el Grial, no está accesible en esa forma[8]. *En esa forma* quiere decir que la directa *certeza del corazón*, que anteriormente surgía de manera espontánea al contemplar el Grial (o una reliquia de sangre), ya no puede ser experimentada por el hombre.

Con el amanecer de la Nueva Era, al comienzo del siglo XV, se produjo una rotura en la continuidad del cristianismo basado en la Resurrección, que se representaba durante siglos con el símbolo del Grial, y que se convirtió en una amenaza, debido a la intelectualización del pensar y al desecamiento de las *experiencias del corazón*. Se necesitaban nuevas formas de desarrollo para salvar el misterio de la Resurrección, el viejo misterio de la sangre. Las nuevas formas que surgieron se llamaron la *corriente Rosacruz*. Apareció un nuevo símbolo: la rosacruz. La cruz negra, símbolo del cuerpo físico, estaba rodeada de siete rosas rojas, símbolo de la sangre purificada, vegetal. También era un símbolo de la Resurrección, que fue construido meditativamente en el espíritu, y podía impregnar a los seres humanos en su pensar, sentir y voluntad.

De hecho no se trata de un solo camino, sino de varios, pues la corriente rosacruz fluye bajo la superficie de la cristiandad tradicional y dogmática, como por venas escondidas, de muchas maneras y con muchas formas.

Así, había verdaderos alquimistas (rosacruces), que, combinando y separando substancias químicas, buscaban la *quintaesencia*, la quinta forma de la materia, más allá de los estados conocidos de sólido, líquido, gaseoso y calórico. Esta quinta forma estaba en el mundo etérico, en el que se debía buscar la sangre de la Resurrección. También la piedra filosofal, el carbón, el portador de todas las formas de vida, era visto, en su forma más pura, como la substancia de la Resurrección.

Además, estaban los médicos y artesanos ambulantes, que por medio de xilografías, propagaban su mensaje de Resurrección, y daban al pueblo las imágenes que podían dar sustento a sus almas sedientas, tal como el Grial lo había hecho antes.

También había soberanos y embajadores, que, inspirados por la Rosacruz, intentaban prevenir guerras y difundir la cultura. Y había empresarios que en el siglo XVIII, por medio de la alquimia rosacruz, encontraron nuevos medios de hacer cosas, como por ejemplo la porcelana, que sustituyó a la vajilla de barro. También había profesores de Universidad, como en Upsala, Suecia, que eran seguidores del movimiento *Teofrástico*, que encubría a la Rosacruz. Y finalmente, había pensadores como Leibnitz que en su juventud conoció las enseñanzas rosacruces mientras estaba en la universidad, donde escribió su filosofía de las mónadas divinas (véase el capítulo 4).

Bajo la superficie de la externamente confusa historia del comienzo de la Nueva Era fluía una corriente invisible, que afloraba a la superficie aquí y allá. Era la corriente que luchaba por alcanzar la Resurrección, dando calor a la cabeza y al corazón. Entonces surgió la llamada a la libertad, la igualdad y la fraternidad en la Revolución Francesa, inspirada por el movimiento rosacruz. Todavía hoy es algo que entusiasma a muchos[9].

¿Cómo ha podido surgir este movimiento rosacruz? ¿quién fue el fundador y el guardián de esta corriente, al igual que Titurel lo fue de la corriente del Grial? Debe haber sido una individualidad que, como Titurel, haya sido un gran guía de la humanidad y que esté muy ligado al misterio de la muerte y la resurrección. Rudolf Steiner habló de este ser en una conferencia en Neuchatel, Francia[10]. Era una individualidad que a mediados del siglo XIII se preparó por medio de una iniciación en circunstancias excepcionales para una encarnación en el siglo siguiente, en el que llevaría el nombre de Christian Rosenkreuz. Esta individualidad se ha reencarnado continuamente, con cortos periodos entre la muerte y la siguiente vida. Sin embargo, aún tiene que actuar oculto, lo que quiere decir que cada encarnación puede conocerse sólo 100 años más tarde de que la muerte la haya concluido. La individualidad de Christian Rosenkreuz estuvo, por así decirlo, conscientemente erguido bajo la cruz, y trabajó con el poder de la resurrección de la sangre purificada. Su símbolo era la cruz negra rodeada de siete rosas rojas.

Pero además de la auténtica corriente rosacruz, hay un gran número de charlatanes; alquimistas que en lugar de buscar el cambio interior, buscan oro; líderes de sectas que se hacen llamar rosacruces, y usan los símbolos, pero no los entienden. Así, a finales del siglo pasado y comienzos de éste, el Rosacrucianismo verdadero se ha hecho subterráneo por completo, y sólo han permanecido en la superficie los grupos y sociedades que guardan únicamente las formas exteriores.

En ese nivel de corrientes *subterráneas*, que trabajan en silencio, se encuentra la conexión de la Antroposofía con la corriente del Grial y con la corriente Rosacruz. Cada una de ellas, como la Antroposofía, ha creado formas para el cristianismo de Resurrección en ciertas fases del desarrollo occidental, de manera que el Cristianismo esotérico pueda vivir entre la gente. Ya en su primera aparición pública, en lo que entonces era la Sociedad Teosófica, Rudolf Steiner mencionó su conexión con el Cristianismo de Resurrección. El primer ciclo de conferencias *A las puertas de la Ciencia Espiritual*, el libro *El Cristianismo como hecho místico* y el posterior libro *La Ciencia Oculta*, del que dice al final que podría titularse también la *Ciencia del Grial*, hablan todos de la nueva forma en que, una vez acabado el periodo de oscuridad, la luz de Cristo puede brillar para la humanidad. Lo que anteriormente tuvo lugar como una experiencia nocturna del Grial, o como actividad *subterránea* de los Rosacruces, puede ahora hacerse plenamente público por medio de la Antroposofía, tanto en forma conceptual, como con realizaciones prácticas en la vida interior y en el trabajo exterior.

Llevaría un libro entero explicar la metamorfosis de la *Piedra del Grial* en la *Piedra de Fundación* del Congreso de Navidad[11]. Sólo podemos decir aquí que es posible demostrar que la Antroposofía, particularmente después de Congreso de 1923-24, está en la vanguardia de la lucha por el esoterismo cristiano, y que puede dar a la humanidad las formas y los símbolos adecuados para nuestra época. El Rosacrucianismo, tal como trabajó hasta el siglo XIX, y la individualidad llamada Christian Rosenkreuz, trabajan junto con la individualidad que llamamos Rudolf Steiner en la tarea de continuar el despertar del cristianismo de Resurrección en los seres humanos.

Capítulo 7
El camino de la Antroposofía

En las culturas basadas en la vieja espiritualidad, el hombre experimentaba el mundo nocturno como su verdadero origen. Al despertar por la mañana sentía como si cayera en una prisión de la que debía liberarse gradualmente, no suicidándose, sino superando los deseos terrenales y sumergiéndose en el mundo espiritual, en el *Todo*, en el *Nirvana*. De hecho, eso era un regreso al estado prenatal, a la existencia antes de nacer. A lo largo de la evolución, el mundo nocturno se ha hecho cada vez menos consciente, y finalmente sólo se experimentaba en sueños, que requerían interpretación para poder dar impulsos a la vida diaria. En el Antiguo Testamento encontramos claros ejemplos de esto: José aún podía interpretar los sueños del Faraón, que vivía enteramente en el mundo diurno[1]. En el mundo de los sueños aún se podían encontrar indicaciones para guiar al pueblo. Pero los griegos ya tenían el refrán: "Mejor un mendigo en la tierra de los vivos que un rey en el reino de las sombras". Para los griegos, el día era vida, la noche, muerte. Fueron los primeros en ser individualidades diurnas en todos los sentidos; confiaban en su propio pensar diurno, y como resultado de ello desarrollaron la filosofía. Desde entonces el hombre nocturno vive exiliado en el reino de la fe.

Hemos mencionado a *Novalis*-Hardenberg como un ejemplo de hombre moderno. Aunque era poeta, era capaz de trabajar como ingeniero de minas en una mina de sal durante el día, y además hacerse consciente de su individualidad nocturna. Fue el primero en hacer un camino moderno de desarrollo, porque no se retiró del mundo para hacer un desarrollo interior, como los *yoguis* hindúes o los místicos medievales, sino que lo siguió en la plenitud de la vida.

El moderno desarrollo interior es posible *mientras* el hombre vive en sociedad, siguiendo con sus aptitudes, su educación y su propia individualidad, una vida diurna dedicada a los demás.

Trabajar para los demás puede ser una elección consciente, y en algunas vocaciones esto es evidente. Sin saberlo, sin embargo, todos trabajamos para los demás en nuestra vida vocacional. Con la división del trabajo en nuestra sociedad no podemos evitarlo. No se hace el pan para uno mismo, los tornillos y máquinas se hacen para los demás, se trabaja de funcionario *público*, o se administra justicia con leyes hechas y aplicadas por otros. Por tanto vemos que en la vida cotidiana somos parte de una red de relaciones humanas.

Nuestra individualidad diurna está atrapada en paradojas relacionadas con nuestras aptitudes y nuestra educación. Y esto agudiza o impide los logros exteriores. En esta lucha estamos en buena medida con las manos atadas. Nuestra individualidad diurna es resultado del pasado, tanto de esta vida, como de otras anteriores.

Pero con la fuerza de su propia individualidad, el hombre puede decidir buscar otro tipo de vida, una vida espiritual, paralela a la vida cotidiana. Hay ocasiones en que uno puede hacerlo, por ejemplo, interesándose por los resultados de la vida nocturna, como el arte o la religión. Pero los que intenten esto se darán pronto cuenta de sus propios límites. Son los límites de lo cognoscible, de la sensibilidad artística, y de las experiencias religiosas pasadas.

El que quiere despertar conscientemente su individualidad nocturna debe tomar la decisión de seguir el camino de *desarrollo interior*, comparable al de los discípulos de los antiguos misterios. No obstante, en lugar de acudir a las viejas formas, uno debe preguntarse, ¿cuál es el camino del discípulo de los *nuevos* misterios?

Los nuevos misterios ya no están atados a un tiempo o a un lugar. Uno no tiene que ir a un lugar determinado para encontrar una escuela de misterios. Los nuevos misterios están presentes en todo lugar, en todo momento, en la *plenitud de la vida*. Tenemos que aprender a vivir en dos niveles de consciencia continuamente - uno dirigido a la vida diaria y otro al despertar de la segunda individualidad, a la noche subiendo a la consciencia. La consciencia nocturna es como un hilo conductor que discurre sobre la consciencia diurna. En cualquier momento podemos cogerlo y vivirlo, o soltarlo cuando la vida nos lo pide, para luego retomarlo y seguir con él.

La vida corriente nos ofrece multitud de oportunidades para hacerlo. Cuando esperamos el autobús, en lugar de impacientarnos y pasear de un lado a otro, podemos dirigir nuestra atención hacia el interior y por unos minutos llenarnos de sentimientos y pensamientos que hemos elaborado en otro momento, durante nuestra vida meditativa. Aunque estemos rodeados de gente y de ruido, nuestra mente puede calmadamente tornarse hacia el interior hasta donde la situación lo permita. Esto es sólo posible si se ha trabajado sistemáticamente sobre nuestro desarrollo en otros momentos.

El camino de la Antroposofía ha sido descrito por Rudolf Steiner en numerosos libros, de los cuales los más importantes son: *¿Cómo se alcanza el conocimiento de los mundos superiores?* y *Ciencia Oculta*. Además hay múltiples indicaciones sobre el desarrollo interior en muchas conferencias publicadas del mismo autor.

El lector podrá encontrar una amplia descripción del camino antroposófico de desarrollo en la bibliografía de referencia[2]. En este capítulo intentaremos indicar lo característico de este camino. Por supuesto, el autor se ha guiado por sus propias preferencias y experiencia.

Un esbozo del camino antroposófico de ejercitamiento interior

Este moderno camino mistérico no tiene nada de obligatorio o vinculante.

La preparación consiste, entre otras cosas, en la práctica de una serie de cualidades anímicas, que son familiares para todo el mundo, y que todos pueden reconocer como importantes. Momentos de calma interior; observación intensa del mundo; tranquila observación interior de las propias acciones; imparcialidad hacia los demás; tolerancia hacia las opiniones de los otros; cálidos sentimientos hacia lo positivo en los otros; gratitud hacia lo que el mundo y las otras personas nos han dado en la infancia y después; ecuanimidad de sentimientos, sin por ello ser frío. Todas esas cualidades deben ser practicadas durante mucho tiempo y armonizadas entre sí. Las fuerzas que se desarrollan en esta preparación comienzan gradualmente a formar parte del propio carácter. Mucha gente encuentra en su propio destino el impulso de desarrollar tal o cual cualidad; la persona que ha decidido libremente seguir el ejercitamiento espiritual hace esto sistemáticamente y con perseverancia.

El paso siguiente es la *meditación*. Consiste en sumergirse de forma intensiva en un contenido que uno ha elegido, o en una imagen que uno mismo construye. La meditación es absorber un contenido elegido por uno mismo, intensa y repetidamente, y con plena consciencia de lo que se hace. No es una repetición sin sentido de palabras cuyo significado se desconoce, aunque esas palabras en sí mismas sean los nombres de seres elevados en la lengua de una cultura antigua.

En el ejercitamiento espiritual elegido por uno mismo, como discípulo, se encuentra el camino hacia el contenido que en cada momento puede llevarte más lejos. Uno puede encontrar en la literatura antroposófica una gran riqueza de contenidos adecuados para la meditación.

El primer efecto de este camino interior, que despierta a la individualidad nocturna a la luz del día, es el comienzo de la visión imaginativa. Comenzando con una observación intensa y sin prejuicios de la naturaleza, uno comienza a darse cuenta de las imágenes características que conectan al ser humano con las fuerzas creativas que trabajan detrás o dentro del mundo natural sensible. Esto comienza con ejercicios simples, como por ejemplo: ¿puedo experimentar la característica que diferencia al abedul del roble tan intensamente que pueda expresarlo en un dibujo o en palabras? ¿puedo ver *el* abedul y *el* roble con mis ojos interiores como dos imágenes arquetípicas?

Goethe adquirió esta visión imaginativa tras años de observación del mundo vegetal, lo que le permitió llegar a la visión interior de la *planta arquetípica*. Ante los ojos de su mente podía ver la metamorfosis de esa planta en todas las formas vegetales existentes, y, como él mismo dijo, incluso en formas de plantas que tal vez no existan, pero que *podrían* existir[3].

El desarrollo de la capacidad imaginativa es el primer paso en la vía de la moderna *clarividencia exacta*. Muchos artistas han intentado desarrollar esta habilidad por sí misma.

El próximo paso (que no ha de seguir necesariamente al anteriormente descrito) nos lleva a la capacidad de *inspiración*. Esta actividad suprasensible está relacionada con la *escucha* del mundo sensible.

Como ejercicio, podemos concentrarnos en el escuchar intenso de los sonidos de la naturaleza, de la voz humana y de la música. Cada vez podremos oír más lo que hay detrás de los sonidos, detrás de las palabras, detrás de los tonos. Adquiriremos un sutil sentido de las cualidades.

Algunas personas tienen una facilidad que les hace estar muy cerca del mundo audible de la vida diaria. Un amigo mío, que era violonchelista y director de orquesta, me dijo una vez que siempre había estado rodeado de música desde que tenía uso de razón. Pero también me dijo que el problema del compositor es la técnica, que se domina sólo con grandes esfuerzos, pues uno ha de salir del fluir de la música, y transformarlo y escribirlo bajo la forma de una pieza ordinaria de música. Sólo en la improvisación fluye libremente la música.

Otro ejemplo que indica la actitud y la experiencia de vida que requiere ser capaz de escuchar realmente es una canción infantil, en la que un niño se queja de que su padre y su madre no tienen tiempo para escucharlo. El niño se dirige a su abuela, que sí puede escucharlo, y acaba con las palabras: "Aparentemente, hay que ser muy viejo para poder escuchar".

En la vida ordinaria este escuchar *empático* es un atributo profesional del psiquiatra y del asistente social; hay que ejercitar la imparcialidad, la tolerancia y la ecuanimidad, como requisitos previos, para este tipo de escucha. Así, encontramos profesiones que hoy día necesitan dar un paso en la dirección del camino de desarrollo interior, pero, en este caso también, uno puede seguir este camino por su cuenta a base de perseverancia y constancia. Llegarán entonces momentos en que la voz interior hablará y nos dirá más de lo que nosotros sabemos. El mundo superior se abrirá y se podrá distinguir de la fantasía y de los deseos semiconscientes. Este camino puede describirse como un conversar con el propio yo superior.

A un nivel más elevado, la inspiración nos lleva a ser capaz de distinguir entre lo que aflora de nuestro mundo interior consciente y lo que nos transmiten las fuerzas exteriores objetivas.

La inspiración conduce a una certeza interior que nada puede resquebrajar.

En la imaginación, el *pensar* se transforma en órgano de percepción, y en la inspiración es el *sentir* lo que se transforma en un órgano sensorial. La tercera fuerza anímica, la *voluntad*, puede transformarse en *intuición*. Aquí, también, uno tiene que aprender a distinguir, durante la preparación, entre los deseos e intenciones que dan origen a las acciones de nuestra individualidad diurna, y los actos de la segunda individualidad, la nocturna. Como ejercicio preparatorio es necesario practicar el coraje y la valentía en la vida diaria, así como lo que se llama muy adecuadamente, *presencia de ánimo*. Esto último nos permite reconocer cuándo llega el momento de una acción intuitiva, lanzarse al curso de los acontecimientos y hacer lo que uno debe.

Actuar a partir de la intuición (y no nos referimos al sentido corriente de la palabra intuición, que está más relacionado con un sentido emocional-instintivo hacia la acción correcta) no es algo que se consigue de la noche a la mañana. Uno debe debatirse durante años con la cuestión: "Si supiera lo que *realmente* debo hacer…"
Si uno no está dispuesto a sufrir con esto y pasar noches sin dormir, mientras le atormenta esta cuestión, uno no podrá desarrollar la capacidad de coger al toro por los cuernos cuando se hace evidente que es el momento de hacerlo.

La intuición nos habla desde la *oportunidad*. El que no esté preparado dejará pasar la oportunidad, seguramen-

te sin darse cuenta; el que sí lo está, la aprovecha porque es la respuesta que había estado esperando. En la intuición, el hombre anímico-espiritual, la individualidad nocturna, nos habla a través del mundo; ¡ la intuición nos habla desde el exterior! Al final de una conversación con un amigo de la infancia, Rudolf Steiner dijo:
"Presta atención a las preguntas que se te hacen. En las preguntas se expresa tu *karma*[4]".

El camino de desarrollo que lleva a la intuición requiere estar preparado para *reconocer* las preguntas, pues normalmente no se expresan con palabras, sino con situaciones. Pocas veces en la vida ocurre que nos despertemos por la mañana con una intuición que surge del sueño, y que se nos presente ante nuestros ojos, elaborada hasta el último detalle. Cuando ocurre, nos ponemos a temblar como una hoja, llenos de una voluntad que nos sobrepasa, y nos preguntamos sorprendidos: "¿Debo yo hacer esto? Va contra mis intereses y mis deseos, es demasiado para mí".

La intuición más elevada es descrita en la Biblia, en el episodio de Getsemaní, cuando Cristo se da cuenta de que debe afrontar la Crucifixión y exclama desesperado: "¡Aleja de mí este cáliz!". Este grito puede resonar en la vida de cada uno de nosotros, en un menor grado, pero para uno mismo es muy real: "¡Aleja este cáliz!". Si uno lo bebe, a pesar de todo, uno se da cuenta de que actuando en tales situaciones uno genera fuerzas que exceden a sus capacidades.

A través de la acción intuitiva, el hombre se reconoce como instrumento de las fuerzas superiores. El destino personal debe dejarse de lado. Uno se pone a disposición de lo que hay que hacer en un momento concreto de la historia.

Lo que acabamos de describir tiene que ver con los primeros pasos hacia la imaginación, la inspiración y la intuición. Uno puede inferir lo que significan para el iniciado moderno si se estudia el trabajo y la biografía de Rudolf Steiner. Muchas personas se encuentran en ese camino, pero en el siglo XX no ha habido nadie que estuviera tan plenamente integrado en la cultura y el saber de su tiempo, y a la vez viviera tan conscientemente el mundo espiritual, como Rudolf Steiner. Todo su trabajo, así como su biografía, son testimonio del hecho de que estuvo plenamente consciente tanto en el mundo diurno como en el nocturno.

Hemos visto cómo la intuición viene del exterior, a diferencia de la inspiración, que viene del interior. Mi *karma*, mi tarea vital, se me manifiesta a través del otro ser humano.

Uno no debe intentar hacer este camino solo. Puede desarrollarlo en un grupo de personas, con las que comparte un destino común. Una vez llamé a ese tipo de comunidad, una *comunidad de responsabilidad*[5]. Cada uno hace su propio camino de desarrollo por su cuenta, pero depende fuertemente de los otros. Todos consideran que en *su* camino de desarrollo deben estar atentos a lo que el *otro* puede y debe hacer. Esto se puede expresar con otras palabras, o se pueden crear situaciones en las que el otro se hace más creativo, y el trabajo es mutuo. Un arquetipo de esta comunidad es la comunidad de los apóstoles en Pentecostés, o la comunidad de la Mesa Redonda del Rey Arturo.

Uno no dirige su atención hacia sí mismo, sino hacia el otro. Uno ayuda al otro, le soporta, está detrás de él cuando lleva a cabo su tarea fuera o dentro del grupo. Quien tiene el privilegio de trabajar en tales comunidades, puede experimentar que puede trabajar a partir de la totalidad, incluso cuando tiene que trabajar solo en cualquier lugar del mundo. Está, en cierta manera, *cubierto*.

Grupos de este tipo no tienen nada que ver con el sectarismo, con renunciar a la propia identidad para entregar el yo al espíritu del grupo; al contrario, requiere la máxima atención hacia las necesidades del mundo, y un profundo compromiso a la hora de dar respuesta a las preguntas de los demás. Cada actitud, cada capacidad está disponible para toda la comunidad. Es lo opuesto a lo que he experimentado en algunas universidades entre los que allí trabajan. Se guardan sus pensamientos, y los resultados de éstos, para sí porque tienen miedo de que otro pueda publicarlos bajo otro nombre y por tanto le robe su poder. Por otro lado, también he conocido equipos de investigación que trabajaban muy unidos, al menos en su especialidad. La diferencia, sin embargo, está en el objetivo común: ¿Cuál es tu compromiso? ¿Cuál es la misión del grupo en el mundo? ¿Hasta dónde eres capaz de apoyar a los demás, en su lucha existencial, fuera de la situación de trabajo?

El nuevo camino iniciático, que se desarrolla por medio de la imaginación, la inspiración y la intuición, ese camino en que los instrumentos del hombre diurno: el pensar, el sentir, la voluntad, se transforman en instrumentos del segundo hombre, del hombre nocturno, es el camino hacia el yo superior, que nos acompaña en nuestra trayectoria vital desde el mundo nocturno, en la búsqueda del próximo paso en el camino de desarrollo a lo largo de toda nuestra vida.

La primera individualidad, el hombre diurno, ha sido formado desde el pasado, a partir del *karma* de las vidas precedentes. Por eso el hombre no es libre en su individualidad diurna, pero se libera por la noche, y saca nuevos impulsos del mundo espiritual, para fijarse nuevos objetivos. Cada noche hay un juicio de nuestros actos, cada noche renovamos nuestras metas vitales.

Con eso nos despertamos cada mañana, pero nos distraen las impresiones visuales y sonoras del mundo sensorio.

El hombre moderno necesita darse cuenta, en su consciencia diurna, de los impulsos de la noche, si no quiere perder de vista las tareas que tiene que realizar en su vida, en un mundo tan tumultuoso, y si quiere tener las fuerzas necesarias para llevarlas a cabo.

A la historia de la vida externa del hombre diurno la llamamos *biografía*. A la historia de la vida interior, que es inducida a la vida diurna por la individualidad nocturna, la podríamos llamar la historia espiritual del hombre, o pneumografía. En esta pneumografía interior, se hace visible el *karma*, no del pasado, sino del futuro. El hombre, que *hace un gran esfuerzo en su continua lucha*, crea *su futuro*, que en su próxima vida será su punto de partida.

Tener consciencia de esto puede despertar en nosotros el entusiasmo necesario para seguir el camino de desarrollo descrito anteriormente. Y esto se hace más evidente al saber que cada ser humano está llamado a hacer su propia contribución al desarrollo del alma consciente no para su propio interés, sino como parte de la humanidad. La tarea de la época del alma consciente es hacer el bien, y particularmente en los pequeños asuntos de la vida social, entre la gente. La fuerza conductora que nos debe inspirar para hacer esta tarea es la fuerza del corazón, que nos une con el mundo a través del amor. El camino de desarrollo es el camino del medio, que nace de las fuerzas del corazón. Cada paso que uno *quiere*, por pequeño que sea, es importante, no sólo para uno mismo, sino para toda la humanidad.

Pocos están llamados a realizar actos históricos. Todos estamos llamados a irradiar luz y calor en la vida cotidiana. Esta es la cultura del corazón, la del aquí y ahora.

El que vive en la *Imaginación*, ve el arquetipo en todas las formas.

El que vive en la *Inspiración*, desarrolla la cultura del corazón.

El que vive en la *Intuición*, actúa con el momento, y hace el Bien.

Algunos aspectos prácticos

Para poder ser capaz de seguir el camino meditativo descrito anteriormente es necesario crear en el alma las condiciones vitales necesarias para un desarrollo sano. Rudolf Steiner habló de una *preparación*, que consiste en unos ejercicios que deben ser hechos *al mismo tiempo* que la meditación.

Sobre ellos haremos a continuación algunos comentarios, aunque encontrarán una descripción mucho más detallada en la bibliografía referida anteriormente. No obstante, Rudolf Steiner los describe de tal forma que sólo su lectura es ya parte del ejercitamiento. Esta es otra de las razones por las que se recomienda acudir a los libros recomendados una y otra vez.

El primer requisito necesario es el desarrollo de la *paciencia*, de la capacidad de esperar a que los procesos interiores tomen su propio curso.

Es muy importante mantener un ritmo en la vida de uno, darle nuevo significado a los ritmos diarios y semanales, experimentar los ritmos del año, ya que esto supone un encuentro entre el yo y el mundo. En los versos de la semana de Rudolf Steiner, que siguen el curso del año, encontramos una ayuda para esto[6].

Uno debe encontrar una nueva relación, no sólo con la naturaleza, sino también con la cultura humana. Sin un estudio de la cultura humana, el hombre de hoy no puede progresar en el alma consciente. Es importante observar la evolución del pensar humano a través de las diferentes etapas de desarrollo, y tener una idea del desarrollo de las concepciones del mundo y de las diversas imágenes del hombre. Sólo entonces puede uno saber cuál es su posición espiritual como hombre del presente, y cuál es la tarea a realizar.

En este sentido, puede surgir el sentimiento, que se transforma gradualmente en certeza interior, de que se forma parte de un gran cosmos espiritual, en el que cada ser humano adquiere al mismo tiempo más libertad, y mayor responsabilidad para el desarrollo futuro. Esto no sólo se aplica a los problemas ecológicos y al abuso de los recursos naturales, sino también, y muy particularmente, al progreso del pensamiento humano y a los fundamentos éticos de las acciones que resultan de él.

Al prepararse para la imaginación, se puede intentar crear *imágenes* de los *pensamientos*. Las imágenes tienen más sentido que las definiciones abstractas, y siempre tienen un contenido conceptual, un valor emocional y un valor simbólico ético. En nuestra época padecemos los efectos de un pensar desprovisto de esos valores. Debemos recuperarlo conscientemente. Entonces las imágenes nos hablarán, y la naturaleza y el arte tendrán también un nuevo lenguaje.

Los ejercicios del *camino séxtuple* son de gran importancia. A menudo se les llama ejercicios secundarios (en alemán *Nebenübungen*), porque Steiner recomendó que se llevaran a cabo paralelamente a los ejercicios meditativos. Pero se les puede considerar el *corazón* del camino antroposófico de desarrollo, porque trabajan con el *alma humana*, que es el *escenario* de este camino. Actúan en ella como elemento curativo de las relaciones entre el yo y las fuerzas anímicas del pensar, el sentir y la voluntad.

Los seis ejercicios son:

Control del pensar
Control de la voluntad
Control del sentir
Positividad
Apertura de espíritu
Ecuanimidad de toda el alma

Cuando se llevan a cabo estos ejercicios (puede encontrarlos descritos en detalle en *¿Cómo se alcanza el conocimiento de los mundos superiores?*) se descubre que los tres primeros pueden ser practicados conscientemente como actividades individuales, pero los tres últimos sólo pueden practicarse en la vida misma. La apertura de espíritu, por ejemplo, sólo puede ser practicada en la vida social, por medio de muchos contactos humanos, a través de los cuales uno se encuentra una y otra vez en situaciones en las que uno se confronta y cuestiona sus prejuicios.

En este moderno camino de ejercitamiento interior se pueden seguir los consejos de un iniciado, pero uno mismo es responsable del tiempo que necesita, y de la secuencia y contenido del camino. Gradualmente se va desarrollando un órgano que avisa cuando se quiere ir demasiado deprisa, o cuando se es demasiado perezoso y no se hace lo necesario. A este órgano se le podría llamar la *consciencia esotérica*; es nuestro *gurú interior*.

Una vez en el camino, uno se encuentra con los pasos y formas que debe seguir como si ellos mismos se presentaran, y uno sigue siendo plenamente libre para tomarlos o no. Si, no obstante, uno ha decidido un paso, se debe ser consecuente con la decisión (persistencia); el abandonarlo frívolamente causa serios estancamientos y crisis de consciencia.

En nuestra sociedad occidental, el materialismo ha causado tanto vacío en el alma que mucha gente busca la *plenitud*. Por esta razón nuestra vida espiritual está inundada de viejas formas de desarrollo espiritual de la India, antigua Persia *(Mazdaznan)*, Islam *(Sufi)* y Japón *(Zen)*. Todas ofrecen, con más o menos justificación, un espacio para saciar la sed anímica, o más paz, o éxito en los negocios.

La posición de la Antroposofía en todo esto debe aclararse, pues es el único camino que está ligado al desarrollo del pensar en el alma consciente occidental. La meta de este camino de desarrollo no es la felicidad personal o el éxito empresarial, sino el despertar a una consciencia de la responsabilidad que tenemos hacia la evolución de la humanidad en su conjunto. Por ello, este camino empieza con nuestra actual capacidad de pensar con claridad, que se deriva del desarrollo de la ciencia natural. A partir de ahí, nos lleva a un pensar científico-espiritual dirigido al futuro.

Capítulo 8
Sobre los "dobles" humanos

Si uno consigue dar gradualmente más forma a su propia vida a partir del propio yo - ya sea por un ejercitamiento interior consciente o por experiencia vital - uno puede comenzar a tomar más distancia respecto de algunos aspectos de su propio ser interior. Podemos empezar a notar que todo tipo de hábitos, rasgos del carácter e *incapacidades* no son parte de nuestro yo superior, sino algo adherido, y a veces hasta molesto. Todos estos aspectos de uno mismo pueden reunirse en una figura, una especie de sombra, que no es uno mismo, pero que nos sigue a todas partes. Así es como surge la experiencia de nuestro *doble (Doppelgänger)*.

El tema del doble ha jugado siempre un papel importante en la literatura universal. Muchos escritores han dado vida al doble humano con variaciones de todo tipo[1].

En la vida cotidiana, el doble también juega un papel importante. No sólo nos confrontamos con nuestra propia y antipática sombra, sino que nuestro siniestro compañero también nos juega malas pasadas en las relaciones sociales. Frecuentemente nos cegamos ante el doble de otro, de manera que no percibimos su verdadero ser. Muchos malentendidos y conflictos sociales son resultado de la actividad inconsciente de los dobles, y algunas veces las más vehementes y dolorosas confrontaciones en el matrimonio no son más que *peleas de dobles*.

Este problema también surge en la consulta psicológica, por supuesto. El paciente y el terapeuta comienzan por mostrar ciertos aspectos de sus dobles en la primera entrevista, y se deben aclarar muchas cosas antes de que la individualidad espiritual de ambos se manifieste. (Volveremos sobre la asesoría en la Segunda Parte.)

Si uno desea seguir un camino de desarrollo interior, es de gran importancia el observar con cuidado las manifestaciones del doble; es un elemento esencial del autoconocimiento. La Antroposofía puede ser de ayuda para tal observación. Rudolf Steiner habló más de una vez sobre el doble, y cada vez desde un punto de vista diferente, de lo que se deduce que no basta con hablar del *doble*, sino que hay que hablar de los diversos aspectos del doble. Todos estos aspectos tienen algo en común, que afectan a partes de nuestra naturaleza corporal y anímica que no han sido penetradas por el yo, o sólo parcialmente. En otras palabras, algo que el yo (superior) no ha dominado.

Describiremos siete aspectos diferentes. Esta visión general tal vez no sea completa, pero puede ser de ayuda al distinguir esos diferentes aspectos del doble.

Y esta visión puede aportar algo más. El sentimiento de que el doble es algo exclusivamente negativo en el carácter debe ser superado, y reemplazado por un sentimiento totalmente diferente, que podría ser descrito de la siguiente manera: "Mi doble no forma parte de mi yo superior, pero sí me pertenece. Cumple una tarea. La causa de su existencia está en mi propio ser, en mi *karma*. Si convierto su presencia en una experiencia de aprendizaje, alcanzaré el próximo paso de mi desarrollo".

Distinguiremos los siguientes dobles:

Nuestras tendencias hereditarias en la *constitución*, el *temperamento* y el *carácter*.

Nuestra *educación*, el adoctrinamiento de la herencia y los valores culturales (comparable a la *persona* de Jung).

El doble formado a partir de *restos* no digeridos de vidas anteriores, que actúan en esta vida como patrones repetitivos de interferencia.

Seres de la naturaleza no redimidos, que actúan como dobles.

Ciertas fuerzas *geográficas* que tienen un efecto tal sobre nosotros, que conforman ciertas estructuras (anímicas) consideradas típicas de cierta área o continente (típicamente europeo, americano, asiático, etc.).

Nuestra encarnación como *hombre* o como *mujer*, como un aspecto del doble (comparado con el tema animus-anima caracterizado por Jung).

El doble como guardián del umbral.

Todas estas variaciones instrumentales no son lo que *somos*. Las *tenemos* como resultado de nuestro pasado individual. Sólo sobre la base de este pasado cristalizado puede empezar una nueva encarnación, y ésta lucha cada día por acercarse un paso más al ideal humano - el hombre que eventualmente seremos algún día. Y este ideal del hombre va a ser una variación individual dentro del conjunto de la humanidad, de la misma manera que la armonía de una orquesta surge de las múltiples variaciones del sonido.

Este futuro abierto, dirigido hacia una imagen ideal del hombre, está asociado al futuro del hombre como portador de la libertad.

Constitución, temperamento y carácter

¿Qué experimentamos cuando nos encontramos con otro ser humano? Lo primero de todo es la apariencia, el cuerpo físico. En la apariencia, la *constitución* se convierte en una imagen en el espacio. A principios de siglo, el médico francés Sigaud[2] describió fenomenológicamente una serie de tipos constitucionales. Lo hizo pensando en los médicos de cabecera, de manera que pudieran reconocer de un vistazo cómo iban a reaccionar sus pacientes ante enfermedades crónicas o agudas. Distinguió cuatro tipos; uno de sus alumnos los dibujó esquemáticamente de la manera siguiente:

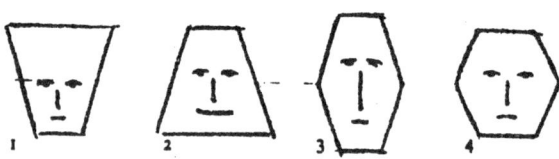

El *tipo cerebral* tiene una frente alta y un cráneo ancho. El cráneo predomina sobre la cabeza. Si dibujamos una línea horizontal que pase por el arranque de la nariz, sobre los ojos, ésta estará por debajo del punto central de otra que vaya desde la punta de la barbilla a lo más alto del cráneo. El tipo cerebral es muy sensible a las impresiones sensoriales, y tiene tendencia a debilidades digestivas. Es el tipo intelectual (Einstein) o, en individuos menos dotados, el tipo administrativo. En una edad avanzada el cuerpo tiende a tener enfermedades crónicas. Las enfermedades agudas son violentas, particularmente en la infancia.

Su contraimagen es el *tipo digestivo*. La línea del arranque de la nariz está muy por encima del centro de la cara. Predomina la estructura de la mandíbula, y también el estómago y el tronco; a esta persona le gusta comer mucho y bien. Las dificultades le llevan a una cólera explosiva. La vida anímica es muy simple y está orientada hacia lo material. La capacidad de trabajo puede ser enorme. Las metas vitales son egoístas, y particularmente dirigidas a obtener poder.

El tipo intermedio es el *respiratorio*. En él predominan el pecho alargado, y frecuentemente plano, y la estructura nasal en el centro de la cara (Charles de Gaulle).

Los tipos respiratorios son difíciles y obstinados socialmente. En la infancia ya son excepcionales.

Sigaud distinguió finalmente el *tipo muscular*, con un equilibrio entre las tres condiciones previas. La línea de los ojos está ligeramente por encima del centro. Tiene un aspecto armonioso, con buena musculatura. Es un tipo vivaz, atlético, práctico, de acción, raramente enfermo y de pronta curación.

En estas cuatro *tipologías* encontramos al ser humano individual. En el primer contacto y durante las relaciones, la constitución juega un papel importante. Determina la primera impresión que recibimos, y que puede despertar la simpatía o la antipatía. Esta impresión pone de relieve el *tono* del instrumento de encarnación. La constitución determina en cierta manera si uno va ser en la vida un violinista, un flautista o un trompetista. Lo que uno toque con el instrumento, es asunto del yo.

La constitución es, como hemos dicho, la apariencia a través de la cual el cuerpo físico se manifiesta en el espacio. Esta apariencia es esencialmente tripartita: cabeza, tronco y extremidades. Rara vez, sin embargo, están las tres en armonía. Esta armonía era el ideal de las artes de la Grecia antigua.

La apariencia física humana no es una estatua de mármol, sino un cuerpo en funcionamiento. Cada parte de ese cuerpo tiene sus funciones específicas; en el caso de una apariencia unilateral, predomina una función. Debido a que la apariencia es visible para todo el mundo, uno puede sacar inmediatamente conclusiones sobre el funcionamiento constitucional del ser humano total a partir de esas unilateralidades. La constitución, como expresión del antiguo *karma*, domina el comportamiento, la salud y las tendencias de desarrollo de los siete primeros años. Es en el jardín de infancia donde uno debe buscar especialmente la constitución.

Las funciones biológicas se manifiestan en el alma como los cuatro temperamentos: colérico, sanguíneo, flemático y melancólico[3]. Estas cualidades son también funcionales, y no están relacionadas con la personalidad. El temperamento se manifiesta un poco más tarde que la constitución, en el comportamiento y en la manera de actuar y reaccionar. El temperamento es también el fruto de un pasado kármico.

El temperamento humano es causado por la estructura del cuerpo etérico. Es una *figura en el tiempo*, o un patrón de movimiento y reacción.

Uno puede observar el temperamento en los movimientos de una persona. De los 7 a los 14 años, en la escuela primaria, es cuando es más evidente. El conocimiento de las manifestaciones de las tendencias temperamentales es de gran importancia para el proceso educativo, ya que son parte del comportamiento global del niño. En su estructura cuatripartita, los temperamentos son una expresión de la dominancia de una de las cuatro fuerzas del cuerpo etérico. Es por tanto expresión, en cierta manera, de la fisiología del cuerpo etérico.

El temperamento se revela una vez que la constitución ha llegado a la madurez. La constitución y el temperamento pueden reforzarse mutuamente o contrarrestarse. Pueden surgir unilateralidades extremas (por ejemplo flemático-digestivo, o melancólico-cerebral). También puede resultar una situación de conflicto interior que se manifieste en el comportamiento. Uno debe poder reconocer estos conflictos para poder tratarlos pedagógicamente (y a veces hasta médicamente).

El tercer elemento, el que se manifiesta especialmente después de la pubertad, es el tipo de carácter. El carácter es el *color* de la estructura anímica, causado por las fuerzas dominantes del *cuerpo astral*. Este se individualiza entre los 14 y los 21 años. En esta fase, la vida interior, y por lo tanto también el comportamiento, están determinados en gran manera por ese desarrollo del cuerpo astral, que proviene del antiguo *karma*. El cuerpo astral se desarrolla en función de las siete cualidades planetarias, de las que surgen siete tipos caracterológicos. En mi libro *Fases* las he caracterizado así: el inquisitivo, el pensador, el organizador, el cuidador, el innovador y el conservador. Estos seis tipos se presentan en dos modalidades, la activa y la pasiva, o extrovertida e introvertida. La séptima cualidad es la equilibradora. (En el capítulo 9, que trata de los procesos planetarios, volveremos sobre esta tipología).

El cuerpo astral vive fuera del tiempo y el espacio; es una estructura *cualitativa*, que sirve de base a la vida del alma y le da *color*, de la misma manera que la clave le da un cierto carácter a una pieza de música, independientemente de cómo sea esa música.

Entre los 14 y los 21 el carácter que comienza a manifestarse domina sobre las estructuras constitucionales y de temperamento anteriormente formadas; éstas se hacen ahora más recesivas, pero continúan su influencia en capas inconscientes de la personalidad. Pueden también reforzar ciertas estructuras de carácter o bien contrarrestarlas.

En la educación secundaria es necesario un conocimiento práctico de los tipos de carácter para poder evaluar y ayudar pedagógicamente al alumno.

De lo dicho anteriormente se desprende que la constitución, el temperamento y el carácter tienen que ver con los tres cuerpos, el físico, el etérico y el astral (llamados *envolturas* según la palabra alemana *Hüllen*). Tras estas tres envolturas se esconde la individualidad - el yo del ser humano - , que tiene sus propias metas en esta vida. Pero la mayor parte del tiempo, esta individualidad permanece escondida. Uno sólo aprende a conocer el verdadero ser humano espiritual después de un tiempo, por medio de muchas conversaciones, o de un contacto frecuente. A veces, por otro lado, la personalidad resplandece a través de las envolturas y nos habla directamente.

La constitución, el temperamento y el carácter se forman a partir del pasado, del viejo *karma*. La individualidad lucha por un *karma nuevo*. No se contenta con los viejos atributos. Quiere añadir algo nuevo. Esto ocurre cuando en la vida el yo influye en las tres envolturas de tal manera que las transforma gradualmente. El resultado es que en la psique, en el alma, aparece algo totalmente nuevo. Esta lucha del yo para darle al alma un carácter propio se realiza entre los 21 y los 42 años, en la fase media de la vida.

Cuando el yo trabaja activamente en la *transformación del cuerpo astral*, ocurre algo similar a la fertilización de un óvulo. El óvulo en este caso es el cuerpo astral, que comienza a transformarse en algo nuevo: el *alma sensible*. El cuerpo astral se dirige hacia el interior, hacia la construcción, el mantenimiento y el funcionamiento de los órganos internos, y se manifiesta en el alma en forma de deseos. El yo dirige entonces el cuerpo astral hacia el mundo, y lo *fertiliza* con las impresiones sensibles. Esto enriquece la vida interior, que puede entonces liberarse del egoísmo del cuerpo astral, que está atado a los órganos. En este proceso el yo hace del cuerpo astral su instrumento anímico.

El alma sensible se desarrolla en el periodo de los 21 a los 28 años.

De la misma manera el yo puede tener efectos beneficiosos sobre el *cuerpo etérico*. Las fuerzas vitales están en una parte desligadas del cuerpo físico y forman parte del alma creada por el yo. Estas fuerzas etéricas aportan diferentes cualidades al alma, dependiendo de los órganos de los que provengan. Así es como surge el *alma de intelecto*, proveniente del sistema nervioso, y *de corazón**, proveniente del sistema rítmico[4].

Las fuerzas del *alma de corazón* deben ser desarrolladas junto con las de intelecto, si no éstas se harán abstractas, secas y burocráticas. El alma de intelecto y de corazón se desarrolla entre los 28 y los 35 años.

Finalmente el yo tiene que transformar las fuerzas (formativas) del *cuerpo físico* y ponerlas a disposición del alma. De este proceso nace el alma consciente, que tiene que ver particularmente con los objetivos éticos que pueden dirigir la voluntad, para que la voluntad inconsciente pueda llegar a acciones morales y plenas de significado. El alma consciente puede comenzar su desarrollo entre los 35 y los 42 años.

Dedicaremos un capítulo separado a desarrollar todo lo concerniente al alma sensible, al alma de intelecto y de corazón y al alma consciente (Véase capítulo 10).

De lo expuesto anteriormente se puede deducir que lo que inicialmente tiene el carácter de *doble* en nuestra constitución, puede gradualmente formarse y transformarse en el curso de la vida, de manera que se convierta en instrumento para el desarrollo del alma.

La educación y la cultura como dobles

El niño pequeño despierta su humanidad por medio de la imitación. Está totalmente abierto, y recibe todas las influencias del exterior: lenguaje, pensamiento, juicios, formas culturales, clima y naturaleza; los edificios y espacios naturales creados por el hombre perviven en la memoria visual y en las formas de comportamiento.

En base a todas esas impresiones en la primera fase de la vida, se forma una *tentativa* de estructura anímica.

---
* En alemán "Gemütseele". No existe una traducción exacta de la palabra "Gemüt" en castellano.

La misma individualidad crearía formas anímicas diferentes en una familia occidental que en un pueblo en el interior de África. Esta estructura anímica provisional tiene que ser individualizada en la fase media de la vida (entre los 21 y los 42 años) por medio de la acción directa del yo. El grado de éxito en tal empresa es diferente para cada individuo.

En el encuentro con otro ser humano lo *cultural individual* juega un importante papel. Alguien puede parecer muy atractivo, pero cuando abre la boca se revela su patrón cultural en la voz, y *sitúa* a la persona en cuestión en cierta cultura, clase social, o generación. Los conflictos con extranjeros y minorías no tienen tanto que ver con razas como con dobles culturales, que se manifiestan en hábitos, lenguaje, etc. .

Dado que el doble cultural está ligado al cuerpo etérico, en el que los patrones de comportamiento se reflejan como memoria visual, las acciones y reacciones son, a este nivel, instintivas. El cuerpo astral, con sus deseos, puede ser controlado y transformado por el yo. El cuerpo etérico, con sus hábitos y pulsiones, sólo puede ser transformado indirectamente, por medio del cuerpo astral, lo cual lleva mucho tiempo.

El patrón de interferencia de una vida pasada

La constitución, el temperamento y el carácter son resultado de vidas pasadas, *procesados* en una metamórfosis cósmica. La educación y la cultura han influido los aspectos anímicos en la vida presente. Pero hay además un aspecto de fuerzas no asimiladas de las vidas pasadas que, en cierta manera, nos *acecha* en esta vida.

Al morir, el cuerpo físico se abandona a los elementos de la tierra o el fuego. Como consecuencia, la forma que le dio el espíritu a la materia desaparece.

Tras la muerte, el ser anímico-espiritual del hombre pervive en el cuerpo etérico. Este cuerpo etérico es el portador de la memoria visual. Estas imágenes se presentan entonces ante el alma, como en un gran cuadro de la vida, durante tres días. Entonces el cuerpo etérico (Rudolf Steiner habla de *cadáver etérico*, análogo al cadáver físico) comienza a descomponerse en los elementos etéricos, de la misma manera que el cadáver físico se descompone en elementos físicos[5].

Pero de la misma manera que hay materia física que no se descompone, sobre todo materiales sintéticos como los plásticos, hay también estructuras etéricas en ese cuadro de la vida que son tan ajenas al éter cósmico del mundo que son rechazadas y no se disuelven. Estas son particularmente los conceptos y sentimientos de naturaleza técnico-material. Como los plásticos, son el resultado de concepciones y acciones materialistas. Permanecen en la esfera etérica sin digerir, pero mantienen sus vínculos con nosotros, sus creadores.

Al descender a una nueva encarnación el ser humano debe pasar de nuevo por las esferas etéricas sub-lunares, donde forma un cuerpo etérico para su nueva encarnación, bajo la dirección de las fuerzas formativas de su ser anímico-espiritual. El ser anímico-espiritual encuentra ese *fardo* indigesto de la vida anterior, que, debido a su afinidad con nosotros, se desliza dentro del cuerpo etérico al formarse éste, y forma elementos perturbadores para la encarnación.

El ser anímico-espiritual experimenta a este intruso durante el camino de encarnación, actuando una y otra vez como un patrón de interferencia. Para nosotros, este doble se vivencia como tendencias, pulsiones, nociones y emociones que sentimos que "no son nuestras, pero nos pertenecen. No podemos librarnos de ellas. Me obstaculizan y molestan una y otra vez, se interponen entre los otros y yo. Los demás ven a ese doble antes de ver quien soy yo, y me juzgan por ello. Me juzgan mal, sufro, ¡pero siempre se entromete entre los demás y yo, aunque yo no quiera!".

Este *fardo* es una isla en el alma que el yo no puede penetrar porque no ha sido trabajado en la metamorfosis entre la muerte y el nuevo nacimiento. Al rechazar esta isla, al negarla, sólo la fijamos más. Nos trae pesar en la vida, y sólo aceptando ese pesar puedo eventualmente disolver esta pieza de viejo e indigesto *karma*.

En la vida social práctica esto significa que por cada persona que uno conoce hay una segunda persona antipática detrás. Esta persona antipática tiene la desagradable costumbre de aparecer justo cuando se encuentra una relación positiva.

Las estructuras etéricas de este tipo son seres reales, en este caso verdaderos *fantasmas*, (en oposición a los seres astrales, que son demonios, a estos seres etéricos se les llama fantasmas). Si uno los ve como *fantasmas del pasado*, que sólo están para molestar a la persona en cuestión, uno puede apartarlos y comenzar a ver al verdadero ser humano de esta encarnación.

Estos fantasmas traen discordia, peleas y odios entre las personas en el matrimonio, y en situaciones donde se trabaja en equipo, distorsionando el mutuo entendimiento. Pueden ser disueltas sólo cuando vemos a través de ellas y las aceptamos con amor, como una cruz que podemos ayudar a acarrear.

El aprender a aceptar el propio patrón de interferencia es un paso en el camino hacia la madurez, y al mismo tiempo el único medio para que los fantasmas comiencen a disolverse.

En casos excepcionales, cuando una nueva encarnación se produce tan rápidamente que el cuerpo astral no ha tenido tiempo de disolverse, los restos de este viejo cuerpo astral pueden provocar serias perturbaciones físicas. Estas perturbaciones pueden resolverse llamando a las fuerzas que tienen el poder de la metamorfosis, por ejemplo por medio de un culto cristiano, o por un intenso encuentro en profundidad con un ser humano con el que tenemos una familiaridad espiritual.

Los seres naturales no redimidos como dobles

En el ciclo *Las jerarquías espirituales*[6] (segunda conferencia), Rudolf Steiner describe cómo durante la vida el hombre está en conexión con la naturaleza sensible, y también con los seres elementales que viven detrás de la naturaleza sensible como fuerzas, como leyes de la naturaleza, como *causas* y *guardianes*. Cuando un Espíritu de la Sabiduría, un Espíritu del Movimiento, o un Espíritu de la Forma piensan, tal pensamiento es un ser, una forma etérico-astral en el mundo elemental. Estos *seres pensamiento* están exiliados de la naturaleza o de los movimientos de la tierra y los planetas, y conocemos sus efectos como leyes de la naturaleza. La expulsión de los seres elementales del mundo de la creación ha tenido lugar para el bien del ser humano, para que pueda desarrollarse en el mundo. Una vez se haya completado este desarrollo, esta forma de la vida en la tierra será superflua, tal como ocurrió anteriormente con el *Antiguo Saturno*, el *Antiguo Sol* y la *Antigua Luna*, para hacer posible un desarrollo posterior. La posición central en toda la evolución de la tierra ha sido ocupada por el hombre desde el momento en que él mismo se ha hecho responsable, gracias al desarrollo de su yo. Es su tarea relevar a los seres elementales, por medio de ciertas formas de entendimiento y por el desarrollo del sentir y la voluntad - para liberarles de su exilio del mundo sensible. Debido a los procesos de densificación de la tierra y los planetas, un torrente de seres elementales está continuamente pasando a un estado de *encantamiento*, de densificación.

Rudolf Steiner describe cuatro tipos de seres elementales, que deben ser cada uno liberado de manera distinta.

El *primer tipo* de seres de la naturaleza lo conocemos por los cuentos de hadas como *gnomos, ondinas, elfos* (o *silfos*) y los *seres del fuego* (*salamandras*). Al mirar a la naturaleza absorbemos a estos seres y su actividad. Entonces permanecen ligados a nosotros hasta la muerte. Al morir se diferencian los seres que hemos liberado por medio de nuestro trabajo espiritual, de nuestra habilidad para ver más allá de la *Maya* del mundo sensible y reconocer la realidad espiritual; y los seres que no hemos liberado porque les mirábamos con la mirada vacía, con ojos *fotográficos*.

Estos últimos permanecen conectados a nosotros, y los volvemos a encontrar al bajar a nuestra nueva encarnación. Tenemos que llevarlos con nosotros, y experimentarlos como una carga ajena a *esta* encarnación, aunque nos pertenecen. Los liberamos por medio de la sabiduría, y con la ignorancia seguimos arrastrándolos en nuestro camino, lo cual dificulta cada vez más la posibilidad de abrirnos a la visión suprasensible.

Un *segundo tipo* de seres elementales tiene la tarea de llevar la tierra a través de los ritmos del día y la noche. Les liberamos al ser trabajadores, laboriosos y productivos. Nos atamos a ellos cuando somos perezosos, remolones e improductivos.

El *tercer tipo* está conectado con el ritmo lunar de 28 días, con el crecer y menguar de la luna. Les liberaremos por medio de actitudes positivas, alegres y de paz interior. Por medio del descontento y el desprecio no hacemos más que atarnos a ellos hasta nuestra próxima vida.

El *cuarto tipo* está conectado con los ritmos del año del sol. Son seres del verano que han sido relegados a la densidad y la oscuridad del invierno. Les liberamos cuando vivimos el curso del año de una forma religiosa (los versos semanales de Rudolf Steiner pueden ser de ayuda en este caso[7]). Esto implica una participación espiritual en el curso del año, una reverencia hacia los procesos de la naturaleza. Nos atamos a este tipo de seres cuando vivimos el año de una manera no espiritual e irreverente.

¿Qué significa acarrear a estos cuatro tipos de seres elementales con nosotros - tan extraños y a la vez tan atados a nosotros? Son una pesada carga que tenemos que llevar durante nuestra vida. Esto es lo que causan:
Primer tipo: Vacío en la experiencia de la naturaleza, incluso miedo a la naturaleza (piensen en los paquetes turísticos);
Segundo tipo: Incomodidad, voluntad aletargada, sentimientos de profunda desgana justo cuando uno tiene que estar activo;
Tercer tipo: Un trasfondo de descontento, de desprecio, de ser incapaz de estar realmente alegre y feliz;
Cuarto tipo: Incapacidad de tener ninguna experiencia religiosa; esto lleva a odiar todo lo espiritual, al materialismo agresivo.

Es evidente que el primer tipo nos impide el desarrollo del pensar, el segundo de la voluntad, el tercero del sentir y el cuarto el desarrollo del yo en su conjunto.

¿Quién no conoce a gente que vive en una nube de melancolía u oscuridad, y sufre por ello; o gente en quien surge un odio agresivo en cuanto pueden tener una experiencia religiosa o espiritual? También son esas personas las que proyectan su carga e impotencia en su entorno, culpando a los demás o a las circunstancias de su pesadez y oscuridad.

Este es un aspecto del doble - estas nubes de seres elementales no redimidos que nos molestan, nos pesan y nos arrastran hacia el fondo. Mientras los seres elementales redimidos nos ayudan a reforzar las facultades del pensar, el sentir y la voluntad espirituales, estos seres elementales no redimidos forman una configuración etérica que puede, en circunstancias especiales, separarse de nosotros mismos, y experimentarse entonces como un ser que nos amenaza, pero que al mismo tiempo tiene que ver con nosotros. En la fase del *Kamaloka*, después de la muerte, los elementos no digeridos de ciertas experiencias también quedan detrás.

Los seres que han sido asimilados viven en nuestro *karma*, y nos llevan a encuentros que pueden conducir a un ajuste kármico. Los seres no asimilados se entretejen con el doble, y le dan a su figura su personal fisonomía y su orientación hacia cierto tipo de problemas, que son diferentes según la persona.

¿Debería esto desanimarnos? No. Al mirar a través del ser de este doble es posible trabajar y liberar a esos seres elementales exiliados y, en consecuencia, a nosotros mismos. Lo primero que se necesita es un profundo sentido de gratitud hacia estos seres que han tenido que exiliarse en las leyes de la naturaleza por nuestro bien. Los seres elementales que fueron expulsados están implicados en las fuerzas materiales. Al caer en nuestro subconsciente, al no ser reconocidos, son presa de Ahriman, que puede usarlos erróneamente para promover los pensamientos, sentimientos y fuerzas volitivas materialistas en el hombre. Por eso en el periodo del alma consciente estos seres elementales se hacen más oscuros y coercitivos.

Pero el yo pertenece a una *jerarquía* mucho más elevada, que tan pronto como reconoce al doble, y lo confronta con coraje, puede barrer la oscuridad con sus fuerzas solares y devolver a los seres elementales a su verdadera patria espiritual. Por ello son necesarios coraje y entusiasmo para una relación espiritual con la creación, que uno puede adquirir con todo lo que Rudolf Steiner, entre otros, ha impartido en la *Ciencia Oculta* y muchas otras conferencias.

Sobre el doble geográfico

En una conferencia el 16 de noviembre de 1917, Rudolf Steiner habló en detalle sobre los dobles luciférico y ahrimánico que llevamos dentro de nosotros[8]. El doble ahrimánico es particularmente importante en la época del alma consciente.

Hoy en día, un ser elemental ahrimánico[9] se conecta con el ser humano poco tiempo después del nacimiento. Se une al "instrumento" corporal y lo impregna de la misma manera que lo hacen el alma y el espíritu del ser humano.

Este ser tiene una conexión con las fuerzas sub-naturales de la electricidad y el magnetismo, y causa en nosotros fenómenos eléctricos y similares. Nuestro cuerpo etérico trabaja con las fuerzas vitales de la naturaleza, y esta sombra del cuerpo etérico acompaña los procesos etéricos con procesos electroquímicos paralelos.

¿Qué tipo de ser es este que se conecta con nosotros al nacer y nos deja al morir? Por medio de estos seres Ahriman espera penetrar al hombre con su fría inteligencia mefistofélica e inspirar un mundo técnico en el que todo esté controlado mecánica y electrónicamente. Estos seres tienen un increíble intelecto y una voluntad poderosa, que actúa casi como una fuerza natural. Pero no tienen ni sentimientos ni moralidad.

En 1917, Rudolf Steiner ya dijo que estos seres inspirarían el mundo de la electrónica. Ahora, 65 años después, ya estamos rodeados por ese mundo. Estos seres han inspirado a los inventores a partir del subconsciente en momentos de fatiga o enfermedad.

Todos los fenómenos eléctricos asociados a nuestro sistema nervioso, aunque hacen visibles los ritmos de las funciones nerviosas visibles en el electroencefalograma, en realidad tienen lugar en este doble, y no en nuestro cuerpo etérico. Es cierto que dicen mucho sobre los ritmos etéricos, porque reflejan el mundo de luz del cuerpo etérico en el mundo subfísico de la electricidad. Toda la bioquímica es también una ciencia de la función del doble ahrimánico.

Todas las llamadas enfermedades crónicas *frías*, que surgen de nuestro interior, son causadas por este doble. Los medicamentos químicos, que también han sido inspirados por este doble, llaman a reacciones primarias y secundarias que hacen desaparecer los síntomas. Ayudan en ciertos procesos, pero no tienen efectividad para restaurar las funciones del cuerpo etérico en su cualidad lumínica. Estos medicamentos son más eficaces contra las enfermedades *calientes*, febriles, luciféricas. Están justificados cuando hay una amenaza inmediata de la vida en situaciones gravemente peligrosas. La verdadera cura, sin embargo, debe venir después, y es algo que depende del cuerpo etérico en sí.

Los dobles ahrimánicos son diferentes en diferentes zonas de la tierra. Son ellos los que causan las diferencias geográficas en la constitución y las características de comportamiento.

En Occidente, en el continente americano, tienen un fuerte efecto particularmente en la constitución, que se manifiesta, entre otros, en el alargamiento de los miembros y de la mandíbula inferior. Los avances tecnológicos en los Estados Unidos deberían verse en este contexto. En otros continentes sus influencias son diferentes.

Lo mismo ocurre con los dobles luciféricos, que no han provocado tan espectacular cultura tecnológica, pero que son de gran importancia en nuestras consideraciones, porque son los causantes de la neurosis en el ser humano. Alejan al hombre de su tarea aquí, en la tierra, y provocan el que esté flotando, buscando una liberación personal. Intentan extinguir el yo, despertando un anhelo por antiguos caminos de desarrollo, una huida de este mundo. Son las fuerzas que llevan a la gente a las sectas, a las drogas, al alcoholismo, etc.

Uno se encuentra con el doble ahrimánico cuando se dirige al interior. Trabaja en los procesos orgánicos inconscientes, particularmente en el sistema neurosensorio, y apela a una voluntad obsesiva dirigida a controlar y explotar inteligentemente las fuerzas naturales.

Nos encontramos con el doble luciférico al dirigirnos al exterior, en la tentación del éxtasis. En las antiguas culturas precristianas el doble luciférico era el más importante. En nuestra época lo es el ahrimánico. Este doble se conectó con el ser humano en la época egipcia como resultado de la momificación. Esto forzó al hombre a permanecer conectado al mundo físico después de la muerte, lo cual llevó en posteriores encarnaciones al materialismo.

Uno no debería ver esto sólo de manera negativa; el materialismo *tenía* que venir, como una concepción legítima del mundo, para hacer la resistencia necesaria para el desarrollo del alma consciente. Uno debe ver de la misma manera a estos seres elementales ahrimánicos que actúan en nuestras vidas como dobles. Son necesarios para el desarrollo del alma consciente. Esto significa que debemos aceptar los estímulos del intelecto, pero al mismo tiempo desarrollar, como contrapartida, una vida del sentir cálida y un sentido de la moralidad hacia lo que debemos hacer en el mundo por medio de nuestra voluntad. Sólo una cultura del corazón, que provenga del camino séxtuple en el camino antroposófico de desarrollo (véase capítulo 7), puede ser la base para superar y liberar al doble ahrimánico. Debe evitarse caer en ese proceso bajo la influencia del doble luciférico, que quiere alejarnos de las tareas terrenales y sociales.

En psicoterapia es importante familiarizarse con estos dobles, y aún más cuanto que trabajan en el inconsciente y causan a menudo fanatismo en ambas direcciones.

El problema masculino-femenino

En nuestra época hay muchos puntos de vista emocionales acerca de ser hombre o mujer en tal o cual encarnación. Este tema debe sacarse del contexto emocional para poder tener claridad desde el punto de vista de la ciencia espiritual.

Mucho de este factor emocional desaparecerá al saber que, como regla general, el yo humano pasa alternativamente por encarnaciones masculinas y femeninas. Esto significa que en cada periodo cultural uno experimenta las oportunidades de desarrollo propias de esa época dos veces, una como mujer y otra como hombre. La elección de una encarnación masculina o femenina, por tanto, es una decisión llena de significado del yo (superior), que es determinada por las experiencias de la anterior encarnación[10]. Protestar contra esto durante la vida en la tierra es poco provechoso, y nos niega la posibilidad de experimentar realmente lo que *podemos* vivir en esta encarnación como hombre o como mujer.

La separación de los sexos tuvo lugar en la antigua Lemuria, el periodo en que el ser humano recibió su cuerpo astral, como un regalo de las jerarquías[11]. Previamente, en Hiperbórea, el hombre aún era etérico-vegetativo, con una cabeza abierta al cosmos como el cáliz de una flor. El hombre era entonces asexual, físico-etérico, y aún estaba en una situación en que lo físi actuaba como una fuerza y no como materia sólida.

La división de los sexos significó la creación de dos tipos de cuerpo astral: uno más extrovertido, más dirigido hacia el exterior, y otro más introvertido, más dirigido hacia el interior. Así fue cómo Lúcifer pudo incrementar su poder sobre los seres humanos, haciéndolos más egoístas. Pero como contrapartida lo dioses benévolos crearon la necesidad de que los seres humanos necesitaran conectarse con otros del sexo opuesto para la procreación. Con este fin se creó la atracción física como una primera experiencia de aprendizaje de lo que más tarde sería el amor espiritual, que es el objetivo de la evolución terrestre.

En el curso de la evolución, la relación hombre-mujer se ha conformado en tres aspectos: primero, el *sexual*, como una necesidad fisiológica de procrear a nivel físico. Luego el *eros*, el aspecto anímico, que despierta con el primer enamoramiento, y que hace que el mundo entero cambie; el eros llena el alma entera y estimula el alma sensible a tener una experiencia de un rico mundo interior. Y finalmente el *amor*, el aspecto espiritual, que se manifiesta cuando uno se encuentra con el yo de otro ser humano y desea conectarse con la tarea de la encarnación del otro. Este encuentro es la base de la lealtad hacia el otro ser humano.

Las relaciones hombre-mujer basadas exclusivamente en la sexualidad son cortas, pues pronto se acaba la novedad, y uno comienza a aburrirse de ciertos hábitos, es decir del doble, del otro.

Las relaciones basadas en el eros duran más, pero frecuentemente se hunden después de los 42, cuando el aspecto espiritual de la encarnación se manifiesta más fuertemente.

una relación construida sobre un encuentro con el otro tiene visos de durar y puede soportar las ...tas de la vida. Pero en un encuentro así, el hecho hombre o mujer se trasciende, y en principio es posible entre cualquier persona. Un encuentro con un ser humano que le toca a uno en el yo es el mayor regalo que uno puede recibir.

Hay hombres para los que el hecho de haber sido mujer en una encarnación previa tiene un fuerte efecto, y mujeres en las que actúa aún el efecto de una previa encarnación masculina. Este fenómeno debe ser tenido en consideración cuando se trata el tema de la homosexualidad en hombres y mujeres. La homosexualidad tiene unos orígenes mucho más profundos de lo que habitualmente se cree; tiene sus raíces en la creación misma del cuerpo físico.

En las primeras semanas de desarrollo del embrión, comienza a formarse el *riñón-arquetipo*, del cual se desarrollan los órganos masculinos y femeninos. En principio pueden formarse cualquiera de los dos, pero en cierto momento, entre la vigésima y la trigésima semana, prevalece uno de ellos, y el otro se queda en segundo plano. Durante el resto de la vida permanecen estos restos de la otra posibilidad, solo que sin desarrollarse.

El cuerpo etérico es la fuerza formativa y activadora que promueve el crecimiento. Siempre que hay crecimiento el cuerpo etérico se une al cuerpo físico. Y cuando hay un potencial en el cuerpo etérico que no se ha expresado físicamente, la estructura etérica permanece como tal.

Por tanto, cada hombre (físico) tiene un cuerpo etérico femenino y cada mujer (física) tiene un cuerpo etérico masculino, es decir, uno es hombre o mujer físicamente, pero etéricamente está presente el sexo opuesto en potencia. Por tanto, también, todo depende de si la *vida anímica* está más orientada hacia la encarnación física o si uno no desciende totalmente y se vivencia a sí mismo más en su propio cuerpo etérico.

La homosexualidad es un problema del *alma* humana en su relación con el cuerpo físico y el cuerpo etérico. Muchos homosexuales se sienten superiores a los demás porque se vivencian a sí mismos (más bien inconscientemente) un poco menos *terrenales*. Por otro lado, un descenso incompleto en la encarnación física empobrece las posibilidades de desarrollo en esta vida. Pero de hecho, estas decisiones e inhabilidades tienen un trasfondo kármico profundo, que uno sólo está en situación de juzgar si es capaz de percibir el *karma* de otra persona de una manera responsable. Y mientras esto no sea posible, uno debe prescindir de toda especulación y en especial de cualquier afirmación generalizadora sobre los posibles trasfondos kármicos.

Ya hemos dicho que como norma las encarnaciones masculinas y femeninas se alternan. Rudolf Steiner señaló que con las individualidades que reciben una tarea de desarrollo relacionada con la humanidad en general, que conllevaría el que su *karma* personal se dejara de lado, como puede ser el caso de líderes de la humanidad, se hace una excepción a esta regla porque en algunas culturas sólo se pueden desempeñar ciertas tareas siendo hombre o mujer.

En el periodo de desarrollo de la antigua Lemuria, la mujer, con su tendencia hacia la vida interior, era la base de la cultura de aquel tiempo, mientras el hombre era salvaje y violento. Los últimos restos de esto pueden encontrarse en pueblos que aún tienen algo de humanidad lemúrica. Por ejemplo entre los papúes de Nueva Guinea, en los que aún pervive el matriarcado.

En Creta, cuya antigua cultura era gobernada por diosas, se puede ver una transición del matriarcado hacia el patriarcado. El rapto de *Europa* por Zeus, el comienzo de la dominación de los dioses masculinos, es la imagen mitológica del despertar de la sociedad patriarcal, que continúa hasta nuestros días.

Ciertamente, la *venganza de la mujer* o la reintroducción del matriarcado no tienen futuro. A lo que nos llama el futuro es a la creación de la paridad en todos los órganos sociales. Rudolf Steiner dirigió personalmente la composición del ejecutivo de la Sociedad Antroposófica basándose en la paridad. Desde entonces, y por desgracia, esto no ha servido de precedente, y se dice con demasiada facilidad que "no se encuentran mujeres adecuadas". ¿No hay ninguna o es que no son vistas así por los hombres?

En cualquier caso, soplan vientos de cambio en las relaciones hombre/mujer, en particular allí donde entra en juego la individualidad humana, el yo del hombre, que trasciende la encarnación masculina o femenina.

A medida que se desarrolle el hombre espiritual, llegará el momento en que el ser humano no nacerá del metabolismo, sino del poder creador de la palabra. Esto significará también que ya no será necesaria la encarnación en cuerpos materiales tan endurecidos, y que acabará la separación de los sexos.

El guardián del umbral

En uno de los libros fundamentales de Rudolf Steiner, *¿Cómo se alcanza el conocimiento de los mundos superiores?*[12] (que apareció originalmente como una serie de artículos), se trata el tema del *guardián del umbral* en los dos últimos capítulos. El primero de ellos comienza con esta frase: "Entre las experiencias importantes del discípulo que asciende a los mundos superiores, figura el encuentro con el *guardián del umbral*. En realidad no hay uno sino dos guardianes del umbral, uno *menor* y otro *Superior*. En los dos capítulos mencionados se encuentra una descripción detallada de ambos, primero de forma narrativa y luego de forma explicativa.

Si uno desea profundizar sobre el guardián del umbral, debería leer ambos capítulos y también el *Capítulo 5* de una serie de artículos de Rudolf Steiner, publicados con el título *Un camino hacia el autoconocimiento*[13]. El tema del guardián del umbral aparece continuamente en la obra de Rudolf Steiner bajo diferentes formas. En el tercer *Drama Misterio*, por ejemplo, que se titula *El guardián del umbral (Der Hüter der Schwelle)*[14], la figura del guardián tiene un papel central. Pero también hace mención de ambos guardianes en muchas conferencias.

Pero en lo que nos concierne nos limitaremos a la explicación siguiente:

Que hay dos guardianes no será nada nuevo para el lector que haya llegado a estas alturas del libro. El mundo al que está acostumbrada nuestra consciencia actual se sitúa entre dos fronteras. El hombre vive entre dos mundos que tienen un carácter totalmente diferente: un mundo exterior con leyes objetivas y un mundo interior de carácter subjetivo-real. Si uno atraviesa la frontera exterior, en éxtasis, uno *ve* imágenes; si, como un místico, uno experimenta la condensación interior del yo, uno *experimenta* sentimientos.

El guardián menor del umbral se encuentra con el ser humano cuando éste se dirige a su propio inconsciente. Es una figura espiritual real, que hemos creado nosotros mismos. Es la suma total de nuestro pasado negativo, creado en encarnaciones pasadas y en la actual. En esta experiencia, la figura aparece como un ser espantoso y temible que nos cierra el camino hacia el descenso consciente a las partes inconscientes de nuestro ser. Si nos encontramos con este ser en plena consciencia, nos hará sentir que no tenemos más que mirarle para saber todo lo que tenemos que cambiar antes de que podamos encontrarnos con el dionisíaco mundo inconsciente sin que sus fuerzas nos dominen.

Un acercamiento semiconsciente al umbral puede darnos ya un avance del encuentro en ciernes. Se siente repulsión, depresión, tristeza y miedo. Y ya que este acercamiento semiconsciente al umbral es parte de nuestra cultura, podemos ver que estos sentimientos son una epidemia en nuestros días.

El guardián hace sentir al hombre que si queremos franquearle, debemos ser capaces de asumir la tarea que él mismo desempeña. Debemos responsabilizarnos de nuestro propio desarrollo, libres del miedo, e impregnados por el *voto místico* (como se le llamaba en la Edad Media) de esforzarnos desde ese momento por controlar nuestros impulsos y deseos, y dedicarnos únicamente a tareas positivas.

Si uno atraviesa el umbral conscientemente, el guardián permanecerá visible, y cada error y cada relajo en una firme autodisciplina se hará visible como una malformación demoníaca de esta figura. El guardián menor es la consciencia que nos acompaña, pero se hace ahora una experiencia profundamente conmovedora.

Rudolf Steiner sitúa al guardián menor ante nosotros, que nos dice: "Hasta ahora sólo emergía en tu personalidad cuando la muerte te volvía a llamar para salir de la vida terrenal; pero aún entonces mi forma permanecía velada para ti. Sólo los poderes del destino que te guiaban podían contemplarme, y así podían construir en ti, en los intervalos entre la muerte y el nuevo nacimiento, y de acuerdo con mi apariencia, el poder y la capacidad gracias a los cuales podías trabajar en la vida terrenal en el embellecimiento de mi forma, para tu prosperidad y progreso. He sido yo, también, el que, por mi imperfección, ha impulsado una y otra vez a los poderes del destino a llevarte a una nueva encarnación en la tierra. He estado presente a la hora de tu muerte y por mí los Señores del *Karma* han ordenado una nueva encarnación..."

"Ahora me presento visible ante ti, de la misma manera que antes he estado invisible junto a ti a la hora de la muerte. (...) Yo soy en verdad el Angel de la Muerte; pero soy al mismo tiempo el portador de la vida superior eterna. (...) Yo debo llevarte al primer contacto con ese mundo, y *yo soy tu propia creación*. (...) Tú me has formado, pero al hacerlo te has puesto como tarea el *transformarme*."

Cuando uno tiene una experiencia, por pequeña que sea, del guardián menor, uno se da cuenta del hecho de que todos los pensamientos, sentimientos e impulsos de la voluntad son realidades, que juntas forman una imagen *(Gestalt)*. En el mundo allende el umbral, esta imagen se transforma en un *ser*, que muestra su carácter en su fisionomía. Las abstracciones se hacen *reales* aquí. En el capítulo segundo, hemos señalado que el camino interior es un camino *hacia atrás en el tiempo*; el guardián nos revela el contenido moral de nuestro pasado.

Si sólo conociéramos al guardián menor, nos ensimismaríamos con nuestro pasado, y sólo encontraríamos escape evitando posteriores encarnaciones y, con la meta egoísta de la perfección y del *no-ser*, en el *nirvana*. El camino interior siempre tiene el peligro de que uno no se ocupe más que de sí mismo en su existencia subjetiva-real. Y de hecho, esto ocurre con frecuencia.

En el camino exterior atravesamos los límites del mundo que nos rodea. Esto incluye la naturaleza, pero también a nuestros congéneres humanos y la cultura que han creado juntos. El Guardián Superior del umbral señala hacia el mundo y hacia el futuro. Sin él no hay futuro. El Guardián Superior se nos presenta como una figura deslumbrante, de una belleza difícil de describir con palabras. Este ser nos da una idea de lo que el hombre puede llegar a ser en el futuro lejano; y este ser nos habla de esta manera aproximadamente: "Hasta ahora sólo has buscado tu propia liberación, pero ahora, al haberte liberado, puedes seguir como liberador de tus hermanos. Hasta ahora habías luchado como un individuo, pero ahora puedes coordinarte con el todo, de manera que puedas traer al mundo suprasensible no sólo tu ser, sino todas las cosas que existen en el mundo de los sentidos. *Un día podrás unirte a mí...*"

El Guardián Superior es la imagen del ser que lucha por redimir a toda la humanidad y a toda la naturaleza. Tras esta imagen podemos experimentar la imagen espiritual de Cristo, el redentor del mundo. "Del Guardián Superior del umbral emana un esplendor indescriptible; se presenta ante el alma la visión de la unión con él como un ideal lejano." (Así describe Rudolf Steiner el encuentro con el Guardián Superior del umbral.)

Los primeros pasos hacia la redención del mundo se toman al interesarse por cada cosa que nos rodea, y que culmina con una observación del mundo penetrante y llena de amor. La observación fenomenológica de Goethe brilla con luz propia como ejemplo de esto.

Para el psicólogo, ambos caminos son igualmente importantes. Su propio camino interior le enseña el lenguaje con el que el guardián menor habla en los sueños y en las inspiraciones súbitas, el lenguaje *orgánico* de las experiencias interiores que le confían los seres humanos. Debe hacer caso omiso al aspecto terrorífico de este *lenguaje,* eliminando el sentido de alienación que surge al entrar en un mundo desconocido. Su camino exterior, el intenso interés y observación del mundo, le dan la oportunidad de liberar a los seres humanos que sufren del cautiverio de su egoísmo al hacérsele visibles las muchas tareas del mundo.

Los seres de las jerarquías con los que el hombre se encuentra en el mundo apolíneo fuera de nosotros fueron llamados *dioses* por las culturas pre-cristianas, y luego, en tiempos cristianos, *ejércitos de ángeles*. Con el trasfondo de los nueve niveles jerárquicos de las enseñanzas cristianas, el guardián nos señala que la tarea de la humanidad es convertirse en la *décima jerarquía*.

Todo ser humano moderno se encuentra en la situación en que ambos umbrales no están totalmente cerrados, y donde las *experiencias del guardián* ocurren de muchas formas, frecuentemente de forma inesperada. Uno debe tener en cuenta que cada una de esas experiencias es siempre una advertencia de que la vida debe ser reconsiderada desde el punto de vista de la eternidad.

En la vida cotidiana, una palabra dicha sin intención, o un acto sin intención de alguien, pueden provocar una experiencia del guardián. Uno puede reconocer algo así por el hecho de que una palabra o un acto nos toca en lo más profundo y permanece con nosotros algún tiempo. Y muy a menudo recriminamos a alguien por haber dicho o hecho esto o aquello; pero somos en realidad nosotros mismos los que hemos aprovechado la situación para dejar hablar a nuestro guardián. Si uno permite que tales situaciones sean una ocasión para el autoconocimiento, puede surgirnos la siguiente experiencia: "Lo que se ha dicho me ha herido - esto es mentira porque yo no soy así. Pero al mismo tiempo sé que soy así, también, aunque no quiero serlo. Lo que se ha dicho me ha hecho tanto daño porque era en parte verdad, pero voy a aceptar esa verdad a medias, y voy a trabajar para mejorar".

Los guardianes no sólo abarcan el exterior y el interior de nosotros mismos, sino también el pasado y el futuro. Así es como se nos permite ver y tratar sólo con lo que somos capaces de asumir en cada momento, incluso cuando pensamos que es demasiado para nosotros.

Para atravesar ambos umbrales necesitamos mucho coraje. De ahí que haya mucha verdad en la afirmación de Adler de que el *coraje* es el aspecto central de la psicoterapia.

Capítulo 9
Los procesos planetarios en el cosmos y en el hombre
Puntos de partida

En los capítulos anteriores hemos hablado una y otra vez del desarrollo humano, desde un punto de vista histórico y también individual, y también como un proceso inconsciente y como un proceso de ejercitamiento interior consciente.

En el resto del libro trataremos una serie de *problemas* de desarrollo (y sus posibles soluciones). Estos problemas surgen específicamente en nuestra época, como resultado de la situación del hombre que aquí describimos. Esto hace necesario considerar previamente, en detalle, ciertos aspectos del conocimiento antroposófico en lo que concierne al ser humano; esto servirá de base para posteriormente comprender aspectos relacionados con fenómenos psíquicos que queremos profundizar.

Este capítulo sobre los procesos planetarios fundamentará los siguientes, en los que el punto de vista de las influencias planetarias se aplicará más en profundidad (sobre todo en los capítulos 10 y 15). El concepto de los llamados *procesos planetarios dobles* ha sido elaborado por el autor a comienzos de los años 50 para ser aplicado en los preparados de la agricultura biodinámica, y fue en poco tiempo adaptado a las necesidades de la medicina antroposófica. A raíz de esto se publicaron unos escritos en los que por un lado se trataba la actuación de los preparados para la agricultura y por otro la conexión entre los procesos de enfermedad y la terapia en medicina interna[1]. Ahora estos mismos puntos de vista servirán de base para una comprensión racional-espiritual de las perturbaciones en el desarrollo espiritual.

En cada organismo vivo, actúan fuerzas formativas físicas, etéricas, astrales y espirituales. Antes de entrar en la actividad de las fuerzas planetarias, debemos distinguir primero, y de la manera más simple posible, la actividad de las diferentes fuerzas que llamamos físicas, etéricas y astrales, e investigarlas en sus aspectos fundamentales.

Cuando hablamos de un organismo con órganos, como una planta, un animal o un ser humano, asumimos que, aparte de vida, debe tener un principio superior actuando en él, un principio formador de órganos. Si uno habla de la planta, uno habla en principio de algo *físico*, impregnado de algo *etérico*, que lo eleva por encima de lo puramente físico; por el hecho de que esta sustancia viva está constituida de tal manera que tiene órganos, de que es un organismo, podemos concluir que esta sustancia viva tomó su forma por medio de algo astral.

Se puede decir en general que cada organismo, desde el punto de vista físico, presenta una formación tripartita. En la planta esta tripartición se manifiesta en raíz, hoja y flor (fruto). Esta tripartición es comparable a la estructura física del ser humano de cabeza, tronco y extremidades[2]. En este organismo tripartito las fuerzas formativas etéricas trabajan de la siguiente manera: en la zona *raíz-cabeza* actúa el llamado éter de vida, en los *miembros-fruto* el éter calórico, y en la *hoja-tronco* el éter químico y de luz. Las actividades de las fuerzas formativas etéricas están siempre generalizadas. Un órgano nunca es creado únicamente por la actividad etérica. Sólo ocurre cuando algo de naturaleza astral se imprime en lo etérico.

El arquetipo de la configuración física de un organismo es por tanto *tripartito*, compuesto de una polaridad y una parte media que une los dos polos de manera rítmica. Esto ocurre sólo en un organismo vivo; en un organismo muerto sólo quedan los polos opuestos, como en un imán. El organismo vivo, sin embargo, está impregnado del etérico, que se manifiesta de forma *cuatripartita*, esto fue descrito por Günther Wachsmuth en un libro sobre las fuerzas formativas etéricas[3].

El principio astral operante produce movimiento en esta viva totalidad físico-etérica, en la que su arquetipo tiene una estructura *séptupla*. Los principios básicos de la actividad astral son las fuerzas de los planetas.

Estos siete principios son en cierto sentido también de naturaleza genérica; sólo tienden a formar órganos en los que manifestarse. En estos órganos, sin embargo, encuentran su fin tras haber impregnado al organismo entero.

Las fuerzas espirituales, por último, que se expresan en ciertas especies o *individualidad*, tienen el *doce* como estructura formativa arquetípica, una configuración que se revela cósmicamente en el *Zodiaco*. Sólo como resultado de esta actividad espiritual puede *la planta* convertirse en una rosa o un lirio, *el animal* en león o en lobo, y *el ser humano* en un individuo.

La actividad séptupla de las fuerzas astrales se relaciona con la actividad de las esferas planetarias. En la vida humana actúan en los órganos del cuerpo como formadoras y sustentadoras (cada noche las fuerzas astrales ayudan a restaurar los procesos corporales[4]). Al mismo tiempo determinan la estructura anímica. Las siete fuerzas planetarias pueden ser consideradas como cualidades específicas que impregnan la vida anímica humana.

El origen de estas cualidades está en la fase antes del nacimiento, o más exactamente, en la vida que el alma humana tiene entre la muerte y el nuevo nacimiento.

A partir de varias conferencias de Rudolf Steiner sobre la vida entre la muerte y el nuevo nacimiento, podemos extraer la siguiente imagen[5]:

Cuando el alma humana pasa a través del mundo planetario en la vida entre la muerte y el nuevo nacimiento, recoge de cada esfera las cualidades específicas de ella. Esto ocurre en dos ocasiones, al ascender, después de la muerte, a través de las esferas de la Luna, Mercurio, Venus, el Sol, Marte, Júpiter y Saturno, y al descender a una nueva encarnación en el orden inverso. Cada vez que asciende, el hombre se despoja de ciertas características específicas con la forma que han adquirido durante la encarnación que acaban de vivir en la tierra. En el camino de vuelta retoma estas características, pero ahora con la forma necesaria para la inminente encarnación de modo que dé una base instrumental a su futuro *karma*.

Entre dos encarnaciones se tiene una experiencia más allá de las esferas planetarias; es la llamada por Rudolf Steiner *medianoche cósmica*. Es cuando se toma la decisión de una nueva encarnación. El yo superior del ser humano se encuentra en un punto de su desarrollo en el que se han cortado todos los vínculos con la tierra. El yo superior está en disposición de tomar una decisión libre sobre si quedarse en el mundo espiritual como un ser espiritual incompleto y olvidar así un desarrollo posterior difícil, o buscar nueva vida en la tierra, y continuar evolucionando.

Lo anteriormente descrito es la tentación que Lúcifer trae al hombre. Nadie podría resistirse en ese momento a la tentación si no fuera por el hecho de que entonces las buenas jerarquías que sirven al ser de Cristo presentan al ser humano una imagen. Le revelan al yo la imagen del hombre cósmico. Es la imagen de lo que el ser humano será con el tiempo, al final de su camino evolutivo. Es el arquetipo de la humanidad, tal como lo imaginan las jerarquías, y el ser humano lleva esto con él en su memoria. La diferencia entre lo que uno *es* y lo que uno *debería llegar a ser* es lo que da la fuerza para resistir a la tentación luciférica y decidir comenzar una nueva encarnación en la tierra. El ser humano entonces se da cuenta de que el camino de desarrollo *en la tierra* es el único modo de acercarse a esa imagen arquetípica.

Esta memoria espiritual, sin embargo, no es una simple imagen, sino una fuerza creadora que nos acompaña como una semilla espiritual a través de todo el descenso y también durante el desarrollo embrional. Esta memoria imaginativa, esta semilla espiritual, cristaliza, en cierta forma, como una configuración corporal, y hace que el óvulo fertilizado se convierta en un ser humano.

Las cualidades de las esferas planetarias juntas forman un *cuerpo estelar*, nuestro cuerpo astral. Durante su descenso, el yo recoge de cada esfera planetaria tantas cualidades como el estado de su desarrollo kármico se lo permita. Una vez que el yo ha pasado desde la esfera de Saturno a la esfera de la Luna, el nuevo cuerpo astral ha terminado su formación para la siguiente encarnación. Ahora está impregnado con todas las posibilidades y las limitaciones del nivel físico.

En el subsiguiente proceso de encarnación en la tierra, hasta los 21 años, se forma el *carácter*, a partir de la liberación gradual de su constelación astral, por un lado en nuestra consciencia, y por otro en nuestras tendencias hacia la salud y la enfermedad. Pero al mismo tiempo el yo trabaja en la transformación del cuerpo astral en alma sensible, y, en última instancia, a los comienzos del cuerpo astral espiritualmente purificado en la forma del yo espiritual.

Esto significa que en este proceso de transformación tiene lugar una cierta forma de liberación de la encarnación terrenal, y que por causa de este proceso de liberación se puede dar la transformación del cuerpo astral. En otras palabras, el hombre comienza a morir desde que nace, y este proceso de muerte se hace cada vez más intenso, sobre todo en la segunda mitad de la vida, hasta que finalmente vence, de manera que el espíritu se libera de esta encarnación en la tierra por medio de la muerte. Esta muerte en la tierra es a la vez un nacimiento en el mundo espiritual.

Por tanto distinguimos una corriente astral de descenso que tiene lugar en el espacio, y una corriente de ascenso, que es como un soltarse.

Ambas corrientes se describen a continuación en los aspectos cualitativos de cada planeta en particular, y también en conexión con la actividad de las cualidades polares. Finalmente, todo será resumido en una imagen del ser humano que se encarna y que se excarna.

En los siguientes capítulos, como ya he mencionado, volveremos sobre estas dos corrientes.

Los siete procesos planetarios

Los siete procesos planetarios pueden ser ordenados según la secuencia de sus actividades como sigue[6]:

Según la actividad en los metales

1 Saturno	} planetas exteriores	1 Plomo
2 Júpiter		2 Estaño
3 Marte		3 Hierro
4 Sol		4 Oro
5 Venus	} planetas interiores	5 Cobre
6 Mercurio		6 Mercurio
7 Luna		7 Plata

Respecto a la actividad interior de los planetas, en la que podemos distinguir tres pares de influencias opuestas, cada una de ellas con el sol en el centro como elemento rítmico y armonizador, estamos tratando de las fuerzas planetarias como cuatro procesos:

Primer proceso: polaridad 1 - 7   Saturno - Luna
                                    Sol en el medio
Segundo proceso: polaridad 2 - 6 Júpiter - Mercurio
                                    Sol en el medio
Tercer proceso: polaridad 3 - 5   Marte - Venus
                                    Sol en el medio
Cuarto proceso: Sol en el medio por sí solo

Los siete planetas representan siente mundos cualitativos, siete cualidades, siete principios activos. Para poder conocerlos uno debe imbuirse enteramente en las cualidades específicas, y familiarizarse interiormente con los impulsos de los movimientos planetarios.

Saturno y Luna

Describiremos en primer lugar la *actividad de Saturno*. Visto desde la tierra Saturno es el planeta más lejano, y la Luna el más cercano. Ambos son puertas, en cierta manera: Saturno la puerta entre la actividad planetaria astral y las influencias espirituales de las estrellas fijas, y la Luna es la puerta entre las esferas planetarias y las influencias etéricas de la tierra.

Siempre que el espíritu quiere imprimirse en la sustancia, Saturno tiene que aportar sus fuerzas de dirección y encarnación. Saturno trabaja desde arriba hacia abajo, acompañando cada proceso de encarnación desde la medianoche cósmica, por la puerta del nacimiento, y continúa su trabajo en los 30 primeros años de vida. Es un proceso de grandes dimensiones, ya que con la ayuda de Saturno, el espíritu se manifiesta en la materia muerta.

En el hombre, el proceso de Saturno trabaja de tal manera que, irradiando desde la nuca y bajando hasta la substancia muerta, quiere transformar al hombre en una imagen de su yo espiritual individual. Irradia a través del cuerpo desde arriba y detrás, y termina en el esqueleto. Con lo que el esqueleto se transforma en una imagen muerta del yo. El esqueleto es algo magnífico, porque nos revela esta imagen del yo. Si Saturno trabajara solo, el hombre se convertiría a los 30 años en una hermosa y bella estalagmita.

Saturno nos coloca, como seres espirituales, en el mundo del espacio. Está siempre activo a lo largo de todo el desarrollo del hombre después del nacimiento. Con la ayuda de Saturno, el yo humano regresa a la tierra de nuevo tras la medianoche cósmica, y completa el doloroso viaje de la encarnación, densificándose cada vez más.

Durante el periodo embrional y en la juventud, es Saturno el que cristaliza el esqueleto a partir del organismo acuoso. Saturno tiene una actividad diferenciadora en el elemento calórico, que es el elemento más espiritual. Cuando Saturno diluye el calor, se crea sustancia cristalizada (hueso). Cuando densifica el calor, se crea la médula ósea, cuna del portador del elemento calórico, la sangre.

En las profundidades del físico, y casi muerto, esqueleto, se crea la sangre a partir de la médula ósea. Esta roja sangre vive entonces unas tres semanas, y se desintegra en el bazo. Esto hace que sea el bazo la terminación del proceso de Saturno, y por tanto es el órgano de Saturno, en el que Saturno muere.

Podemos, por tanto, distinguir dos procesos de Saturno en el hombre:

El proceso de encarnación de Saturno; que lleva a la imagen muerta en el espacio. Podríamos decir: por medio de este primer proceso de Saturno, el hombre (el yo) muere *en* el espacio.

El proceso de resurrección de Saturno, que ofrece al yo la posibilidad de cumplir su *karma* en el *tiempo*, en la sangre.

Saturno es el planeta de la muerte y la resurrección. El yo aparece dos veces en el proceso de Saturno: uno como imagen en el espacio, como el esqueleto, y de nuevo como una imagen en el tiempo, viviendo en la sangre y expresándose en la biografía. Si resumimos esto aún más podemos indicarlo con dos símbolos: . Saturno trae lo espiritual a lo físico, pero con el curso del destino lleva al espíritu fuera de lo físico de nuevo, y por tanto trae la resurrección, la conquista de la materia por el espíritu.

Saturno es el planeta más exterior. De hecho rodea a todo el sistema solar con su órbita. Trabaja espiritualmente desde la más distante periferia hacia el centro. Puede estar activo cuando puede trabajar abarcándolo todo desde la periferia, pero no si trabaja desde el centro.

En el cuerpo astral, Saturno trabaja formativamente en el carácter. El carácter saturnal está orientado hacia la memoria de la fuente original de las cosas, el origen arcaico. Se le podría llamar la mentalidad investigadora. Quiere saber todo lo que la esencia de los fenómenos puede revelar. Las personas saturnales son buscadores de la verdad, que tienen dificultades para interesarse en los asuntos cotidianos. Corren el peligro de aislarse en su área de interés, en lo que en círculos académicos se llama la torre de marfil. Ven el mundo con "anteojeras".

La fuerza excarnadora de Saturno actúa en la fase de la vida posterior a los 56 años. Lo que cuenta entonces es si uno puede sacar conclusiones y resultados de su propia biografía y llevarla a su fin. Esto significa sacrificar todo lo que no es esencial. La fuerza de Saturno en nuestro carácter nos trae la resurrección en el espíritu.

El segundo proceso que vamos a caracterizar, opuesto a Saturno, es el de la Luna. La Luna vive allí donde ciertas características han actuado durante varias generaciones. Los procesos lunares actúan en la procreación y en la corriente hereditaria. La Luna vive en la reproducción, siempre que un organismo se crea a partir de otro viejo, siempre que una célula produce otra, siempre que hay desarrollo de una célula a otra, siempre creciendo, en este ámbito es donde actúan las fuerzas lunares. Con la Luna, lo esencial es la recapitulación sin fin de lo mismo, el recuerdo de lo que ya ha existido. Este es el ideal de la herencia. Es la cadena de las generaciones, el fluir horizontal sobre la tierra, viviendo en el tiempo, una y otra vez.

Siempre que hay crecimiento expansivo, la Luna está actuando; en el organismo individual bajo la forma de crecimiento celular, en varios organismos, como reproducción. Si en el organismo humano operasen sólo las fuerzas lunares, el hombre rodaría de un lado a otro como una bola blanda de proteína; las fuerzas de crecimiento continuarían *ad infinitum*. El proceso lunar en el hombre, sin embargo, se para en la piel; más allá de la piel cesa su actividad. Irradiando de frente, de la región de la vejiga, trabaja en los órganos reproductores e irradia a través de todo el ser humano desde dentro hacia fuera, a través de la piel.

De la misma manera que Saturno es el portador de las fuerzas espirituales individuales, y se hace visible en el esqueleto, la Luna es la portadora de la herencia y se hace visible en la piel (obsérvese que la herencia se manifiesta sobre todo ¡en el color de la piel!).

Las personas con fuerte influencia lunar tienen una hermosa piel y son muy atractivas sexualmente. La estrella de cine es el tipo lunar ideal. La piel, como *esqueleto lunar*, es la imagen del hombre hereditario.

Los procesos lunares tienen un efecto diferenciador en los procesos vitales, del mismo modo que los procesos saturnales tienen el mismo efecto en el elemento calórico. En la fase embrional el sistema nervioso se separa de la piel. El sistema nervioso es como una piel interiorizada y aislada. Esta piel interna es la portadora del segundo tipo de proceso lunar. Por medio de este sistema nervioso el mundo externo se refleja internamente y es traído a la consciencia como una imagen. Para poder realizar esta reflexión *muerta*, los procesos vitales deben ser retenidos. Así, el cerebro (una isla de piel en el ser humano) se presenta como el órgano lunar, donde las fuerzas lunares mueren.

Fisiológicamente, la fuerza que retiene el proceso de división de las células vivas se manifiesta directamente en la actividad de la diferenciación de los tejidos. El sistema nervioso es el más diferenciado de todos; en este potencial para la diferenciación el organismo se convierte en una imagen de su arquetipo espiritual. En la planta, Goethe llama a esto:
Steigerung (intensificación).

La Luna, por tanto, tiene dos aspectos: uno en el que fluye en la corriente del tiempo, en lo hereditario, en la corriente reproductiva, en el crecimiento intensificado, vinculando a un individuo con otro, repitiendo sin cesar siempre lo mismo; y un segundo aspecto en el que reprime la vida y se convierte en un espejo. La Luna refleja la luz del sol. La plata es usada para hacer espejos, y la fotografía está basada en la capacidad de la plata de preservar imágenes del mundo exterior.

En el cuerpo astral, la Luna tiene un efecto de formadora del carácter. Las fuerzas lunares crean al filisteo, la persona que se interesa únicamente en lo externo y en la seguridad de la rutina repetitiva: la persona conservadora. Como mencionamos anteriormente, esta orientación hacia lo externo encuentra su paradigma en el mundo del cine y la televisión; el *glamour* en la superficie, el vacío interior. El continuo jugar con el elemento erótico es algo que se queda sólo en lo exterior. Una persona lunar unilateral tiene dificultades para entrar en las relaciones amorosas, permanece siempre siendo un *playboy* o una *sex symbol*; el suicidio es a menudo la única vía de escape del vacío interior.

El otro lado (excarnador) del carácter lunar lleva al intelecto abstracto y reflexivo, al sabelotodo enciclopédico que no tiene opiniones propias. Son los estudiantes que toman nota de todo y memorizan cada palabra, pero que no pueden responder a una pregunta que no entraba en el temario y que requiere una reflexión propia.

En la vida del sentimiento, la Luna puede despertar las más salvajes fantasías sin ninguna coherencia artística. Esta fantasía también está desprovista de sentido, mientras que la persona saturnal, por otro lado, se queda estancada en la búsqueda del significado.

El tipo lunar es el *conservador*, el *bibliotecario*.

Si uno vivencia las cualidades de estos procesos, se dará cuenta de cómo Saturno y la Luna se entretejen en su actividad. Saturno sitúa la imagen del yo, de la individualidad, en el espacio. Esta imagen representa un proceso de muerte. El hombre alcanza así la resurrección, al inscribir su imagen en el tiempo, en su biografía. La Luna sitúa al no-individuo, el principio hereditario, en el fluir del tiempo, y el yo humano supera esta corriente generacional remontando el río de la vida y despertando en la imagen del mundo exterior.

Saturno I Encarnación hacia el esqueleto, por tanto, muerte en el espacio.	*Saturno II* Excarnación, superación de la muerte, por la resurrección en el tiempo (biografía)
Luna I Reproducción, repetición que se desarrolla en el tiempo.	*Luna II* Represión de los procesos reproductivos por medio de la diferenciación de tejidos (intensificación) consciencia - espejo en el espacio.

Saturno y la Luna juntos tejen en los misterios del espacio y el tiempo, de la muerte y la resurrección, del fluir del tiempo y del despertar de la consciencia.

Júpiter y Mercurio

Júpiter es, en primer lugar, el gran escultor del mundo. Del mismo modo que Saturno crea una imagen desnuda del espíritu en la magnífica forma del esqueleto, Júpiter esculpe alrededor de ese esqueleto las formas semiblandas de fluida belleza. Estas formas jupiterinas son la expresión del hombre como ser anímico. Las plásticas formas de Júpiter se redondean desde arriba, siempre imitando la cúpula celestial, desde la frente.

Todos los órganos internos se redondean desde arriba, y son a menudo cóncavos abajo ya que se apoyan sobre otros órganos. La parte redondeada de las articulaciones está en la parte superior del hueso, la cóncava en la parte inferior. La fuerza de Júpiter irradia hacia adentro desde la frente, dando plasticidad a la maravillosa estructura del cerebro en la infancia, y más tarde formando pensamientos. Son particularmente el tipo de pensamientos que crean orden en las grandes relaciones del mundo, y las hacen visibles. Las fuerzas de Júpiter forman, en las profundidades del cuerpo, los órganos y los músculos.

Júpiter esculpe los órganos internos y la superficie del cuerpo con gran belleza, pero al mismo tiempo con un gesto sobrehumano y cósmico. Si sólo trabajara Júpiter en nuestro cuerpo, todos seríamos a los 14 años como las bellas esculturas griegas, que en su actitud y porte son una expresión pura del elemento anímico. Seríamos estatuas de Apolo o de Venus. La fuerza escultora de Júpiter nos trae al mismo tiempo una grandiosa sabiduría. Esta sabiduría que vive en la magnifica estructura de nuestros órganos se hace aparente en las formas que provienen del elemento líquido. Pero este esculpir lleno de sabiduría, si se lleva hasta el extremo, conduce a una rigidez general. El yo humano escapa a esta rigidez por medio del movimiento en el porte. El porte, el gesto, es la expresión plástica del alma en el ámbito del movimiento. Esta es la función de los músculos, cuyas formas dan belleza a la superficie del ser humano, pero cuya actividad interna de endurecimiento y relajamiento, de expansión y contracción, tiene un componente químico; en su química interna se relaciona íntimamente con el hígado. (La contracción de los músculos proviene de cambios químicos en la tensión superficial, y siempre que esto ocurre, también en la planta, es que las fuerzas de Júpiter están actuando.)

Por tanto, la actividad de Júpiter tiene su fin en el hígado; es el único órgano del hombre que no permite que le penetren las fuerzas escultóricas y llenas de sabiduría de Júpiter tanto en su forma exterior, como en su caótica estructura interna, pero que gracias a ello desarrolla su propia actividad química.

El tipo jupiterino busca amplias visiones en todo lo que emprende. No le interesan los detalles, o sólo le interesan cuando confirman el conjunto. El tipo jupiterino se sienta siempre en un trono, desde el que, intocable, mira y ordena el mundo, simétricamente y conforme a las reglas. Este orden tiene al mismo tiempo una belleza majestuosa, pero, en la corriente excarnadora, el tipo jupiterino adquiere un porte *lleno de alma*, como el que uno encuentra en los grandes actores o directores de orquesta. La vida anímica subjetiva se ha hecho espiritualmente objetiva y adquiere un carácter auténticamente humano. Comparado con el saturnal Schiller, Goethe era el epítome del individuo jupiterino.

El hombre jupiterino es el *pensador*.

El opuesto a Júpiter es *Mercurio* y su actividad. Mientras Júpiter trae orden cósmico, Mercurio produce caos, no caos ordinario, sino un caos que uno podría calificar como *caos sensible*. Movimiento sin dirección, pero preparado para fluir en todo lo que parezca apropiado. Mercurio es el movimiento fluido, que se ajusta a cada resistencia, girando hacia la derecha o hacia la izquierda, lo que sea más conveniente, siempre sin intención propia, pero siempre en movimiento. Movimiento y fluir son lo único a lo que Mercurio no renuncia. El tipo de movimiento y de fluir dependen de las circunstancias.

Mercurio se adapta, pero fluye. Por esta razón es por lo que, en el hombre, está activo allí donde no hay canales fijos: en la linfa y en los canales linfáticos. Mientras que la sangre tiene conductos fijos, los canales linfáticos se mueven erráticos, con el único fin de encontrar su objetivo, la glándula linfática.

Júpiter crea simétricamente, según elevadas leyes cósmicas. Mercurio tiende a lo asimétrico, lo desequilibrado. Todo lo asimétrico en la cara, en el porte, y también en la planta, es causado por el efecto de Mercurio que hace *jugarretas* a Júpiter. Mercurio es un bufón. Siempre está bien dispuesto para las bromas. Tiene humor, se divierte cuando los majestuosos planes de los dioses no les salen del todo como lo habían planeado y todo se queda inacabado y en estado de fluir.

Un amigo me dijo una vez: Júpiter y Mercurio pueden verse en la imagen del rey y su bufón. El rey, en su trono, ordena todo con sabiduría. Su manto es simétrico. A sus pies se sienta su bufón, cuya indumentaria es asimétrica, mitad amarilla, mitad roja, tal como es él mismo, y hace comentarios sobre las importantes palabras del monarca y pone en evidencia que las cosas acaban siendo distintas de lo que uno pensaba.

Mercurio es el gran realista. Puede adaptarse al frío y al calor, a la sombra y al sol. Garantiza la continuidad de la vida en cualquier circunstancia, que la planta continúe su crecimiento, etc. Bajo presión, puede llegar a ser deshonesto, e inducir a la planta o al ser humano al parasitismo. Los antiguos griegos hicieron a Mercurio, el de los pies alados, dios de los comerciantes y los ladrones. Ambos se ocupan de que los bienes terrenales no se acumulen en un lugar, sino que sigan circulando.

Esta capacidad interior, sin embargo, puede llevar a la falta total de carácter. El yo, con su propio movimiento, evita encontrarse con otros movimientos. ¿Qué pasa si dos corrientes se encuentran y se funden? Se crean remolinos y vacíos, que en los ríos forman bancos de arena.

Uno puede por tanto distinguir un segundo principio formador de órganos en el movimiento mercurial. Los órganos se forman a partir del encuentro de dos movimientos que fluyen. Son de una forma diferente a los impresos en la tierra por elevados arquetipos.

En el mundo vegetal uno puede observar con claridad la interacción de estos dos principios formativos. Si uno coge una hoja de haya y una de roble, uno puede distinguir claramente la hoja de haya como tal. Si uno coge, sin embargo, cien hojas de haya del mismo árbol, no encuentra ninguna idéntica a la otra. En esto uno puede ver la infinita variación de una forma dada. Es la acción de Mercurio.

En cada encuentro de dos fuerzas activas hay una *sanación*, una curación. La verdadera curación sólo puede tener lugar cuando una actividad (el cuerpo humano, o la planta) puede absorber a la otra actividad y transformarla en una nueva.

El tipo mercurial está marcado por lo que se llama normalmente *falta de carácter*, porque se adapta a la corriente sin principios propios. Pero siempre hay un sistema en la falta de sistema; el tipo mercurial tiene, en realidad, sus propios objetivos, que trata de alcanzar de una u otra manera. La imagen del viajante de comercio, al que se le echa por la puerta principal, pero vuelve a entrar por la puerta trasera, puede ilustrar esta tipología. En las profesiones comerciales uno encuentra a menudo caracteres mercuriales.

En la corriente excarnadora, el carácter mercurial tiene un lado totalmente diferente. En este caso, gracias a su habilidad para provocar encuentros, surge una fuerza curativa en el ámbito social. Las situaciones que se han estancado son puestas de nuevo en movimiento, al sacar nuevos aspectos a la luz. El médico pone en movimiento órganos atascados y obstáculos biográficos, por medio del *encuentro* del organismo con la medicación. Por medio del encuentro, surge un nuevo futuro.

El tipo mercurial es un buen elemento en la dinámica social. ¡Una fiesta sin gente mercurial no llega a ser realmente una fiesta! El carácter mercurial, en sus dos aspectos, da continuidad a la vida comunitaria.

El tipo mercurial es el *innovador*.

Júpiter y Mercurio se entretejen. Las formas llenas de sabiduría de los órganos encuentran en el fluido movimiento de Mercurio su única posibilidad de metamorfosis, adaptada a sus circunstancias específicas. La expansión y contracción químicas dan dirección al fluido movimiento de Mercurio (con la tensión superficial). En esta interacción uno puede encontrar todos los problemas de hinchazón (estado de tensión del tejido).

Con su actividad plástica, Júpiter encuentra su fin en la formación muscular. Entonces esta actividad se transforma en función química, y con el movimiento vence la rigidez plástica. En la actividad química, llena de sabiduría, el movimiento muscular se nutre del hígado, en el que Júpiter tiene su terminación química. (Es lo contrario a la visión común de que el hígado envía sustancias a los músculos; desde nuestro punto de vista es el músculo el que extrae la sustancia del hígado.) En este fluir de líquidos, Mercurio une gradualmente el fluido de los tejidos en los canales linfáticos, que acaban en las funciones de las glándulas linfáticas. Las glándulas linfáticas, donde termina el fluir, es el lugar en el que el fluido abandona el cuerpo. El líquido fluye por todo el cuerpo, excepto por la bolsa de aire interior que llamamos pulmones. El pulmón es una glándula, pero una glándula *en negativo*, porque es un vacío en el cuerpo de fluidos.

El hígado y el pulmón son las terminaciones de las actividades de Júpiter y Mercurio respectivamente, y son por ello los órganos de Júpiter y de Mercurio.

Júpiter I
Redondear formas, lleva a una forma anímica rígida.

Júpiter II
Movimiento en el gesto, movimiento formado en la tensión superficial.

Mercurio I
Movimiento fluido, lleva a la abolición de cualquier forma individualizada.

Mercurio II
Movimiento como fuerza sanadora, forma a través del encuentro de movimientos.

Marte y Venus

Describiremos ahora la actividad de Marte y Venus. Marte, el último de los planetas exteriores que nos queda por describir es el portador del movimiento creador pero lleno de intención. Él aporta el impulso para que el principio espiritual arquetípico penetre en el ámbito terrestre, pero al mismo tiempo es el que expele este principio fuera del mundo. Allí donde la planta se yergue en el espacio en sus puntos de crecimiento, Marte está actuando. Es la fuerza por la que una actividad interior sale hacia el mundo, conquistándolo vehementemente y revelando su ser interior. Sin Marte no habría ninguna planta individual. Cada forma de brote y crecimiento en la primavera es una conquista del espacio por las fuerzas de Marte. Una buena imagen de Marte es el lanzador de jabalina en el momento en que la va a lanzar y está a punto de soltarla. La poderosa concentración de fuerza de esta imagen es una pura cualidad marciana.

Estas fuerzas de Marte irradian en el ser humano desde el espacio entre los omóplatos, y fortalece al ser humano en los procesos de hierro de la sangre. Por un lado, irradia hacia abajo en la sangre, y por otro, hacia arriba en la palabra. La fuerza por la que se forma la palabra en el aire exhalado es también una fuerza de

Marte. El tipo marciano, la persona en quien las fuerzas de Marte actúan de forma unilateral, está en un continuo estado de actividad dirigida hacia el exterior, pero agota su creatividad y no puede mantener lo que ha creado, porque no puede soportar lo que ya está acabado y porque no sabe cuidarlo. Prefiere destruir su creación y construir algo nuevo, antes que cuidarla. Así se comporta el tipo marciano, y si alguien intenta detener su poderosa fuerza, se encontrará con una furia violenta y fogosa.

El yo que intenta resistirse a ser llevado por esta actividad obsesiva debe oponerse con mucha fuerza a este proceso, porque Marte no conoce medias tintas. Este proceso de resistencia lleva a un bloqueo de la fuerza dirigida hacia un objetivo, y entonces ocurre algo sorprendente: cuando se bloquea la fuerza de Marte, el mundo comienza a resonar.

Piensen en el lanzador de jabalina de nuevo: la jabalina silba en el aire y la fuerza impulsora se bloquea cuando la lanza penetra el árbol o el escudo al que estaba dirigida. En ese momento de resistencia contra la fuerza impulsora la lanza resuena. Uno puede estudiar el mismo fenómeno en la cuerda del violín que resuena con el arco. La cuerda en tensión hace resistencia a la fuerza que mueve el arco. Mientras fuerza y resistencia luchan entre sí, la cuerda hace un sonido. Algo parecido se puede ver al pasar un arco de violín sobre una plancha metálica. Si esparcimos arena sobre la plancha, se forman figuras de sonido, lo cual muestra cómo la sustancia está organizada de acuerdo a principios sonoros.

Este principio ordenador lo encontramos también en la química. La organización de las sustancias en compuestos químicos y orgánicos tiene lugar según leyes musicales. Cada tono tiene su propia forma sonora. Debido a que las jerarquías hablan en el mundo etérico, se crean las sustancias en la tierra, ordenadas según los elementos, a partir de esas armonías cósmicas. Este resonar cósmico se crea en la esfera de Marte y pasa a la tierra por medio del éter del sonido o químico.

En los organismos animal y humano, Marte actúa de dentro a fuera en el cuerpo astral, también ordenando la sustancia.

Las fuerzas del hierro, que actúan en la sangre, en la hemoglobina, acaban en el hígado. Allí se crea la bilis amarillo-verdosa, exenta de hierro, a partir del color de la sangre, de la roja hemoglobina. La bilirrubina es lo mismo que hemoglobina sin hierro. En la creación de la bilirrubina, el hierro se retira, no entra en la bilis. Y con esta retención, con esta barrera, se crean las fuerzas estructurales para la formación de la proteína en el hígado, con *formas sonoras*. Las proteínas son necesarias para la construcción del cuerpo humano. Su creación en el hígado es un proceso de resonancia, en el que las sustancias del carbono, oxígeno, nitrógeno, sulfuro y fósforo se ordenan en formas sonoras. La fuerza impulsora que actúa es la fuerza bloqueada de Marte.

El tipo marciano es el *emprendedor*.

Los activos procesos de Marte son el opuesto a los procesos de Venus, que siempre trabaja en segundo plano. Si uno quiere comprender a Venus, uno debe quedarse muy callado y aprender a escuchar. Venus está conectado con los más profundos niveles de nutrición (célula), con las más profundas fuerzas elementales, donde los procesos vitales, por medio de un principio superior, absorben la sustancia disponible. Venus está conectado con la creación de un medio ambiente, con la creación de espacio para que algo se desarrolle. Algunas veces uno puede encontrar esta capacidad para crear ambientes en hogares donde vive una mujer tranquila, modesta, pero interiormente notable. En un hogar así, tienen lugar encuentros. Es un lugar para encuentros en el pensar. Prevalece una calidez en la que una persona tímida se atreve a hablar de sí misma. Si uno se pregunta de dónde viene el fértil clima social de esa casa, encontrará la respuesta en esa modesta figura entre bastidores, que dice unas pocas palabras de ánimo en el momento justo, o que se limita a traer café y se retira enseguida. Venus tiene la habilidad de crear espacios para que algo distinto se manifieste.

De la misma manera que Marte está conectado con el hablar, Venus está relacionado con el escuchar. "Más preciosa que la luz" llama Goethe a la conversación[7]. La conversación es la armonía entre Marte y Venus, con Marte como el que habla y con Venus escuchando, intercambiándose los papeles entre los interlocutores. Allí donde Marte y Venus se encuentran realmente, se crea un tercer elemento nuevo.

Convertirse totalmente en Venus, en un receptáculo que recibe algo elevado, lleva a la total pérdida de la personalidad; con una actitud venusiana absoluta el yo no existiría. El proceso tiene que transformarse en su opuesto de nuevo. El yo supera el proceso de construcción extrayendo de nuevo lo que ha pasado por los procesos vitales. Esa es la función del sistema riñón-vejiga. Los procesos de descomposición y excreción ejercen una *succión* de cada célula viva, a partir del riñón y la vejiga. En el riñón (el órgano de Venus), los procesos venusianos terminan. Cuando la fuerza etérica y la sustancia son separados en el riñón, se elimina la materia muerta, y las fuerzas etéricas irradian hacia arriba en los ojos y aportan el poder de dirigirse hacia afuera en el acto de mirar. En patología, es bien conocido el secreto vínculo entre el riñón y los ojos.

Esta cooperación entre Marte y Venus en el organismo vivo es maravillosa. La proteína, formada por la fuerza de Marte en los procesos vitales, alimenta a las células a través del camino de Venus. El proceso de Venus, que finaliza en el riñón, produce la radiación del riñón, que en su camino ascendente se une con la fuerza direccional de Marte, y una vez más se manifiesta en el poder de la visión de los ojos. Ya que el poder del ojo de volverse hacia el mundo exterior se deriva de la radiación renal.

En el instrumento musical, en el violín, por ejemplo, encontramos un maravilloso ejemplo de Marte y Venus. El arco aporta el movimiento dirigido, la cuerda resiste este movimiento y resuena. El tono adquiere su verdadera cualidad, sin embargo, sólo a partir de la columna de sonido del instrumento, que crea un ambiente en el que el tono puede vivir; sólo así puede nacer como cualidad viva.

El tipo venusiano es el cuidador, que se manifiesta en todas las vocaciones que implican los cuidados de otros, como en la enfermería o en los viveros de plantas.

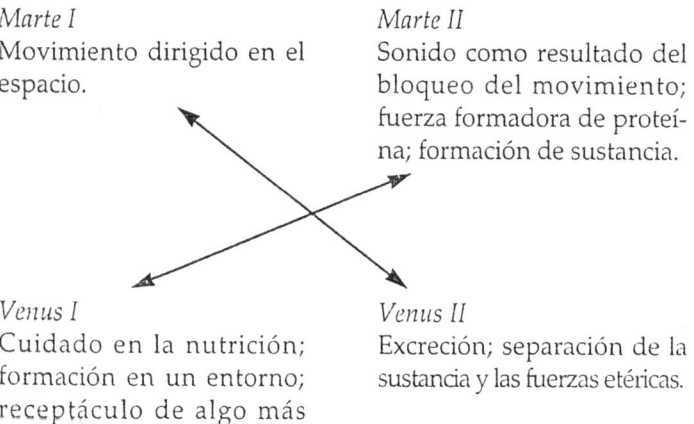

Marte I
Movimiento dirigido en el espacio.

Marte II
Sonido como resultado del bloqueo del movimiento; fuerza formadora de proteína; formación de sustancia.

Venus I
Cuidado en la nutrición; formación en un entorno; receptáculo de algo más elevado.

Venus II
Excreción; separación de la sustancia y las fuerzas etéricas.

La actividad solar

En medio de estas tres series de fuerzas polares y opuestas está el proceso solar. Allí donde Saturno y la Luna, Júpiter y Mercurio y Marte y Venus están en equilibrio, no en un equilibrio muerto, sino en viva interacción, está presente la actividad del sol. El arquetipo de la actividad solar es *diástole y sístole* la expansión en el espacio y la contracción en un punto. Esta contracción y expansión, sin embargo, no son procesos radiales, sino espirales. El movimiento del centro a la periferia tiene lugar en espirales que se ensanchan; la orientación básica es hacia el infinito. En la contracción de la periferia, por otro lado, el movimiento es el de una espiral que se hace cada vez más estrecha hacia el centro; el centro es el punto de orientación. Aquellos lectores que hayan hecho euritmia alguna vez entenderán lo que quiere decir este tipo de orientación[*].

Por tanto el sol tiene una acción dual: primero recogiendo y centrando, luego expandiendo hacia el infinito. También podemos llamar a estas actividades *sol de invierno* y *sol de verano*, o *sol nocturno* y *sol diurno*.

Este ritmo solar puede verse de una manera particularmente bella en la circulación de la sangre humana, cuando la sangre va desde el corazón a la periferia del cuerpo, donde se atomiza en los diminutos capilares. La sangre sale del corazón haciendo un gran arco, y fluye hacia la periferia. Al regresar al corazón, fluye primero despacio, y luego cada vez más rápido. Entonces entra en el corazón haciendo un remolino a través de un

---

[*] Gracias a las fotografías de los satélites meteorológicos que vemos en televisión, podemos observar cómo se va llenando una depresión. Las formas de las nubes muestran la dirección en que sopla el viento, con un movimiento en espiral que se va reduciendo a medida que se acerca al centro de la depresión. Igualmente, el aire que emana de una zona de altas presiones se mueve en una espiral que se va abriendo (aunque no suele ser visible por la falta de nubes en una zona de altas presiones).

embudo en la cavidad derecha. En el llamado circuito menor ocurre el mismo proceso, la sangre fluye a los capilares de las bolsas de aire (en los pulmones). La cantidad de sangre de un solo latido, 35 centímetros cúbicos, se reparte sobre una superficie de aproximadamente 120 metros cuadrados de las bolsas de aire (lo que equivale a un campo de 10 metro por 12). Entonces entra en contacto con el aire. La sangre, por tanto, se encuentra alternativamente con el mundo exterior en los pulmones y con el mundo interior en el cuerpo. El ritmo solar, alternativamente, densifica el cosmos en la sustancia, y de nuevo transforma la sustancia en cualidad cósmica.

Esta actividad fisiológica solar se manifiesta en el alma bajo la forma de actividades introvertidas y extrovertidas. El ser solar humano irradia el alma con *calor* y *luz*, dirigidas alternativamente hacia la vida anímica en sí y hacia el mundo. Esta respiración lleva a la *conversación* de la polaridad Marte-Venus, a los procesos de conocimiento de la polaridad Mercurio, siempre presente en todas partes, y el ordenador Júpiter, y a la encarnación de la polaridad de la realización del espíritu de Saturno y las fuerzas receptivas y reflexivas de la Luna.

El ser solar humano actúa en la vida social reconciliando los opuestos, irradiando calor y trayendo luz, por medio de la comprensión.

Resumen

Las actividades de los planetas se resumen como sigue:

Saturno I: el espíritu trabaja hacia dentro desde la distancia cósmica y densifica en una impresión en lo físico un proceso que lleva a la cristalización. En el alma: el *investigador*.

Júpiter I: las fuerzas de Júpiter juegan con las severas formas espirituales, redondeándolas con belleza plástica, de acuerdo con grandes y elevados modelos. En el alma: el *pensador*.

Marte I: lo que ha sido creado se lleva con vehemencia al espacio, y se hace visible en su crecimiento. En el alma: el *emprendedor*. Estos tres juntos son la encarnación de un organismo vivo. Estos grandes arquetipos quisieran situarse en el mundo de esta manera sin tener que plegarse a las circunstancias terrestres. Pero el mundo responde, y recibe y cuida con amor lo que viene de arriba, encontrándolo con la corriente opuesta que viene de abajo.

Venus I: abre las fuerzas etéricas formativas como un receptáculo, y nutre lo que Marte inserta en el espacio; es la actitud anímica de cuidar.

Mercurio I: pone en movimiento el mundo vivo semifluido, adaptándolo a las circunstancias terrestres, y transforma las rígidas formas jupiterianas en formas más accesibles, adaptadas a las circunstancias. En el alma: el *innovador*.

Luna I: cuida la reproducción, en pequeña escala (división celular) y también en gran escala (procreación); se ocupa de la creación de un caos en pequeña y gran escala en el que las fuerzas de Saturno puedan dejar su huella y en el que el arquetipo espiritual pueda ser recibido en cada célula.

En el alma: el *conservador*.

Juntos, los planetas exteriores e interiores en esta fase llevan al nacimiento y crecimiento del organismo. El impulso bajo el que estas fuerzas planetarias se unen en íntima cooperación es la sístole y la diástole, embebidas de la *fuerza del sol*, que, desde la amplia periferia confluye a través de todos los planetas hasta la tierra. Es el camino del hombre antes del nacimiento, y es la primavera y el verano del mundo vegetal.

Pero no sólo hay crecimiento y maduración en el cosmos, también hay marchitamiento y decaimiento. En este caso, las fuerzas planetarias son esparcidas por la *diastólica* y expansiva fuerza solar. Es el camino del hombre tras la muerte, el viaje del alma a través de las esferas planetarias. Para la planta es el otoño y el invierno.

En un contexto más amplio, este proceso de muerte está vinculado al tiempo, pero en pequeña escala, está siempre en marcha, incluso durante el crecimiento, ya que una célula, o un órgano, deben morir para dejar a otro crecer. La vida es un continuo proceso de marchitamiento y crecimiento. En realidad, las fuerzas de excarnación son tan valiosas para el organismo como las de crecimiento.

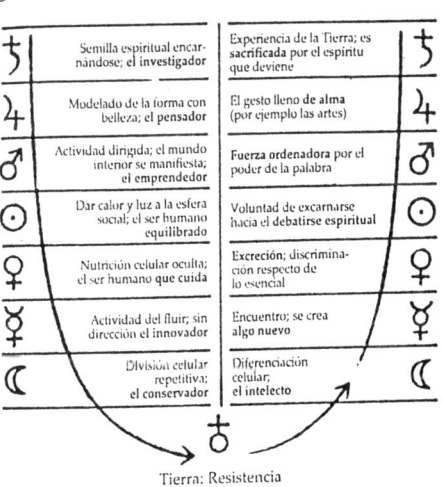

Los procesos planetarios de encarnación y excarnación. A la izquierda el camino de encarnación. A la derecha el camino de excarnación.

Los procesos de encarnación del mundo planetario están particularmente activos durante la fase embrional y durante la infancia hasta la pubertad. A esta última fase la llamó Rudolf Steiner *maduración terrestre*. Sólo durante la pubertad encuentra el alma que se encarna, conscientemente, la resistencia de la tierra. Al superarla, tiene lugar la metamorfosis de las fuerzas planetarias encarnadoras en fuerzas excarnadoras. Es el proceso de madurez, que comienza durante la pubertad e irá haciéndose progresivamente más intenso durante el resto de la vida.

Por ello cada tipo de carácter planetario tiene un doble aspecto. Cuando el alma desciende a través del mundo planetario, después de la *medianoche cósmica*, se queda durante un tiempo en cada una de las esferas planetarias. El tiempo de permanencia depende de la afinidad, determinada kármicamente, que se tenga con las cualidades del planeta en cuestión.

El que permanece en la esfera de Júpiter durante largo tiempo, y se imbuye enteramente en su cualidad, tendrá en su vida gran capacidad de pensamiento. Otros pasan por esta esfera semidormidos, y sólo tendrán una ligera tendencia hacia la vida del pensar. Y así con las demás esferas planetarias.

La más larga estancia, antes del nacimiento, se produce en la esfera solar. Allí diseñamos, en cierta manera, nuestro corazón físico, con su propio ritmo individual y la capacidad de trabajar en la vida con una actitud *solar*.

Esa metamorfosis de las cualidades planetarias encarnadoras, que traemos con nosotros, en cualidades excarnadoras, a la que se *añaden* nuestras experiencias terrenales, puede llevarse a cabo de una manera más o menos completa. Cuando esta metamorfosis es insuficiente, o prematura, se producen síndromes psíquicos, que pueden ser origen, a su vez, de perturbaciones orgánicas.

En la segunda parte del libro trataremos este tema más en profundidad.

Ahora caracterizaremos la metamorfosis de las cualidades I en cualidades II. Esta caracterización puede servir de ayuda para que cada cual pueda trabajar por su cuenta con los tipos de caracteres y aprenda a comprenderlos, lo cual puede ser muy útil en el camino de desarrollo, que es la vida misma. De esta manera, la caracterización se transforma en algo dinámico y puede servir de clave para la fenomenología del desarrollo biográfico.

Luna II: lo hemos descrito como el proceso en el que la corriente de generaciones que actúa a través del tiempo es sacada del espacio y devuelta al tiempo. Se trata de un proceso de reflejo, en el que el pasado se aparece a nuestra consciencia como una imagen. Esta consciencia de las imágenes es la base de nuestra capacidad de combinar pensamientos con imágenes de pensamiento, es decir, nuestro intelecto. Si este pensar intelectual y reflexivo es demasiado fuerte, estamos sentando las bases de nuestra ciencia natural positiva y materialista. Sin embargo, si este pensar reflexivo se impregna de otras cualidades planetarias entonces surge lo que se llama *ciencia alternativa*.

Mercurio II: lo hemos descrito como la forma que surge de corrientes que confluyen. En la psique, lleva a la capacidad de tener *encuentros verdaderos* con las personas y con el mundo que nos rodea. De este tipo de encuentros surge algo nuevo en la biografía: un nuevo interés, un nuevo círculo de amigos, etc.

Venus II: tiene una estrecha relación con lo anterior. Fisiológicamente, lo describimos como excreción. En términos psicológicos se convierte en discriminación con la base de la experiencia vital. Es la discriminación de lo que tiene una esencia verdadera de lo que no la tiene, por ejemplo en las amistades, o en la elección de las áreas de interés.

Marte II: ha sido descrito como un proceso de bloqueo y resonancia, en el que el orden de la materia se hace visible en la sustancia de la proteína. Es un proceso vivo de ordenamiento de la sustancia. Este proceso de ordenación, sin embargo, sólo descansa en la sustancia muerta. La proteína nueva, llena de vida, es un proceso vertiginoso y caótico. Sólo la proteína muerta adquiere su fórmula química. Las sustancias que son creadas se hacen más o menos móviles, y asumen entonces su carácter material más denso.

La fuerza encarnadora de Marte se hace audible en la palabra que da expresión a lo que vive en el ser humano. En la corriente excarnadora, esto se transforma en una fuerza que ordena en la esfera social. Es la capacidad de expresar las intenciones de uno en pocas y bien escogidas palabras. Si esta fuerza de Marte II es demasiado débil, aparecerán las *frases hechas* o los *eslóganes*.

Júpiter II: se manifiesta en el *movimiento lleno de alma*, en el porte personal con el que el hombre manifiesta su personalidad en la vida social. Este movimiento lleno de cualidad anímica se hace especialmente visible en las artes, por ejemplo en la euritmia o en la pintura. El teatro se basa enteramente en este aspecto.

Saturno II: es la fuerza de la resurrección, desde el mundo del espacio hacia el mundo del tiempo. Esto se completa del todo en la muerte. Antes, Saturno II determina la capacidad de sacrificio como base de la metamorfosis de la experiencia terrestre en espiritualización. El egoísmo, la incapacidad de hacer sacrificios, es característico de un Saturno II débil.

Concluyendo, debemos decir de nuevo que los procesos planetarios I traen fuerzas del pasado, que trabajan hacia atrás en el tiempo. Pero las fuerzas planetarias II deben ser dominadas conscientemente por el hombre con un proceso espiritual dirigido hacia el futuro. Es el proceso de la madurez (véase también mi libro *Fases*).

Las cualidades planetarias pueden ser también descritas de otra manera, como estados anímicos con los que uno se dirige al mundo.

Y resulta de ello el siguiente esquema, extraído de las conferencias de Rudolf Steiner *Pensamiento Humano y Pensamiento Cósmico*[8].

El individuo de Saturno tiende al gnosticismo.

El individuo de Júpiter tiende a la lógica.

El individuo de Marte tiende al voluntarismo.

El individuo solar tiende al empirismo.

El individuo de Venus tiende al misticismo.

El individuo de Mercurio tiende al transcendentalismo.

El individuo lunar tiende al ocultismo.

Si uno profundiza en estas actitudes anímicas, encontrará la correlación con la caracterización anterior. Si, por ejemplo, uno tiene un carácter lunar, que tiende al ocultismo, debe tener mucho cuidado de no fijar la realidad espiritual en sistemas abstractos y quitarle así lo que tiene de vida.

Hemos descrito el proceso solar como un movimiento espiral de contracción y expansión:

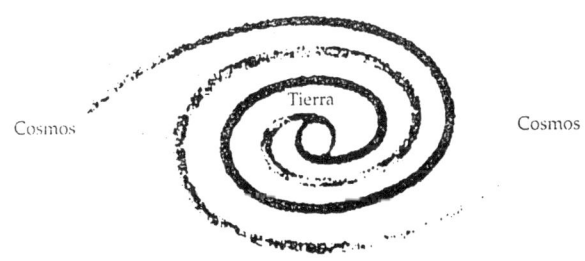

El punto de inflexión de la encarnación a la excarnación se encuentra allí donde las cualidades solares encuentran y penetran la tierra. La esencia de las fuerzas terrestres es la resistencia. Y por esa *resistencia*, en un (relativamente) corto espacio de tiempo, entre el nacimiento y la muerte, ambas corrientes pueden entretejerse y actuar simultáneamente en una cooperación rítmica (respiración y latir del corazón).

El secreto de la salud corporal y espiritual se encuentra en el sano entretejer de la encarnación y la excarnación, que en cada edad es diferente.

Resumamos en un dibujo:

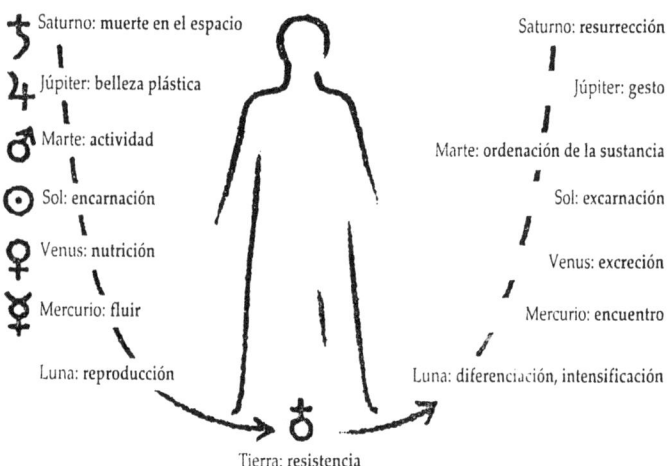

Capítulo 10
El desarrollo del alma sensible, del alma de intelecto y de corazón y del alma consciente

En la vida del alma se producen muchas formas de desarrollo que son demasiado lentas (retrasadas) o demasiado rápidas (aceleradas). Esto siempre produce un desarrollo irregular de las tres cualidades anímicas mencionadas en el Capítulo 8 bajo el epígrafe a, el alma sensible, el alma de intelecto y de corazón y el alma consciente. El hombre moderno tiene que desarrollar estas cualidades para poder ser capaz de actuar en su tiempo, *hacia dentro* en su experiencia de sí mismo y *hacia fuera* en la experiencia de los otros hombres y del mundo.

En una conferencia en 1910[1], Rudolf Steiner describe la situación de estas fuerzas anímicas frente a las fuerzas corporales en relación con las actividades planetarias en el hombre.

En su vida consciente, el hombre es un *ser del centro*. Rudolf Steiner usa el término *yo* para la experiencia cotidiana del yo en el alma. Este yo es un compuesto de conceptos, memorias, sentimientos, aspiraciones, e impulsos, en el que la memoria se encarga de mantener la continuidad de la experiencia del yo.

Una vida cotidiana sana se fundamenta en las fuerzas del centro; en términos de fuerzas planetarias, la cualidad del medio es la actividad solar, indicada en el diagrama de la página siguiente como el *yo solar*.

Tan pronto como la consciencia se desvía demasiado hacia arriba o hacia abajo, surgen estados de consciencia anormales. Y siguen siendo anormales y perturbadores mientras que el ser humano no sea capaz de restaurar el equilibrio interior por medio de un reforzamiento del

...co (por medio de un desarrollo interior cons-... por medio de la vida misma).

...esencia, podemos reconocer en esta representa-...ι de las cualidades anímicas de nuevo dos caminos: ...ι camino exterior (el mundo de las cualidades planetarias sobre el sol) y el camino interior en dirección al cuerpo (el mundo de las cualidades planetarias bajo el sol).

En este capítulo intentaremos aclarar algunos aspectos del desarrollo de estas cualidades anímicas desde el punto de vista de las siete fuerzas planetarias, que ya tratamos en el capítulo anterior.

Planetas liberadores	♄	Saturno Alma consciente	Intuición Hombre Espíritu
	♃	Júpiter Alma de intelecto y de corazón	Inspiración Espíritu de vida
	♂	Marte Alma sensible (consciencia imaginativa)	Imaginación Yo Espiritual
	☉	Yo solar (consciencia del yo)	
Planetas del destino	♀	Venus Cuerpo astral (psique)	
	☿	Mercurio Cuerpo etérico (fuerzas vitales)	
	☾	Luna Cuerpo físico (forma)	

El desarrollo del alma sensible

El cuerpo astral, una cualidad *Gestalt* (forma) fuera del tiempo y del espacio, es el portador de la consciencia. En este sentido es la representación microcósmica del mundo planetario interior. Cuando decimos: "Este es un color bonito y agradable", se trata de una cualidad anímica. Cuando esta alma sensible ha sido liberada de la subjetividad de los sentimientos de simpatía y antipatía, y de la vida de los deseos del cuerpo astral, por el yo, y ha sido elevada al nivel de experiencia puramente espiritual y objetiva, el yo solar cotidiano se ha transformado en yo espiritual. En la antigua cultura griega, este cuerpo astral purificado y el alma sensible purificada eran llamados el *Vellocino de Oro*, y hablaban también del *esplendor dorado* del cuerpo astral purificado.

El *cuerpo* astral (o cuerpo sensible), el *alma* sensible y el yo *espiritual* son tres niveles de la vida de la consciencia humana. Esto también se aplica al trío formado por el *cuerpo* etérico, el *alma de intelecto* y de corazón y el *espíritu* de vida, y al *cuerpo* físico, *alma* consciente y hombre *espiritual*, de los que hablaremos más adelante.

Si examinamos el diagrama de Rudolf Steiner, podemos ver cómo el cuerpo astral y el alma sensible están muy cerca del centro, del yo solar.

El cuerpo astral está activo en nosotros gracias a las cualidades venusianas en el metabolismo. La cualidad venusiana es la de *cuidar*; Rudolf Steiner habla de la *nutrición celular interior* como la cualidad corporal de Venus. Si ésta se conecta con el centro, con el yo, las impresiones sensoriales se transforman en consciencia. Esta consciencia es aún animal, y no se eleva más allá de la que los animales tienen (un poco de información que agradecerán los etólogos, que insisten en que el ser humano no tiene más que esta consciencia animal).

La consciencia del cuerpo astral está enteramente al servicio de la protección corporal, de la nutrición y de la reproducción. El animal vive en este elemento totalmente. El hombre, sin embargo, ha desarrollado la llamada *cultura*. La consciencia puede prescindir de las funciones exclusivamente animales y crear un mundo interior de conceptos, sentimientos e impulsos volitivos, un *mundo anímico*. Para conseguirlo se debe impregnar la consciencia animal con cualidades de los planetas liberadores, los planetas exteriores. Por esto es por lo que la cualidad de Marte se conecta como cualidad anímica cósmica con el yo solar. Este yo solar se convierte en un primer estadio en el desarrollo de una consciencia física o anímica. El yo solar, por tanto, tiene relación con el cuerpo astral animal por abajo, y con la astralidad liberadora por arriba. Esta actividad liberadora es una actividad de Marte.

El desarrollo de este mundo anímico interior tuvo lugar por primera vez en la historia de la humanidad durante el periodo cultural egipcio-babilónico[2] (otras culturas lo desarrollaron también en esa época). Anteriormente se vivía exclusivamente en las fuerzas del cuerpo astral y del cuerpo etérico. Estos, sin embargo, no tenían una cualidad animal, porque estaban impregnados por seres superiores que preparaban el alma para el desarrollo del mundo interior individual. En aquella época, el cuerpo astral actuaba *arriba*, como una función de consciencia en el sistema nervioso, con el único fin de proporcionar el fundamento para el alma sensible después, la cual tenía que liberarse del cuerpo físico. El cuerpo astral también trabajaba *abajo* en el metabolismo, como una fuerza formadora de órganos y como impulso para varias funciones. Y actuaba en la fuerza de la memoria - capacidad de leer anteriores impresiones sensoriales dejadas atrás como impresiones en el cuerpo etérico. El poder de recordar no podía ser usado en esa época a voluntad, sino que estaba ligado a nuevas impresiones sensoriales de naturaleza similar. Siempre que ocurría algo importante se erigían monolitos, por ejemplo, que apelaban a la memoria de lo que allí había ocurrido siempre que éste era visto. (Con niños pequeños se conoce el mismo fenómeno, la *memoria local*.)

Sólo cuando el cuerpo astral se *libera del cuerpo* en el polo superior, se establece la base del desarrollo del alma sensible, en la que se puede llamar a los recuerdos personalmente. Durante mucho tiempo fue necesaria la repetición rítmica para activar esta memoria. Y gracias a esta *memoria rítmica* se preservaron durante mucho tiempo los grandes relatos épicos y mitológicos de la humanidad; un buen ejemplo de ello es el relato épico finlandés el *Kalevala*.

Las posibles irregularidades en el desarrollo del cuerpo astral y del alma sensible son, entre otras, las siguientes:

- La parte superior del cuerpo astral, que está al servicio de la consciencia, interviene demasiado en la parte inferior. Surge entonces abajo una consciencia intensificada, y a esto lo llamamos *dolor*.

- La parte inferior del cuerpo astral actúa demasiado intensamente en la parte superior. Esto conlleva una disminución de la consciencia, embotamiento, o incluso inconsciencia.

- La liberación de las fuerzas astrales del polo físico superior es insuficiente, y el alma sensible se desarrolla de manera incompleta. Esto significa que el ser humano permanece en un estado de primitiva animalidad, atado a sus impulsos orgánicos. Esto ocurre, en parte, en la histeria (véase el capítulo 16).

- La liberación de las fuerzas astrales del polo físico superior se produce prematuramente. Esto lleva a un desarrollo acelerado de los niños, y produce niños precoces y niños prodigio. Corren el peligro de que las fuerzas astrales se liberen antes de que los órganos estén totalmente desarrollados y maduros. Más adelante, esto puede producir fenómenos de insuficiencia e incluso un completo colapso de la vida anímica, es decir, esquizofrenia.

- Se produce una liberación, no sólo arriba, sino también abajo, en el metabolismo. Entonces surgen experiencias desconocidas y aterradoras en el centro (el yo). Es entonces cuando el umbral interior se hace inestable, con todos los síntomas asociados que ya hemos descrito. Las fuerzas orgánicas se vivencian entonces como algo turbador, porque no pueden reconocerse como lo que son, como un sonido o una sombra que no reconocemos en la oscuridad. Tan pronto como uno reconoce el origen del sonido o de la sombra desaparece el miedo. La terapia para tratar un cruce del umbral interior así consiste en hacer reconocibles las experiencias desconocidas. Entonces parecen menos aterradoras. Pero esto sólo es posible por medio de una ciencia que reconozca la realidad del alma y del espíritu en su manifestación corporal.
- Esta *liberación* puede ir más allá de lo necesario para servir de base a la vida del alma. Entonces hay un exceso de fuerzas astrales libres, que se sumergen directamente en las cualidades astrales cósmicas de los planetas. Entonces, también, surgen experiencias, en este caso muy intensas, que se describen como remolinos de colores, luz cegadora o una oscuridad y una destrucción aterradoras.

*El desarrollo del alma de intelecto y de corazón**

Todas estas irregularidades en el desarrollo pueden surgir con la primera forma de desarrollo anímico, el proceso humanizador que eleva al hombre por encima del nivel animal. Pero, en el curso de la evolución huma-

---

* N.T. Este término no se ha traducido habitualmente, y se ha llamado a todo el conjunto alma racional, sin distinguir dos aspectos. La traducción de alma de corazón, aunque no es literal, permite distinguir la cualidad intrínseca, que debe ser entendida como un pensar fluido, diferenciándola del pensar abstracto.

na, el proceso de liberación de las fuerzas psíquicas de las físicas ha ido más lejos.

El paso siguiente fue el de liberar las fuerzas del *cuerpo etérico* en el polo superior. A partir de estas fuerzas se podían desarrollar nuevas cualidades en el yo solar, la cualidades del *alma* de intelecto y de corazón. Las cualidades del alma sensible son, por su naturaleza, un todo unificado, en cierta manera unido al centro, del que están muy cerca. Con la liberación del cuerpo etérico surgen fuerzas más alejadas del centro. Trabajar con ellas por medio del yo cotidiano requiere un gran esfuerzo.

El alma de intelecto y de corazón se desarrolla en el campo de tensión entre la capacidad de pensar independientemente en el polo superior y la corriente de la vida del cuerpo etérico en la naturaleza corporal del polo inferior; en otras palabras, en la polaridad de Júpiter y Mercurio. Júpiter representa las fuerzas cósmicas que ordenan y que pueden darle la certeza al pensar. Mercurio representa el fluir de las fuerzas vitales que impregnan el Todo y que, si no están dirigidas, llevan al desenfreno de la vida.

Orden y azar forman la polaridad en la que se tiene que desarrollar el alma de intelecto. Por esto tiene un doble aspecto.

El primer aspecto es en el que predominan las fuerzas de Júpiter; esto tuvo lugar en la antigua Grecia de una manera fructífera con el desarrollo de la filosofía. Más tarde, con la Escolástica, tomó una forma abstracta y decadente.

A la segunda parte del alma de intelecto y de corazón Rudolf Steiner la llamó *Gemütseele* (traducida como alma de corazón). En ella predomina el flujo de vida de Mercurio, que puede reflejarse a sí mismo en toda su riqueza y efectividad en el yo solar. El alma de corazón floreció en la Edad Media como misticismo, y al comienzo de la Nueva Era tomó la forma de la cultura social burguesa. El alma de corazón representa el polo social, opuesta al polo del alma de intelecto. El alma de intelecto sin el alma de corazón lleva al intelectualismo. El alma de corazón, sin el alma de intelecto, lleva al caos social.

Estas consideraciones revelan la importancia del doble aspecto del alma de intelecto y de corazón. *El alma vive en el centro*. El yo solar, el alma, debe unir las fuerzas del orden del pensamiento con las fuerzas sociales, dadoras de vida. Pero esto no ocurre por sí mismo. En la antigua Grecia, esto tuvo lugar por medio de las artes (especialmente con la música y la danza, que se cultivaban en instituciones educativas para adolescentes). En la Edad Media lo llevaba a cabo la Iglesia por medio del cultivo de la piedad y del poder de la fe. La fe y la piedad tuvieron un papel importante en la evolución durante el periodo del alma de intelecto y de corazón. En nuestra época, ésto sigue teniendo importancia en jóvenes y adolescentes. Después, nuevas fuerzas han de ser activadas para que sean capaces de desarrollar la consciencia. Para ello, el poder de la fe no basta.

Las perturbaciones en el desarrollo del alma de intelecto y de corazón pueden manifestarse de las siguientes maneras:

- Las capacidades intelectuales se estimulan entre los 7 y los 14 años sin las fuerzas del alma de corazón. Esto es lo que ocurre en la educación abstracta y sin arte. Esto lleva, más tarde, a un pensar anémico y sin imaginación.

- En el segundo septenio no se despiertan sentimientos religiosos o de admiración en el yo solar. Como resultado, el yo carece del poder de unir las fuerzas del pensar y de la vida. El alma intelectiva y de corazón se separan.

Las fuerzas sociales del azar actúan de manera caótica en el alma, o pueden llevar a la violencia y a actos de terrorismo, cuando son dirigidas por un pensar abstracto y utópico. Este tipo de fenómenos va en aumento.

- Las fuerzas sociales caóticas actúan muy intensamente en el yo, con fuerzas del pensar poco desarrolladas. Surge entonces una búsqueda mística y confusa de la verdad, que es fácil presa de cualquier secta peligrosa. Este tipo de personas son los típicos tontos bienintencionados, que pueden ser peligrosos cuando actúan en grupos, sobre todo si son organizados por personajes que buscan poder económico o de otro tipo.

- Las fuerzas vitales son demasiado débiles en el centro, en el yo. En este caso, el alma sensible se desarrolla, por medio del cuerpo astral, pero no así el alma de corazón. Este es el fenómeno de la constitución neurasténica, con continuas crisis por causa de cualquier tipo de estrés.

Uno puede hacerse una imagen de conjunto si comprende la interrelación de la inteligencia, con la corriente de la vida social y con el centro. A partir de ello se hace evidente el grado de prevención necesario por un lado, y el tipo de terapia requerido por el otro. Muchos de los principios básicos de la pedagogía Waldorf en la enseñanza primaria pueden comprenderse bajo este aspecto. Su importancia para la creación de una esfera central sana, haciendo que el alma de intelecto y de corazón se ponga al servicio de la vida, parece obvio. Entre estos principios se incluyen el cultivo del sentimiento religioso y de veneración, la educación artística y el desarrollo del intelecto en el momento correcto, es decir, no demasiado pronto, sino en cursos superiores, más tarde, y de forma vigorosa.

El desarrollo del alma consciente

El desarrollo del alma consciente tiene que cruzar un puente aún más extenso entre las fuerzas de Saturno y las fuerzas de la Luna. En este caso especialmente, se debe hacer algo que refuerce suficientemente el centro para atraer a él a ambas fuerzas extremas. Pero el reforzamiento del centro no basta por sí mismo. Se deben crear las condiciones exteriores, por medio de las estructuras e instituciones sociales, que den apoyo suficiente a los poderes unificadores del centro. Mientras que el alma de intelecto y de corazón tiene un doble aspecto, el alma consciente requiere un acercamiento triple, si se quiere desarrollar de una manera sana. En este caso, en particular, se trata del alma que vive en el centro.

En las *Cartas para la Educación Estética de la Humanidad*[3], Schiller describió su conocida idea de la tripartición del alma humana en Instinto de Forma (*Formstrieb*), Instinto de Juego (*Spieltrieb*) e Instinto de Materia (*Stofftrieb*). Estas *Cartas* son importantes porque representan la primera exposición clara sobre la tripartición del hombre y de la sociedad. Previamente había existido el concepto teológico de la Trinidad, pero sólo como base para la fe (dogma) y no como base para la comprensión de la naturaleza tripartita del hombre.

Schiller fue el primero en describir al *hombre* como ser tripartito, y el primero en vincular esto con la vida social, en la que se refleja este ser tripartito: como un bárbaro (cuando predomina el instinto de Forma), o un salvaje (cuando predomina el instinto de Materia). Después de escribir las *Cartas* durante el comienzo de la Revolución Francesa, pudo ver una demostración directa de su visión. Pudo predecir que cuando pasara el salvajismo de la revolución, el barbarismo, que hoy día llamamos dictadura, haría su aparición, como una contraimagen. Escribió: "La Revolución Francesa me ha decepcionado. Se ha desviado, innecesariamente, a dos áreas en las que el hombre pierde su libertad. Ya se puede predecir su fracaso. Aún es aplaudida, pero aparecerá un hombre que la truncará. Y se levantará, no sólo para gobernar sobre Francia, sino probablemente sobre casi toda Europa. Yo no le conozco, pero ya debe haber nacido". Así fue cómo Schiller previó la aparición de Napoleón.

Schiller era de la opinión de que la aberración de la Revolución Francesa no debía haber ocurrido. En toda su obra se expresa claramente su reproche de que la esfera del centro era demasiado débil, que el sentido de verdadera humanidad era demasiado frágil. Lo expresa con las siguientes palabras: "El hombre juega sólo cuando es verdaderamente hombre, y sólo es verdaderamente hombre cuando juega". Esto señala hacia la importancia suprema del centro, de esa parte del hombre donde *juega* con forma y materia, y en la que conquista la libertad.

En el centro, el hombre es un artista. Los artistas a los que Schiller tenía en la mayor estima eran los *creadores (artistas) del Estado* y los *artistas pedagógicos*, pues su medio de expresión es el más elevado campo de creación, el hombre mismo.

El alma consciente debe despertar la fuerza de Saturno. Esta es la fuerza que permite que el espíritu se exprese en la materia y la transforme en una imagen espiritual. En el cuerpo humano, es la formación del esqueleto. "El esqueleto es la imagen muerta del yo", (Rudolf Steiner)[4].

La fuerza de Saturno actúa en el hombre desde la medianoche cósmica en adelante, y da el impulso para la encarnación, hasta llegar a la formación del esqueleto. Pero al mismo tiempo, Saturno no sólo lleva a la muerte, sino también a la resurrección, en la que el espíritu se libera de la materia de nuevo y se dirige hacia la siguiente medianoche cósmica. En este camino, la experiencia de su vida se convierte en nuevas capacidades para la próxima.

Por otro lado, las fuerzas lunares se manifiestan en la corriente de generaciones, en la que la vida se va transmitiendo en el tiempo. Saturno y la Luna ponen los límites en el cosmos.

El alma consciente tiene que confrontarse con este enorme potencial, y para ello es necesaria una zona central, que tenga las fuerzas necesarias para ir de una medianoche a la siguiente, es decir, la consciencia de un iniciado. Mientras no tengamos esa consciencia, necesitaremos ayuda, pero esta vez no de las jerarquías espirituales, sino de las instituciones sociales que ayuden a mantener el carácter tripartito del alma consciente. Este es el trasfondo de la tripartición del organismo social que preconiza Rudolf Steiner[5].

En pequeña escala, podemos aprender a distinguir en nuestras vidas entre el espíritu de vida, la vida social y la vida laboral. Intentaremos evitar la unilateralidad, e implicar en cada área a los otros dos aspectos. También intentaremos que haya un sano y rítmico cambio, de vez en cuando, en nuestras actividades.

La unilateralidad en este área provoca los siguientes problemas:

- El espíritu de vida predomina. Esto provoca el fanatismo (el barbarismo de Schiller), que persigue a los *herejes* y los quema en la hoguera.

- El espíritu de vida se desarrolla demasiado pronto. Esto es lo que les ocurre a los jóvenes genios, que, desgraciadamente, son admirados por muchos, y se les exige logros muy elevados a una edad muy temprana. La fuerza de Saturno con la que se ha encarnado este espíritu, en raras ocasiones lleva a un desarrollo armonioso. A lo que sí suele llevar es a decepciones y a periodos de agotamiento e improductividad. Si además estas tendencias se acompañan del deseo saturnino de la muerte, el peligro es inminente. En tales casos, es una buena terapia un encuentro cálido en la esfera central, con constancia y humor. También se debe reforzar la esfera central con terapia artística, aunque no individual, sino en grupo. Sin embargo, una terapia emocional grupal puede inducir a este tipo de personas a enfermedades críticas, como las que provoca el LSD y otras drogas.

- La actividad de Saturno puede ser demasiado débil, y entonces la encarnación espiritual es insegura y dudosa. Esto ya comienza en la adolescencia y lleva a crisis existenciales después de los 42. Físicamente, el joven siente que camina a dos palmos del suelo, que está flotando, que no pisa la tierra, etc. Con algunas inyecciones de plomo D20 (una dilución homeopática, N.T.) volverá a su sitio, pero en casos más graves es necesaria una terapia más larga, con mucha euritmia curativa. Ellos mismos son los que lo dicen cuando ya *aterrizan*. (Véase también el capítulo sobre la anorexia en la Segunda Parte.)

- Las fuerzas lunares que son demasiado fuertes provocan todas las manifestaciones del tipo lunar expuestas anteriormente: pensar imitativo, *sex symbol*, *playboy*, etc. Es un gran obstáculo para el desarrollo del alma consciente, que en una sociedad orientada a la misma lleva a los tipos así a la desesperación, pudiéndose producir periodos de fuerte depresión, con intentos de suicidio. También en este caso, todo depende de si se puede hacer un puente con la esfera central, en el que la constancia juega un papel esencial. Una relación terapéutica no debe concluirse prematuramente.

- Las fuerzas lunares que son demasiado débiles constituyen sobre todo un problema médico. El instinto de Materia es demasiado débil en el alma. Siempre está la amenaza de la apatía y el agotamiento. Estas personas buscan el mínimo sufrimiento físico y sin embargo envejecen bien con todos sus sufrimientos y, según el entorno, son capaces de una (limitada) actividad espiritual.

El desarrollo del alma sensible, del alma de intelecto y de corazón, y del alma consciente, tiene lugar entre los 21 y los 42 años, gran fase solar de la vida. En este periodo de tres septenios, los cuerpos astral, etérico y físico son liberados parcialmente, y sirven de base para la actividad del yo, que, a partir de la esfera central, da forma y contenido al alma.

¡Pero el ser humano, sin duda, tiene una vida anímica antes de esto! Sí, la vida anímica se desarrolla a partir de los 3 años, pero su forma y su contenido son un reflejo de su entorno, familia, escuela y cultura en general.

A los 21 años, todas esas fuerzas anímicas ya las tenemos, formadas a partir del entorno y del espíritu cultural de la época. Por eso hay tales diferencias entre niños de diferentes culturas. Esta diferencia cultural en la estructura anímica de los jóvenes es el tema central de la juventud en las minorías étnicas. Se habla mucho en nuestros días del racismo y la discriminación, pero no es la raza lo que causa los problemas, sino un contenido anímico totalmente diferente (y mutuamente incomprensible). En otras palabras: son las diferencias culturales las que causan los problemas, y no las raciales.

Al mismo tiempo, ahí es donde está el obstáculo. El niño de una minoría étnica ya tiene a una edad muy temprana el sello de un contenido anímico totalmente diferente. Como resultado de ello, se interpreta la educación escolar de manera incorrecta, se enfoca mal. Los niños de otras razas que han sido adoptados al nacer no dan más problemas que los demás niños. Los niños de una cultura diferente, adoptados después de los tres o cuatro años de edad, ofrecen a menudo grandes dificultades de adaptación.

Esta primera estructura anímica, absorbida del entorno por imitación, es, por supuesto, una estructura anímica provisional. Entre los 21 y los 42 años debe ser alterada por el yo, de modo que pueda integrarse con la individualidad. Así el ser humano sólo es realmente maduro a los 42 años. A los 21, es una *madurez en grado de tentativa*. Una alteración en la fase media de la vida es causa de muchas formas de neurosis e incluso de psicosis. Estos casos son demasiado específicos para ser tratados de un modo general. Con el esquema de los problemas de desarrollo de las tres cualidades del alma como trasfondo, sin embargo, el terapeuta puede encontrar el camino de una terapia racional. En la Segunda Parte, trataremos algunos puntos de vista terapéuticos y pedagógicos respecto de las tres fuerzas anímicas (véase el Capítulo 15).

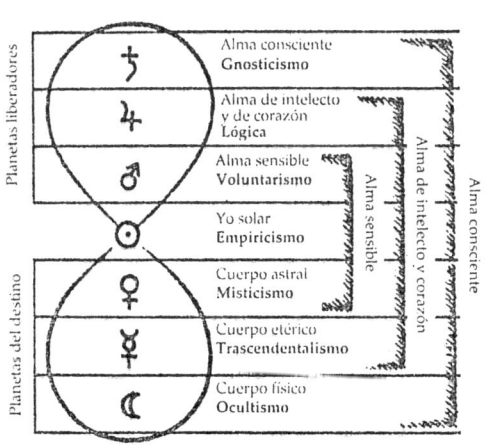

Capítulo 11
La sombra del camino interior

En las culturas post-atlantes, el ser humano estaba inicialmente abierto al mundo espiritual *exterior* a él. El umbral exterior aún era transparente. Los seres de las jerarquías superiores eran venerados como dioses. Los seres elementales eran vistos como ayudantes del hombre en las tareas cotidianas. Un manantial, un árbol sagrado, una montaña o un río tenían para el hombre un alma. En el Norte, se hablaba de *trolls* y gnomos, de seres del agua, de elfos y de salamandras del fuego. En las culturas antiguas, la gente de las diferentes regiones daban a estos seres de la naturaleza nombres distintos. Eran realidades de la vida diaria. Uno tenía que cultivar su amistad con estos seres por medio de ciertas ceremonias.

Hacia el año 800 a.C., estas facultades clarividentes desaparecieron, lo cual fue experimentado como una pérdida. Fue el *Ocaso de los Dioses*. Durante todo el periodo del alma intelectiva y de corazón (desde el año 800 a.C. hasta cerca del año 1400 d.C.), la gente tuvo que conformarse con el *recuerdo* de esos mundos (*espirituales*) que pervivían en las leyendas y en los relatos épicos. Los últimos restos podemos encontrarlos en los cuentos de hadas, muy aceptados por los niños.

En los últimos dos milenios y medio de soledad en el mundo, la humanidad ha desarrollado el pensamiento inteligente. A partir del siglo XV, en que comenzó el periodo del alma consciente, empezó a desarrollarse el pensar en conjunción con la experimentación científica. Desde el último tercio del siglo pasado, y en particular desde que el arcángel Micael se convirtió en espíritu del tiempo y acabó la Era Oscura, el Kaliyuga[1], ha comenzado un proceso en el que el umbral *interior* se ha ido haciendo cada vez más transparente. Este proceso se hará más y más evidente, y si no es comprendido causará muchos problemas a la gente.

En este capítulo trataremos de algunos de los síntomas de este proceso.

Al tratar el tema de la antigua iniciación egipcia (capítulo 2), describíamos las experiencias que surgen al cruzar el umbral. Eso que sólo unos pocos podían experimentar conscientemente en aquella época, surge ahora de lo inconsciente para todos nosotros. El yo que consigue conocer las fuerzas que trabajan *debajo del diafragma* más o menos conscientemente, llega primero al área de la parte inconsciente del cuerpo astral, la zona de los deseos y anhelos. Es un proceso de autoconocimiento; todos los viejos errores y todos los *pecados de omisión* afloran a la superficie en forma de imágenes. Todo lo que dejamos de hacer, pero podríamos, o incluso deberíamos haber hecho, se nos presenta y tiñe nuestro estado anímico con una ligera sombra de melancolía. El peso de nuestros pecados, todo lo que ha ido mal, nos lo reprochamos cada vez más. Sentimos vagamente que hemos fracasado con todo lo que hicimos mal, tanto nosotros como los demás. Nos sentimos culpables ante algo superior ya que estos fallos no sólo han retenido nuestra evolución, sino también la del cosmos. Encontramos esta vaga sensación de intranquilidad en casi todos nuestros contemporáneos. La gente habla de *destino fatal*, de que la vida ya no sonreirá más, o que no ven la salida del túnel.

Las reacciones a este fenómeno cultural son variadas. Algunos se refugian en la violencia, buscando una cabeza de turco en el exterior; otros en el alcohol o la nicotina, con los que desaparece la incomodidad por unas horas, o por unos minutos.

La violencia contra la *sociedad*, contra los políticos, contra la policía, o la mano dura contra los males sociales, son a menudo expresión de una búsqueda de satisfacción que reemplace el malestar, independientemente de que los ideales que persigan sean positivos. Las acusaciones contra el compañero de pareja o contra el hijo o hija desagradecidos, o contra el jefe o los padres, proporcionan la satisfacción necesaria para echar por tierra el autodesprecio. Por otro lado, si se nutre y aumenta este autodesprecio puede llegar a convertirse en un placer perverso hacia la maldad de uno mismo.

Hace 20 años, el periódico humorístico suizo "*Nebelspalter*" hizo un reportaje semiserio sobre la prosperidad suiza: Todo nos va bien, las cosas mejoran día a día, etc. pero ¿porqué entonces están todos tan tristes? "Bueno, gracias a Dios, tenemos el *Föhn*[2]. El *Föhn* es la culpa de todos los males, ¡es el malo de la película! Esta tendencia a buscar una cabeza de turco exterior para aliviar nuestros males es conocida por todos: ¡Échale la culpa al tiempo, a la política, o a la economía!

De los siguientes datos[3] se puede deducir que hay mucha gente que necesita escapar de la cruda realidad: Desde 1965, el consumo de alcohol se ha cuadruplicado, y excede con creces los altos grados de alcoholismo que se registraron a comienzos de este siglo. El consumo de pastillas para dormir y de tranquilizantes se ha incrementado hasta tal punto que las autoridades ya están tratando de intervenir.

Otro síntoma de la experiencia de estas fuerzas anímicas inconscientes es un sentimiento de insatisfacción, de actividad febril que no nos llena, y que se manifiesta, por ejemplo, en la búsqueda de experiencias vacaciona-

---

[2] Viento alpino del sur que se cree causa problemas físicos y psíquicos.
[3] Estos datos han sido recogidos en Holanda, pero pueden aplicarse con bastante grado de acierto al resto del mundo occidental.

les de las que uno regresa más cansado que cuando se marchó, debido a la cantidad de kilómetros que hay que poner por medio entre uno y la miseria cotidiana.

La verdadera causa de este malestar, sin embargo, no la encontraremos fuera, sino dentro de nosotros. Nos estamos acercando a un encuentro con el guardián menor del umbral, la fuerza que no llama y nos dice: "¡Hombre, conócete a ti mismo, ten el coraje de mirarte tal como eres!".

Muchos grupos de terapia, de encuentro y similares, fueron creados como respuesta a la necesidad de aceptar esta sensación de insatisfacción. Y es que el malestar interior puede ser muy intenso, sobre todo en los sectores de la población que viven con cierta riqueza, lo que les permite tener tiempo de descubrir su propia vida interior. En el invierno de 1944-45 este tipo de problemas eran poco frecuentes. Todos se preocupaban de que sobrevivieran sus familias y ellos mismos, al menos por unos días. La supervivencia estaba a la orden del día[4].

La violencia de la gente joven, cada vez mayor en más países del mundo occidental, tiene su origen, por supuesto, en el desempleo y en la falta de perspectivas ante un futuro poco prometedor. Pero en los últimos siglos también ha habido desempleo y verdadera pobreza, sobre todo desde el comienzo de la Revolución Industrial. La diferencia principal estriba en la forma y la violencia de las reacciones, no de unos pocos, sino de grandes grupos de población. Los que condenan estas reacciones tal vez puedan permitirse el lujo de escapar de otras maneras de la misma falta de perspectivas y de la misma pobreza, aunque para ellos la pobreza es más interior.

---

[4] El autor se refiere a la última fase de la Segunda Guerra Mundial en Holanda, cuando una parte de la población estaba amenazada por la hambruna.

También en la política internacional se buscan cabezas de turco, un enemigo; es una conocida treta para desviar la atención de los verdaderos problemas (internos) y para silenciar las críticas.

Todos estos fenómenos, y otros similares (todos podríamos añadir algo a la lista según nuestras propias experiencias) son los primeros *síntomas* del *cruce inconsciente del umbral*, que se está convirtiendo en un problema generalizado en la población occidental.

El camino interior inconsciente conduce al hombre a su propio tiempo. Cada vez más personas comienzan a ver imágenes que no pueden localizar en su propio pasado. Algunas veces estas imágenes son tan poderosas que el individuo en cuestión siente que hay *otra persona* en su interior, que interpreta como proveniente de una vida pasada. La literatura sobre la *reencarnación* crece día a día, pero poca se puede tomar en serio. Se explica con demasiada ligereza que imágenes de siglos pasados, o incluso sólo décadas, son memorias de encarnaciones pasadas. Y esto interesa a las fuerzas opositoras, pues confunde al hombre, ya que sólo se puede tener una verdadera visión de encarnaciones pasadas tras un largo periodo de ejercitamiento, además de un alto grado de autocrítica. En este tema, nos domina la vanidad, lo ilusorio y el pensar condicionado.

Nuestra constitución y el tipo de problemas con que nos encontramos están, por supuesto, determinados kármicamente, pero en nuestra vida actual no son más que puntos de partida sobre los que tenemos que trabajar. Es más importante conocerlos a fondo y aceptarlos que tener la secreta esperanza de haber sido una personalidad importante en una vida pasada. Sobre este punto Rudolf Steiner se expresó con claridad. En uno de sus *Dramas Misterio*[2], el maestro espiritual Benedictus declara que muchos de nosotros nos avergonzaríamos si supiésemos lo elevados (espiritualmente) que hemos estado anteriormente, comparándolo con la vida actual. Pero lo que hemos sido en previas encarnaciones, antes del desarrollo del alma consciente, no estaba apoyado por la presencia de un yo responsable de sí mismo; sobre todo en el caso de personalidades y líderes, en las que la *persona*, la máscara, era un instrumento a través del cual se expresaba el mundo superior para guiar la cultura de su época. El mérito principal de las grandes personalidades era que al pasar por el camino iniciático se hacían *transparentes* para los seres superiores. Es lo que los antiguos griegos describían como semidioses y héroes, mitad hombres, mitad dioses, es decir, que los seres espirituales hablaban y actuaban a través de ellos. Se decía, por ejemplo, de Gilgamesh, el héroe de la épica babilónica, que era un tercio hombre y dos tercios dios.

Pero a partir del año 1500 d.C. se crea una nueva situación. Desde el comienzo del desarrollo del alma consciente, que nuestros libros de historia llaman la *Nueva Era*, el hombre tiene que entrar totalmente en la fuerza de su yo. Y podemos ver claramente que ese yo, en pie sobre sus dos pies, ¡no ha hecho más que dar sus primeros pasos!

Lo que fuimos en vidas pasadas, lo fuimos por la *gracia* de los seres superiores. Ahora somos parte de una humanidad que madura, y debemos aprender a andar por nosotros mismos.

Dada la situación que acabamos de describir, se puede sentir con fuerza la necesidad de dependencia de un *gurú*, o de un líder político, o de un sistema. ¿Por qué seguir la agotadora senda del aprendizaje cuando tanta gente y organizaciones se prestan a evitarte este difícil camino hacia la independencia?

Este camino hacia la independencia, sin embargo, no es egoísta, como muchos dirían, sino que lleva al desarrollo del yo de manera que uno pueda ayudar a los demás a valerse por sí mismos también. Este es también el objetivo de la pedagogía antroposófica, enseñar al niño a valerse de sus propios medios para una acción independiente. También es el objetivo de la medicina antroposófica: dar un medicamento que active la constitución para que conquiste la enfermedad, y no un remedio que nos sustituya, temporalmente, en ciertas funciones corporales en el organismo. Y, finalmente, es el principio central del camino de desarrollo interior de la Antroposofía; no *depender* de un *gurú*, que te da la meditación que él cree adecuada y que te llena con su *shakti*, y desata los nudos de tu *karma*. Se trata más bien de escoger el propio camino interior por uno mismo, *con la ayuda* de las indicaciones generales que el iniciado puede darte.

La humanidad no está más que al principio de este proceso. Los *resultados* del desarrollo interior, bajo la forma de sentimientos de felicidad y confusas visiones espirituales, son relativamente fáciles de obtener, con supervisión, por medio de antiguos caminos. Pero los resultados reales, una consciencia del yo alcanzada por uno mismo al cruzar el umbral asumiendo la responsabilidad, son menos espectaculares. Son logros transitorios, que desaparecen cuando uno deja de buscarlos.

Las manifestaciones que acabamos de mencionar (la huida por medio de la violencia, las drogas, las imágenes ilusorias de *encarnaciones pasadas*, el ansia de dependencia, la sumisión a la autoridad, etc.) se producen en un nivel en el que aún podemos controlarlas; si realmente lo queremos, podemos cambiar de dirección, a partir de nuestro yo, desarrollarnos, e incluso iniciar un camino de ejercitamiento interior. Pero hay fenómenos que, aunque con síntomas parecidos a los anteriormente citados, van un paso más allá. Se trata de perturbaciones físicas y psíquicas y síndromes que no pueden resolverse sin ayuda específica exterior. Nos referimos a las *neurosis* y *psicosis*, tan comunes hoy en día.

A continuación haremos una descripción preliminar; en la segunda parte de este libro trataremos el tema más en detalle, y daremos consejos de cara a una terapia profesional. Añadiremos también algunos puntos de vista, tales como los distintos niveles y la diversidad del pensamiento antroposófico.

La Antroposofía nos ofrece una serie de puntos de vista desde los que se pueden entender estos fenómenos, describiendo el *descenso* de la consciencia humana en su naturaleza corporal: el cuerpo astral, el cuerpo etérico y el cuerpo físico.

En el camino interior, al despertar semiconscientemente en nuestros niveles anímicos habitualmente inconscientes, nos encontramos, en primer lugar y como en un sueño, con el ámbito astral en las regiones de la voluntad, tal como ya describimos. Los impulsos de la voluntad viejos y nuevos se hacen semiconscientes, revestidos de imágenes como si fueran sueños. En realidad se trata de jirones de recuerdos, impregnados de cualidades emocionales. Y como en un sueño, vienen y van, pero pueden tener un carácter compulsivo o aterrador.

Esta entrada en estado de ensoñación es la primera fase. Tal vez no haya más. La persona que la ha padecido puede o bien asumirla y afrontar la situación con valentía, o bien rendirse y quedarse en el estado ligeramente depresivo que provoca. Una tercera posibilidad sería la de huir por medio de la insensibilidad o la violencia.

Pero, sin embargo, este descenso al *submundo* interior suele continuar, y entonces la consciencia entra en contacto con las fuerzas activas en los *órganos*. Son los procesos *etérico-astrales*, aquellos en los que las fuerzas vitales, dirigidas por la vida anímica adormecida, llevan a cabo las funciones de construcción y destrucción.

Lo que aquí ocurre es de una naturaleza compulsiva. Estos procesos deshacen las substancias, las disuelven, y las reconstituyen y reconstruyen en sustancias compatibles con el cuerpo. Esto, que ocurre calladamente a 37º C dentro del cuerpo, sólo puede ser reproducido en un laboratorio con ayuda de fuertes ácidos e hidróxidos, y a temperaturas y presión extremas. Y en nosotros, sin embargo, ocurre sin que apenas lo notemos, mientras leemos el periódico tras la cena.

Podemos estar agradecidos de que estas fuerzas estén normalmente activas en nuestra consciencia de sueño. Cuando entramos en esta esfera con nuestra consciencia diurna, ésta es dominada y subyugada por estas fuerzas. Dependiendo de la constitución de la persona, los órganos que actúan, o que actuarán en primer lugar, serán diferentes. Es importante que el psicoterapeuta se familiarice con estos procesos, ya que en la vida anímica tomarán la forma de miedos, obsesiones, depresiones reales, alucinaciones o incluso locura.

Cuatro son los órganos que juegan un papel en este proceso: los riñones, los pulmones, el hígado y el corazón.

El riñón o, más bien, todo el *proceso renal*, abarca los siguientes procesos fisiológicos: la entrada de sustancias a través de los intestinos; la subsiguiente descomposición y reconstitución en sustancia corporal; la distribución de estas sustancias a las células corporales (llamada nutrición celular); la excreción de los productos descompuestos a la corriente sanguínea; la separación de los productos de desecho de la sangre en los riñones; y la eliminación de estas sustancias por medio de la orina. Todo esto, desde el punto de vista planetario, es el proceso fisiológico *venusiano* en el hombre.

Si este proceso, que normalmente transcurre en el inconsciente, se refleja en la consciencia diurna, en el yo solar, surgen experiencias anormales. Pueden tener el carácter de depresiones hipocondriacas o de tristeza profunda, llenando de autodesprecio, bajo la forma de recuerdos caóticos, la consciencia, y perturbando las funciones normales.

Los estados neuróticos de insatisfacción al comienzo del descenso se relacionan con problemas morales, que aún tienen sus raíces en la realidad. Los fracasos fueron reales, sólo es anormal la preocupación que despiertan. Pero con esta siguiente fase del descenso, sin embargo, el autodesprecio crece en tal grado que se llega a hacer absurdo. Las perspectivas de futuro desaparecen, se produce una fijación en el pasado tal, que sólo queda una salida: acabar con esta vida insoportable con el suicidio. No sólo ha crecido alarmantemente el consumo de alcohol, también el número de suicidios se ha multiplicado en las últimas décadas, sobre todo entre la gente joven. Pero este fenómeno ha sido ocultado por el silencio de los periódicos y otras publicaciones.

Si la persona es del *tipo pulmonar*, si son los pulmones los que tienen un papel central, surgen entonces otros síntomas. El proceso pulmonar también abarca más que el propio órgano. Desde el punto de vista planetario, es el *proceso mercurial*. Al aflorar a la superficie de la vida anímica semiconsciente, estos procesos se estancan, y forman *islas* muertas en el alma. Estas islas muertas están tan *aisladas* que son inaccesibles para la fuerza fluyente del movimiento del proceso mercurial. Son como rocas puntiagudas en un río.

Un claro síntoma de esto es que las ideas se hacen compulsivas, no pueden ser *exhaladas*, igual que en el asma, cuando los pulmones están llenos de aire inhalado y no pueden exhalarlo.

Las neurosis compulsivas, como nos demuestra la experiencia, son difíciles de tratar. La persona en cuestión sabe muy bien que sus obsesiones no tienen sentido, que sus miedos son infundados, y sin embargo están ahí, y siguen volviendo contra su voluntad.

Algunos neuróticos compulsivos son personas de difícil relación, que no han madurado plenamente en la pubertad. La compulsión puede tomar la forma de la honestidad de la persona, o bien la forma de recolectar signos que prueben la presunta realidad de la compulsión (sobre todo en la paranoia).

La fijación egocéntrica en su propia vida, en sus problemas, el miedo de perder vínculos humanos, por *su* culpa, provocan que la persona gire en un círculo vicioso. La hipersensibilidad hacia la luz o los sonidos intensos, y también hacia la simpatía de los demás, hace que se pierdan gradualmente las relaciones sociales. Las obsesiones pueden degenerar en delirios paranoicos, aunque casi siempre entran otros órganos en juego.

Algunos ejemplos de mi propia práctica pueden ilustrar lo que es el tipo pulmonar. Hace varias décadas tuve un paciente, un funcionario de correos, que había desarrollado el delirio paranoico de que su supervisor estaba intentando pillarle en algo deshonesto. No había dicho nada, pero había desarrollado un sistema por el que cada sello que vendía quedaba registrado. Este exceso de celo en su trabajo le había hecho ganarse el aprecio de su supervisor, pero él pensó entonces que sólo era una estratagema para que bajara la guardia y relajara sus medidas de seguridad. Cuando vino a mí, ya llevaba años con ello. Nadie se había dado cuenta, ni siquiera su mujer, pero al final era demasiado para él, y vino a pedir ayuda.

Otro tipo de delirio es el de un redactor nocturno de un importante periódico, un soltero, que una noche salió de su trabajo y fue a la comisaría de policía para denunciar que ya tenía la prueba que necesitaba: había sido perseguido durante 20 años por unos indios *sioux*, y había llegado hasta tal punto que ahora le dejaban notas escritas en su papelera. El oficial de guardia le dijo, con mucha calma y gran presencia de ánimo, que la policía tenía vigilados a esos indios desde hacía mucho tiempo, y le mandó al psiquiatra.

Tales delirios, tan localizados, particularmente en casos de personas con poco contacto humano, como los anteriormente citados, tiene relación con una maduración insuficiente en la pubertad. Los que les rodean sufren, casi siempre, los efectos de estos delirios, que a menudo se desarrollan a escondidas, pero que estallan de repente cuando el paciente intenta combatirlos.

El *hígado (Júpiter)* es el órgano que descompone las proteínas externas y construye proteínas corporales. Este órgano modela nuevas formas en la materia. Esta poderosa fuerza puede romper en pedazos las ideas que han descendido al inconsciente, y transformarlas en ideas nuevas que con respecto a la realidad, dan lugar a extrañas visiones y alucinaciones.

El cruce del umbral puede llevar a reacciones violentas, en las que juegan un papel importante absurdas alucinaciones. Voces que dan órdenes, o la influencia de ondas eléctricas, se experimentan simultáneamente como reales e irreales. Lo real y lo irreal quiere decir, en este contexto, que las voces, y el resto, son de hecho, oídas y experimentadas, y al mismo tiempo la inteligencia sabe que no son reales. Cuando esto último se viene abajo, entonces, como se dice coloquialmente, "se ha vuelto loco". (Una alucinación es un reflejo en el cuerpo astral de un órgano del cuerpo etérico. Al tratarse de una imagen reflejada, surge la consciencia de las funciones de ese órgano. Esta reflexión perturba la vida anímica normal.)

La naturaleza de las alucinaciones en el camino interior tiene siempre algo que ver con la biografía de la persona. El contenido está relacionado con problemas morales que ya fueron experimentados. Alguien con un carácter compulsivo y violento tendrá alucinaciones y delirios muy diferentes de los de una persona que por naturaleza disfruta de la vida.

Para el *tipo corazón (Sol)*, la persona en quien las fuerzas activas en la circulación afloran a la consciencia, es víctima, sobre todo al principio, de los remordimientos. Con el corazón nos juzgamos a nosotros mismos y a nuestros actos de manera muy diferente a como lo hacemos con la *cabeza*. Cuando estas llamadas a la conciencia desaparecen, surgen los miedos. Pero son muy distintos a los del tipo pulmonar, pues son indirectos y generales. Es el miedo a la vida, que es, al mismo tiempo, miedo a la muerte. Es bien sabido que los infartos y la angina de pecho pueden provocar agudos y violentos miedos. Para el paciente que tiene una aparentemente sana circulación, este miedo es algo que está fuera de las actividades cotidianas. Es una mezcla de remordimientos, autodesprecio, sentimientos de inutilidad, acompañados de cordialidad y sociabilidad.

Un ejemplo típico es el siguiente: En un curso de ejecutivos *senior*, uno de ellos, ya mayor, durante las presentaciones, sorprende a sus colegas al acabar su historia diciendo: "¿Y saben por qué estoy aquí? ¡Porque tengo un miedo atroz a morir!". Aún trabajaba activamente en una empresa floreciente que él mismo había creado de la nada, una compañía de renombre por su buen estado financiero. Pocos años después murió de un infarto.

Esto es típico del tipo corazón: personas activas, a menudo con talento y sensibilidad para lo social, pero que sufren muchas decepciones debido a que la bondad que irradian se ve a menudo truncada por la burocracia o la indiferencia. El tipo corazón reacciona a menudo con explosiones de ira ante los obstáculos, aunque luego se arrepiente.

Cuando alcanza el grado de psicosis, este fenómeno puede llegar a la locura.

Esta es una somera descripción de los cuatro tipos orgánicos. Pero es evidente que se dan muchos casos de mezcla entre estos tipos. Para el médico antroposófico es importante reconocer el órgano en cuestión, porque la medicina antroposófica tratará siempre el órgano específicamente, aparte de otras medidas. Hoy día, uno puede suprimir los síntomas con rapidez, por medio de antidepresivos y medicamentos anti-psicóticos, de manera que el paciente no sienta los efectos de su estado mientras siga tomando la medicación. Pero esto, en el fondo, no cura. El cruce del umbral sigue siendo una realidad, el reflejo de los órganos en la consciencia no ha cambiado. Lo que ocurre es que a la consciencia diurna se le evita tener conocimiento de la situación real. Y ese aislamiento, obviamente, no sólo se produce respecto a la depresión o el delirio.

El que está *medicado* de esta manera no está en posesión de toda su humanidad. No se le permite conducir, por ejemplo. Y no puede tomar decisiones importantes a largo plazo.

Tras el descenso en la parte inconsciente del cuerpo astral y luego en el cuerpo etérico, donde el yo es dominado por los procesos orgánicos en el metabolismo, hay un tercer paso. Del mismo modo que ocurría en los antiguos misterios egipcios bajo la supervisión del hierofante, el hombre moderno también puede ser presa de las fuerzas del cuerpo físico durante su *descenso a los infiernos* (como lo llama Jung). Esto es lo que ocurre con los casos de psicosis profunda, en la esquizofrenia entre otros. En este caso no sólo están afectados y dañados los procesos etérico-orgánicos, sino también el órgano físico, en el que uno se queda preso. La vida psíquica se queda limitada a los restos que quedan de los procesos orgánicos.

En resumen, podemos decir que el camino interior tiene tres niveles. En el primer nivel, el yo queda preso de la parte inferior del cuerpo astral (la región de los deseos, los anhelos, las ambiciones); es el nivel de la neurosis. En el segundo nivel, el yo queda preso en el cuerpo etérico de los procesos metabólicos; es el nivel de las psicosis aún reversibles. En el tercer nivel el yo queda preso del cuerpo físico dañado; es el nivel de las psicosis permanentes, un triste final.

A la hora de elegir una terapia, uno debe considerar los tres niveles. Para el primer nivel, lo más importante es la conversación y la terapia artística. Aunque aquí también debería haber algún tratamiento con medicamentos potenciados (homeopáticos), para regular los procesos etéricos y prevenir un posible descenso. En la segunda fase, la medicación es lo principal (pero se deben usar psico-fármacos sólo si es inevitable) y pueden ser de ayuda la terapia *conversacional* y la artística. En la última fase, se puede intentar aún reactivar el órgano físico con medicación, y continuar con la conversación y el arte. Si uno ha experimentado cómo un paciente mudo, catatónico, con el que se ha perdido, aparentemente, todo contacto posible, cuenta posteriormente que no sólo oía todo lo que se le decía, sino que también lo recordaba y desea continuar con ello, uno se da cuenta de que el yo siempre es accesible, y de que los pacientes sufren terriblemente bajo un tratamiento que no les considera como seres humanos en su totalidad.

La psicosis moderna es una especie de contraimagen de la antigua iniciación egipcia, sólo que ésta última era dirigida conscientemente por un hierofante, y la psicosis actual ocurre involuntariamente y no está controlada por el yo. No erraríamos mucho al afirmar que ¡las psicosis son *iniciaciones fallidas*! En un capítulo anterior hemos hablado de cómo la iniciación moderna, o camino de desarrollo, puede llevarse a cabo. Es el mismo camino, sólo que experimentado con plena consciencia y de una manera sana.

Se me ha preguntado: "¿Por qué debemos seguir este camino? Contentémonos con tener los pies en la tierra y disfrutar con el mundo sensorial. Nos conformamos con haber dejado detrás ese largo periodo de superstición respecto de lo espiritual". La respuesta sólo puede ser que los tiempos cambian muy rápido, y que la constitución de la humanidad occidental ha llevado a que el umbral interior sea inestable, nos guste o no. Podemos elegir entre producir más psico-fármacos, beber más alcohol, etc., o reconocer las causas y animar a todos a responsabilizarse por su propia salud espiritual. Los que estén convencidos de esto sólo pueden: intentar hacer que los demás se den cuenta de lo que pasa; intentar despertar un sentido de responsabilidad en tanta gente como sea posible, de manera que se den cuenta de que debe hacerse algo, y de que se deben cambiar los hábitos y cuidar la vida interior; hacer un camino de fortalecimiento y desarrollo interior visible por medio del esfuerzo personal, por muy difícil que sea.

Capítulo 12
La sombra del camino exterior

El camino exterior era común en las antiguas culturas, tal como describimos en anteriores capítulos. Todas las culturas antiguas, anteriores a Grecia, con una visión espiritualista del mundo se basaban en antiguas formas de clarividencia, que eran aceptadas como algo natural por toda la comunidad. Esta clarividencia se ha ido perdiendo gradualmente. Esto fue experimentado como la retirada de los dioses. Los antiguos griegos hablaban con nostalgia del tiempo en que "los dioses comían en la misma mesa que los seres humanos". Cuando Homero comienza la *Ilíada* con las palabras: "Canta, oh Musa, la cólera de Aquiles...", no se trata de una metáfora poética, sino de una verdadera *oración*, dirigida al ser superior para invocar su inspiración para el poeta.

Hacia el año 800 a.C., se produjo el *Ocaso de los Dioses*. A partir de entonces, la antigua forma de clarividencia se hizo atávica y sólo surgió en algunas personas excepcionalmente. De los tiempos de Roma conocemos la existencia de las Sibilas, inmortalizadas por Miguel Angel en la *Capilla Sixtina*. Daban consejo sumidas en una especie de trance, en el que entraban en contacto con el mundo espiritual. Para ello, Pytia de Delfos tenía que intoxicarse con vapores volcánicos que emanaban de una grieta del suelo.

En nuestros tiempos, los últimos restos de estos antiguos poderes perviven en algunos *mediums*, videntes, etc.

En el capítulo anterior hemos dicho que el estado de desarrollo actual hace que el umbral interior sea inestable. Esto origina un problema generalizado de salud mental. Pero, al mismo tiempo, se está produciendo en mucha gente una *disolución del yo*, como reacción, consciente o inconsciente, al cruce del umbral interior. Es un tipo de huida *hacia el otro lado*. Uno desea liberarse de este mundo, *emborracharse* con un mundo de intensas impresiones sensoriales, desconectarse de la dura realidad.

Esta *disolución del yo* es una enorme tentación en nuestra cultura. Se busca el *éxtasis* como escape de los estados depresivos. Esta tendencia se produce sobre todo entre la gente joven, que aún no tienen, constitucionalmente, los pies muy en la tierra. Un psiquiatra infantil experimentado, y especialmente un euritmista curativo, pueden reconocer a niños con esta constitución a una edad muy temprana, sobre todo por su forma de caminar. Caminan de puntillas, como si no quisieran tocar el suelo. En esta fase, una terapia preventiva por medio de la euritmia curativa puede ser muy eficaz. Tras la pubertad esto se hace más difícil, ya que los jóvenes no pueden aguantar algo que les ate a la regularidad y a la responsabilidad. Cualquier ejercicio, intelectual o físico, les cansa enseguida. Buscan un estilo de vida en el que puedan acceder fácilmente a situaciones que faciliten su huida del mundo. Trataremos sobre este tema más adelante.

Uno de los elementos fundamentales para entender los fenómenos de psicosis y neurosis provocados por este tipo de escapismo, es la relación entre el macrocosmos y el microcosmos. En el hombre están presentes las mismas fuerzas creativas que en el cosmos. Las estrellas del Zodiaco y los planetas no son pedazos de materia arbitrarios en un vacío sin límites. Son expresión de la actividad de las jerarquías, y por tanto, cualidades creativas.

Las cualidades cósmicas no son leyes de la naturaleza que actúan ciegamente, sino seres elementales activos de una manera viva, tras los que se encuentran esos seres espirituales superiores. Aquellos que se aventuren, por medio de cualquier manipulación, más allá del umbral del mundo sensible, y se sumerjan en la realidad que se esconde tras la superficie, no estarán preparados para ello.

Aparte de los casos en que el cruce del umbral se produce de manera espontánea, hay muchos tipos de manipulación que pueden hacer posible este cruce. Los más conocidos son: la hiperventilación, el ayuno, el agotamiento extremo, el exceso de información, la alternancia de amenazas y promesas, el sonido extremadamente alto (y acompañado por luces destelleantes), las drogas como el LSD y el hachís, y, finalmente, los estimulantes socialmente aceptados tales como el alcohol en Occidente y el opio en Oriente. (Nos referimos al consumo *social* de alcohol, que tiene como objetivo principal el alegrar, relajar, etc.; no es lo mismo que el alcoholismo al que nos referimos en el capítulo anterior, que es una manifestación del intento de sumirse en el estupor, con inconsciencia y daño de órganos físicos como consecuencia última. En Oriente, se puede hacer la misma distinción entre el más o menos aceptado uso *social* del opio, y las destructivas consecuencias de la adicción a la heroína.)

Estas manipulaciones han sido tradicionales vías de escape del estrés de la vida cotidiana, por medio de la intoxicación o el éxtasis. La danza ritual, como en el caso de los *derviches*, o la danza balinesa del *Cris*, o las danzas ceremoniales de África, tienen todas la misma función. La gaita escocesa, que llevaba a los hombres a la batalla, ponía a los guerreros en un estado salvaje de intoxicación. Se trata siempre de una continua repetición del mismo movimiento, de la misma melodía, del mismo ritmo, que provoca una suave excarnación. Esto también explica el encanto del vals vienés. Sin estos efectos, nuestras discotecas estarían vacías.

Obsérvese que muchas de las *sectas de jóvenes* que han llamado nuestra atención en los últimos años, utilizan variaciones de estas manipulaciones como parte de sus métodos.

El cruce del umbral exterior sin preparación comienza con sentimientos de felicidad, de alivio de las preocupaciones, y de liberación, que puede llegar al éxtasis total. Este primer estadio es una gran tentación, y puede llevar a la adicción, ya sea al alcohol o a las discotecas.

Tal estado de excarnación se vivencia como un antídoto contra la insatisfacción que se siente al ir demasiado lejos hacia el interior, tal como describimos en el capítulo anterior. Por ello se está convirtiendo en un problema cada vez más grave en nuestra cultura occidental.

El grado de excarnación en este primer estadio es limitado; al éxtasis le sigue un vuelco hacia el lado opuesto: un periodo de depresión emocional, provocado por una profunda encarnación en la *resaca*, acompañado de fenómenos físicos tales como jaquecas, dolor muscular, nauseas, etc. Tras la noche de *juerga*, la vuelta es algo doloroso (como ocurre con las curas de desintoxicación). Como es bien sabido, la resaca puede provocar deseos de usar los medios que llevaron a ella, por lo que se cierra el círculo de la adicción.

La excarnación puede ir aún más lejos. Por medio de un súbito *shock*, la persona entra en otro mundo. En ese mundo, las impresiones sensoriales del mundo físico se multiplican por mil. Los colores, los sonidos y las formas se intensifican de una manera inimaginable para la consciencia ordinaria.

Este fenómeno de entrada en el otro mundo con un *shock* fue descrito por Rudolf Steiner en 1910 como algo que ocurría durante la iniciación de los pueblos germánicos. Los investigadores americanos Conway y Siegelman dedicaron años a investigar este mismo fenómeno, pero en la forma en que ocurre en nuestro tiempo, y lo describieron en su libro *Snapping*[1]. *Snapping* es el fenómeno del *shock*, acompañado de la transición de la primera fase a la segunda. Las consecuencias de este segundo estadio son mucho más serias que las del primero. Mientras que en el primero, el regreso a la vida ordinaria se pagaba con una resaca más o menos fuerte, el regreso del segundo estadio no está garantizado de ninguna manera, y cuando tiene lugar, se produce un cambio sustancial en la personalidad.

Estos son los efectos buscados en el lavado de cerebro, como el que vivieron los prisioneros de guerra en Corea (y Vietnam), así como en las sectas de jóvenes. Tras largos periodos con falta de sueño, con una dieta de hambre y casi sin proteínas, con alternancia de amenazas y simpatía, repetición sin fin de movimientos y palabras en rituales exóticos, un exceso de información inacabable por medio de conferencias y charlas, y finalmente el agotamiento, se acaba produciendo el *snapping*, y la persona en cuestión pierde su experiencia del yo. Su lugar es ocupado el actuar automático programado por la secta. Y esto puede llevar a lo mostrado en la prensa hace algunos años, el suicidio masivo de los seguidores de una secta.

El efecto más importante es el corte con todo el entorno anterior, que se muestra como algo maligno y espantoso, etc. La propia secta, por otro lado, es la salvación. Si el lector desea conocer esto con detalles espeluznantes, debería leer el libro *Snapping* o también *Die Himmlischen Verführer*[2].

Se calcula que en los Estados Unidos, unos 300.000 jóvenes están presos en sectas pseudo-religiosas tales como la Iglesia de la Unificación (Moon), los Hijos de Dios, Hare Krishna, la Misión de la Luz Divina, Familia para Siempre, la Iglesia de la Cienciología, y el Movimiento de Jesús, para mencionar sólo las más importantes. Hay algunas más, de diferente naturaleza, más dirigidas a adultos, como el movimiento de la Meditación Trascendental y el movimiento Baghwan. La Meditación Trascendental promete paz y fuerza interior, por medio de sus meditaciones con repetición monótona de palabras, y el desarrollo de capacidades poco comunes, como el vencer la gravedad con saltos o volando. El movimiento Baghwan apela a emociones religiosas insatisfechas; implica rendirse totalmente al gurú Baghwan. Sus seguidores viven en una radiante felicidad, debido a un tipo de vida desenfrenado, incluso sexualmente.

Esto es lo que sucede en la excarnación como fenómeno cultural y como *liberación* comercialmente explotada de los desgraciados de nuestra sociedad del bienestar.

Los mismos fenómenos pueden aparecer en el individuo bajo la forma de neurosis y psicosis.

Las neurosis que aún son reversibles se transforman en psicosis cuando el escape del segundo estadio lleva a situaciones en las que se hace imposible el regreso a la consciencia diurna.

Sólo quiero mencionar aquí los casos de neurosis y psicosis. En la segunda parte del libro, trataré algunos síndromes con más detalle.

Los casos, sobre todo en gente joven, de periodos de profunda apatía, tan comunes en nuestro tiempo, los considero como neurosis en el primer estadio. Las personas afectadas (jóvenes en su mayoría) caen en un estado de total inactividad, se quedan en la cama o no se levantan hasta la tarde, para pasar casi toda la noche preferiblemente fumando hachís con sus amigos, o simplemente sentados en cojines en el suelo. Su estado de ánimo es agradable mientras no se les pida nada. La conversación es difícil, y siempre gira alrededor de la misma cosa: "¿Por qué tengo que hacer algo? Soy muy feliz así. ¿Por qué tengo que trabajar? El mundo ya es muy malo tal como es. La Seguridad Social existe para personas como nosotros; si algún día acaba, pues me moriré, ¿y qué?".

Las consecuencias de una nutrición unilateral y pobre refuerzan pronto la neurosis. Las conversaciones con estas personas sirven de poco; uno no se encuentra con su yo, y es difícil sacarles de su apatía con medios externos; y sin embargo anhelan tener contactos reales, y buscan a alguien que pueda escuchar sus historias de forma *empática*. Sólo con una actitud cálida y positiva se puede dar que "para hacerte un favor", salgan y hagan algo.

Capítulo 13
El pensar terapéutico en la psicoterapia antroposófica

Todo terapeuta tiene que tratar con las cuatro *organizaciones* del ser humano, cada una de las cuales actúa según sus propios principios, e interactúa también con las demás. Se trata de las cuatro *envolturas*, o miembros del ser humano, que ya tratamos en capítulos anteriores.

La constitución *física*, por sí misma, sólo puede ir en una dirección cuando se la deja sola a sí misma: la descomposición. La planta se marchita. El cuerpo de un animal o de un ser humano se descompone tan pronto como deja de estar impregnado por las actividades vitales. La organización física tiene un papel pasivo respecto de su configuración en el espacio.

La organización de la vida, el cuerpo etérico, es una *organización temporal*, no espacial por sí misma, aunque está activa en el espacio del cuerpo físico. La organización etérica es la interacción, el compuesto, de cientos de ritmos, cada uno de los cuales estimula cierto proceso. Juntos hacen que funcione la organización en su totalidad.

Esta organización rítmica no se altera mientras no haya interferencia de los principios superiores. En los cultivos de tejido corporal, en los que esos principios superiores han sido eliminados, se produce una ilimitada continuación de formas vivas que se repiten una y otra vez.

Cualquier perturbación en los ritmos etéricos, sea cual sea la causa, produce síntomas de enfermedad. Al principio son puramente funcionales y reversibles, pero, si persisten, causan deformaciones en el organismo físico.

La organización etérica se basa en *cuatro principios etéricos distintos*:

El *éter de forma*, también llamado éter de cristalización o *éter de vida*. Los ritmos de esta cualidad etérica provocan la ordenación geométrica de la materia en la estructura reticular cristalina. La actividad del éter de forma es crear rigidez. Una buena imagen de ello es el cuento de *La reina de las Nieves* de Andersen, que *hiela* todo lo que toca.

El *éter químico* o *de sonido* ordena la materia en el *estado fluido*. Las combinaciones y descomposiciones en las interminables series de conversiones y compuestos, caracterizan esta actividad etérica en el metabolismo. Cualquier perturbación provoca inmediatamente la aparición de sustancias químicas que normalmente no se encuentran en el *organismo fluido*. La bioquímica se ha ocupado intensamente en los últimos años en desentrañar los secretos de estas actividades del éter químico.

El *éter de luz*, que también puede ser llamado éter de consciencia. La consciencia vive en los ritmos del éter de luz. Como tales, estos ritmos son el vínculo con el siguiente principio organizativo, el nivel astral. La principal área de actividad del éter de luz es el sistema neurosensorial. Los ritmos de la organización del éter de luz se reflejan en los fenómenos eléctricos, que pueden ser medidos por un electroencefalograma (EEG).

El *éter calórico* penetra el organismo entero con su actividad. Su órgano primario es la circulación sanguínea, y es el medio por el que el yo espiritual del ser humano puede entrar en contacto con la naturaleza del cuerpo vital. El éter calórico penetra a todas las demás cualidades etéricas y consiguientemente es el más importante medio terapéutico. La psicoterapia antroposófica se centra en el yo (y no en enseñarle trucos al cuerpo astral).

La alteración de la organización rítmico-etérica es causada en primera instancia por la *organización astral*, portadora de nuestras pulsiones, emociones y conceptos. La organización astral es un ordenado compuesto de cualidades psíquicas. Existe como una cualidad fuera del tiempo y del espacio, e influye a la organización rítmica del cuerpo etérico, y por medio de él, al cuerpo físico. Cada emoción, cada concepto, cada deseo, acelera o desacelera ciertos ritmos. Y con violentos movimientos psíquicos estos ritmos pueden llegar a alterarse y hasta destruirse. Esto último provoca cambios en los órganos físicos, demostrables anatómicamente. Estos cambios anatómicos, por tanto, son el último acto de un largo drama.

Es importante diagnosticar las perturbaciones provenientes de la organización astral en una fase temprana, en el primer o segundo acto, porque entonces pueden ser alteradas a nivel psicoterapéutico. La organización astral es la totalidad de nuestro mundo psíquico. Pero si esta organización astral o psíquica no tiene el control del yo, se produce el pensamiento asociativo o el soñar despierto. En la vida emocional, uno es llevado de un lado a otro por la simpatía y la antipatía. En la vida de las pulsiones y los deseos, uno está totalmente a la merced de estas fuerzas.

El organismo *animal* se compone de los cuerpos físico, etérico y astral. En la organización astral, los patrones de acción y reacción, llamados *instintos* de las especies animales, son fijos. El instinto es originariamente una estructura astral que se expresa en las formas del cuerpo físico. En el animal, el instinto y la configuración física van juntos. El instrumento físico en el espacio es *formado por el instinto*, y toda acción en el tiempo está *determinada también por él*.

Desde un punto de vista psicológico, sin embargo, el hombre ha nacido *demasiado pronto* y falto de instintos. Debe aprender los patrones de conducta más importantes (andar, hablar, pensar) *después* de nacer, imitando de su entorno. El cuerpo astral humano ha de ser entrenado (condicionado) por la educación, y depende por tanto de la cultura.

El cuerpo astral tiene siete estructuras principales que llamaremos estructuras caracterológicas. En mi libro *Fases* las he descrito ampliamente como *orientaciones básicas*. Estas orientaciones básicas determinan la forma en que vamos a reaccionar a los estímulos y a las experiencias exteriores.

En el joven la orientación básica, y el temperamento etérico, están determinados por la herencia. Al llegar a la edad adulta, esto debe cambiar, ya que la individualidad trae consigo su propia estructura temperamental y su propia orientación básica que, a menudo, entran en conflicto con las estructuras heredadas. Este es el tema central de la adolescencia.

El cuarto y más elevado principio es el yo del ser humano, su ser espiritual, que se caracteriza por su continuo desarrollo. En la primera parte de este libro hemos hecho una distinción entre un *primer* y un *segundo* yo. Aquí nos referiremos al segundo yo, que en esencia es el yo superior del ser humano, y le acompaña en su encarnación desde el mundo espiritual. El yo superior es el portador de nuestro *leitmotiv* biográfico, de nuestro objetivo último.

El desarrollo del yo desde el nacimiento a la muerte es la continuación de un desarrollo previo y la preparación de un desarrollo futuro. El yo está siempre *en devenir*, lleno de aspiraciones, orientado hacia el futuro

Siempre que su conexión con los tres principios inferiores sea sana, podrá determinar el curso, el hilo conductor, de la vida. Así es como la vida se convierte en biografía, y no en una acumulación de coincidencias que le ocurren a uno.

Nuestro yo reacciona a los acontecimientos exteriores, decide, determina prioridades, según las metas de la vida, mientras las tenga claramente a la vista. Por el yo, la vida y sus objetivos adquieren significado. El yo tiene en cuenta el *karma*, los resultados positivos o negativos del desarrollo anterior[1].

El yo trabaja en el *pensar* como inteligencia, como la capacidad de ordenar las impresiones sensoriales con sentido. Ahí es donde nuestras tareas y metas en la vida deben hacerse conscientes. En el *sentimiento*, el yo atenúa los violentos movimientos del cuerpo astral. El yo desarrolla la vida emocional, reemplazando poco a poco los sentimientos causados exclusivamente por el cuerpo por sentimientos orientados hacia los valores espirituales, tales como el arte y la religión. El yo actúa en la *voluntad* modificando los patrones de acción impulsivos por acciones dirigidas a metas puestas por él mismo.

El yo ajusta, desvía, promueve y dirige todos los impulsos *naturales* que provienen del ser etérico-astral, no como una fuerza hostil, sino como un educador cariñoso.

Muchas psicoterapias modernas son manifiestamente hostiles con el yo. Se le ve como a un malvado, que oprime y tiraniza. Se supone que la indulgencia desinhibida del ser físico-astral tiene un efecto purificador y resuelve los complejos causados por el yo.

Pero lo que se llama yo *no* es el yo espiritual del que hablamos en este capítulo, sino un conglomerado de rigideces, de patrones fijos del cuerpo astral, que, esos sí, tienen un efecto tiránico. ¿Cómo se puede resolver esto? Seguro que no con indulgencia astral, sino activando el verdadero yo *espiritual*, que puede poner en movimiento hacia un desarrollo con sentido a esos patrones fijos. Esto es lo que Jung llamaba el camino al *yo*[2].

El yo actúa en el cuerpo astral trayendo orden y dirección. El cuerpo astral actúa en el cuerpo etérico acelerando y desacelerando, y puede causar una alteración de los ritmos vitales. El cuerpo etérico, por su parte, actúa en el cuerpo físico manteniéndolo en movimiento, construyendo y destruyendo, previniendo la descomposición. El ser humano vivo y autoconsciente se manifiesta en estos cuatro principios activos.

Pero también hay estructuras etérico-astrales que no tienen una correlación física directa. Un concepto, un pensamiento, una idea son configuraciones de naturaleza etérico-astral que pueden o no estar estructuradas por el yo.

Una forma (*Gestalt*) etérico-astral así es un *ser*. Este ser pertenece al grupo de los *seres elementales* del que ya hablamos en el capítulo 2. Tales formas, tales seres, también actúan en los procesos de la naturaleza, en el mundo vegetal, y en todos los procesos rítmicos del cosmos, tales como el día y la noche, el verano y el invierno, etc. Cuando el ser humano concibe un pensamiento, crea en ese momento una forma etérico-astral, un ser elemental, que vive tanto como viva ese pensamiento. Entonces la forma se disuelve, pero queda un reflejo de ella en el espejo de la memoria (que en realidad es la superficie de los órganos internos)[3]. Cuando *recobramos* un viejo pensamiento o idea, leemos la estructura de esa vieja forma en el espejo de la memoria, pero tenemos que pensarla de nuevo, es decir, tenemos que *recrear* la forma etérico-astral. Después podremos disolverla de nuevo, si queremos, olvidándola.

Este es el desarrollo normal de los acontecimientos. Lo patológico es cuando no sólo se conserva la forma conceptual como impresión en el espejo de la memoria, sino que la forma etérico-astral *continúa existiendo*.

Esto ocurre en perturbaciones etéricas y deformaciones de órganos etérico-astrales. En ese caso, las formas de la memoria no descansan, no son sólo imágenes de la memoria, sino que están activas como conceptos que trabajan activamente en el ámbito orgánico inconsciente.

Podemos estar poseídos por tales formas conceptuales; Jung también trató este tema. Se convierten en verdaderos demonios, que nos perturban gravemente desde el inconsciente.

Estamos entonces tratando con obsesiones que afloran continuamente a la superficie, interfiriendo el curso normal del la vida conceptual. En otras circunstancias, estas formas demoniacas despertarían miedos, alucinaciones, o acciones compulsivas.

Es lógico pensar que una vez estas formas demoniacas han sido creadas, la terapia conversacional ya no es de mucha ayuda. Estas formas están fuera del alcance del yo y tienen una existencia independiente. En primer lugar se debe tratar médicamente el órgano defectuoso que retiene ese concepto. Esto quiere decir que hay que regular la disfunción o malformación etérica con una terapia del órgano específica, o si no una compulsión sustituirá a la anterior. Sólo cuando el órgano en cuestión funcione de nuevo normalmente, podrá la psicoterapia tener un efecto duradero, porque así ofrece al yo la posibilidad de trabajar de nuevo hacia un futuro con sentido.

Pero las formas demoníacas no sólo surgen de la interacción de los conceptos con el espejo de la memoria. Pueden también surgir como resultado del aislamiento de ciertos *sentimientos*, que comienzan a funcionar como *islas* independientes, y en este caso, como islas que rondan la psique de una manera compulsiva y perturbadora. Freud llamó a estos perturbadores sentimientos, *complejos*. En realidad son seres elementales demoníacos, que alguna vez hemos creado en nuestra vida emocional adormecida. También en este caso debe acompañarse la psicoterapia con un tratamiento específico del órgano.

Finalmente, desde la esfera metabólica y volitiva pueden liberarse decisiones y acciones que tienen significado por sí mismas, que salen del curso normal de las actividades y adquieren un carácter fijo e inmóvil. Esto es práctico en general, porque se llevan a cabo automáticamente desde la *forma de la actividad*, pero pueden ser perturbadoras porque también pueden aparecer cuando el propio yo quiera actuar de diferente manera. La terapia de comportamiento lleva la actividad a la vida metabólica y volitiva, quitándole al yo una parte de su libertad y de su posibilidad de desarrollo. ¿Puede uno llamar terapia al reemplazo de una vieja forma (*Gestalt*) por una igualmente demoniaca, aunque nueva, y socialmente más aceptable?

Es evidente que hay una diferencia entre un proceso del pensar que automatiza ciertas funciones del pensamiento, complejos emocionales y patrones de acción (convirtiéndolos, por ejemplo, en formas fijas), y las fijaciones producidas en estas tres áreas por un shock, aunque la línea divisoria entre ambas no sea muy clara. Para garantizar que los procesos de aprendizaje eviten formas fijas en la medida de lo posible, Rudolf Steiner introdujo una serie de principios metódicos y didácticos para la Pedagogía Waldorf[4]. Podemos aprender mucho de esos principios, y aplicar ese conocimiento a la psicoterapia antroposófica. En la educación tendrán un efecto profiláctico, pero en el tratamiento, por desgracia, sólo podrán tener un efecto terapéutico.

Uno de los primeros principios de la educación Waldorf es el de no *definir*, sino *caracterizar*. Las definiciones son formas fijas que tienen un efecto inmovilizador exterior en el cuerpo etérico; las caracterizaciones le hacen estar en movimiento. Son multidimensionales, tienen un contenido emocional, y animan a la voluntad a formar nuevos conceptos propios. Por eso es por lo que durante los primeros ocho años, en las escuelas Waldorf, se pone énfasis en que los alumnos hagan descripciones de las experiencias propias y de sus representaciones artísticas de las asignaturas aparentemente abstractas. Tras el octavo curso, el alumno es capaz ya de resumir en una definición lo que ha sido caracterizado previamente. Por medio de este procedimiento, se crean conceptos *llenos de yo*, que pueden ser manejados libremente.

Para la psicoterapia, esto significa que se debe encontrar un medio para llenar los conceptos vacíos y abstractos que no tienen un contenido del yo, sino sólo una forma exterior, sin cualidades, como el pensamiento de la propia persona, sus sentimientos y su voluntad. Rudolf Steiner llamó a los pensamientos, sentimientos y acciones vacías los tres azotes de nuestra cultura: la *frase hueca*, la *costumbre* y la *rutina*[5]. En psicoterapia debemos hacerlas evolucionar uniéndolas al yo, para que los pensamientos libres, los sentimientos cálidos y la voluntad valiente puedan manifestarse.

Además de aquellas personas que se quedan estancadas en sus propios procesos orgánicos (el camino *interior* o *de encarnación*), también hay personas que evitan el camino de encarnación del yo y buscan un camino exterior (excarnación). Esto puede ocurrir incluso con niños pequeños, por razones constitucionales o como resultado de *shocks* o seria negligencia.

Hay un cierto grupo de niños a los que podríamos llamar *niños cósmicos*, con un proceso de encarnación retardado. Este grupo también incluye a los que maduran más tarde, cuya edad evolutiva no coincide con la edad biográfica, así como esos pequeñajos soñadores que están un poco retrasados en su desarrollo.

Una categoría especial son los niños *autistas*, que por muchas y variadas razones no dejan al yo tomar las riendas, y como resultado de ello tienen un desarrollo determinado por el cuerpo astral. Y esto produce todo tipo de extremismos, como compulsiones, fobias y alucinaciones. En los niños autistas uno puede ver lo que sería el ser humano si no tuviera yo, que es lo que promueven muchas escuelas psicológicas.

Mientras que el autismo se da en los niños pequeños, hay otra expresión de esa tendencia a evitar el proceso de encarnación que sucede a menudo a los 19 años. Es la *crisis de la adolescencia*, en la que el *propio* ser anímico-espiritual de la persona, que no sólo lleva el viejo *karma*, sino también las intenciones para el curso de esta vida, se hace consciente de que tiene que vivir en un cuerpo que ha sido formado y deformado en su mayor parte por normas culturales en la educación, en base a aptitudes heredadas. Estas aptitudes heredadas y esta educación no son, como hemos dicho, una pura coincidencia. El desarrollo sólo se produce como resultado de la superación de esa resistencia. El yo superior ha buscado resistencia en cierta herencia y en ciertos patrones educacionales.

Pero el yo que ahora despierta, entre los 18 y los 19 años, tiene que dar una forma y un contenido concretos a su intención de superar esa resistencia, y debe hacerlo en circunstancias en las que la consciencia del yo y la experiencia vital aún son débiles. A menudo esto se centra en la elección de una vocación, o en confirmar o rechazar una formación vocacional determinada por otras personas. Esto puede llevar a descubrimientos sorprendentes. En los años cincuenta se llevó a cabo una investigación sobre los empleos de personas, entre cinco y diez años después de que hubieran recibido su diploma en una escuela profesional, y se desprendía de él que, diez años más tarde, sólo el veinte por ciento de ellos trabajaba en la profesión para la que se habían formado.

Cada vez hay mayor aversión a tomar decisiones. Se evitan yendo *de viaje a la India o al Nepal* o más cerca, aceptando trabajos temporales e irregulares. A esto se ha añadido el problema del desempleo juvenil de los últimos años, que ha echado por tierra para muchos cualquier esperanza de tener un futuro con sentido.

Evitar el propio desarrollo hacia el futuro puede suceder en cualquier momento de la biografía, pero sobre todo en los momentos en que se termina una fase y los problemas de la siguiente aún no se han hecho visibles. Tales momentos son por ejemplo los 29, los 30, los 42 y el periodo posterior a los 56 años. La jubilación es para muchos un shock tan fuerte que desintegra su vida entera, y conlleva un deterioro de la salud corporal.

Es sobre todo en estos casos en los que la terapia centrada en el yo es más necesaria, incluso cuando los síntomas parecen señalar hacia una *neurosis interior* debido a los efectos secundarios depresivos. La terapia del yo se lleva a cabo en un cálido encuentro entre el paciente y el terapeuta. En ella, este último debe considerarse el 50 por ciento de la terapia. Debe unir (temporalmente) su destino con el del paciente. La indiferencia o la distancia en las conversaciones son para el paciente extremadamente frustrantes, incluso si uno ha aprendido a escuchar con empatía.

Los síntomas más importantes son cansancio, disfrazado de muchas formas, dolores de cabeza, y periodos de apatía. En cuanto se puede identificar un futuro aceptable con calidez y entusiasmo, estos síntomas desaparecen sin un tratamiento específico. Para ayudar al paciente a encontrar un futuro así, el terapeuta debe tener que adoptar una actitud no directiva, y hacerse creativo junto con el paciente para encontrar soluciones inesperadas. Lo mejor es escuchar atentamente a las aspiraciones más profundas, que tal vez nunca han sido verbalizadas, pero que, llevadas a la luz, pueden ser tratadas como una propuesta (¿y por qué no...?). A menudo esto lleva a actividades sorprendentes, actividades que son el resultado de una encarnación del yo, dirigido hacia un futuro lleno de significado para la persona en cuestión.

El campo de las neurosis de excarnación incluye, entre otros, la anorexia de la pubertad, *pseudología fantástica* (que comienza en la adolescencia y a veces continúa en toda una vida de ilusión), la hiperventilación y la histeria. Algunas de ellas serán tratadas separadamente en posteriores capítulos (Capítulos 16 y 17).

Quisiera hacer un comentario sobre dos importantes escuelas de pensamiento en psicoterapia, que han tenido una relación especial con las dos vías de escape, la encarnatoria y la excarnatoria. Nos referimos a Freud y a Adler, que ya han sido mencionados anteriormente.

La gran diferencia entre las terapias de Freud y de Adler se halla, en nuestra opinión, en que Freud buscaba el pasado personal, el camino interior, mientras que Adler, en su intento de hacer consciente el plan vital, y en *dar coraje*, buscaba una imagen significativa del futuro. Aquellos que conocieron a Adler sabrán que su secreto se basaba en un cálido interés y compasión por la lucha del paciente, y una manera de dar ánimo que no surgía como una técnica, sino que era calidez que fluía de corazón. En contraste con ello está la frialdad freudiana del terapeuta profesional. Dos personas, dos polos opuestos en el tratamiento terapéutico, y tal vez dos tipos de pacientes, cada uno de los cuales debe ser tratado de su propia y específica manera.

Los últimos avances en el psicoanálisis, mientras tanto, han abandonado la distante actitud de espectador y han reintroducido la conversación. Esto también se manifiesta exteriormente en lo físico: ha desaparecido el sofá, y nos volvemos a sentar frente a frente.

Capítulo 14
Puntos de vista para el diagnóstico y la terapia

Queremos distinguir tres aspectos de la terapia:
a. *Diagnóstico*
b. *Elección de terapia*
c. *Método de terapia*

a. Diagnóstico

La base de una elección de terapia responsable es un *diagnóstico diferenciado*. Para la psicoterapia de orientación antroposófica esto supone una diagnosis que haga comprensibles los síntomas por medio de la distinción de las perturbaciones en la función de la organización del yo, del cuerpo astral, del cuerpo etérico y del cuerpo físico respectivamente.

Cuando la enfermedad se manifieste entre la organización del yo y del cuerpo astral (o dicho de otro modo: entre el espíritu y el alma), son indicadas las medidas psicoterapéuticas generales, la terapia conversacional y la terapia artística.

Cuando el problema psíquico ha causado una alteración permanente en los procesos vitales (cuerpo etérico), es necesario un tratamiento con medicamentos del sistema orgánico, aparte de una terapia general. En el contexto de este libro, esto supone un tratamiento con medicamentos de acuerdo a los puntos de vista de la medicina antroposófica[1].

Este tratamiento con medicamentos es primordial si la alteración crónica del cuerpo etérico ha causado cambios en la anatomía de los órganos, tales como infecciones o degeneración. en este caso, la psicoterapia es efectiva sólo si los procesos orgánicos han empezado a recuperarse.

Una diagnosis diferenciada de este tipo requiere una formación médica completa, además de una formación, igualmente completa, en medicina antroposófica. En el caso de formas leves de neurosis, un psicólogo con formación en psicoterapia antroposófica puede seleccionar una terapia. Pero haría bien, no obstante, en buscar la cooperación amable de un médico antroposófico, con el que pueda discutir los casos dudosos, y al que pueda dirigir al paciente. La diagnosis diferenciada puede, por tanto, llevarse a cabo en consultas.

b. Elección de terapia

Se pueden elegir, entre otros, estos tipos de terapia: terapia conversacional individual; participación en varios grupos de conversación; cursos de fin de semana o de residencia desde unas pocas semanas hasta tres meses. Además, es recomendable algún tipo de *terapia artística*: euritmia curativa, declamación (arte de la palabra), pintura y modelado[2]. El estudio de ciertos temas, e incluso el trabajo de jardinería o en una granja será necesario para muchos como una ayuda adicional.

Una vez ha sido seleccionada la terapia, y se ha hecho un plan provisional, debe llevarse a cabo la forma o formas de terapia seleccionadas. En la práctica, hay una transición gradual entre la primera fase y la segunda. Para la diagnosis diferenciada se requiere una amplia anamnesis, que despierte por sí misma en el paciente elementos de comprensión biográfica.

El terapeuta necesita una dosis considerable de flexibilidad en el pensar y de empatía en las conversaciones anamnésicas. Al escuchar la anamnesis, el terapeuta debe distinguir las apreciaciones subjetivas y los acontecimientos que, por un lado, están conectados con la situación vital, revelando algo de la situación kármica del paciente, y, por otro lado, las apreciaciones y acontecimientos que pertenecen al ámbito de la libre elección y decisión del paciente y que indican sus objetivos.

Si el tema del sufrimiento sale a debate, uno puede hablar de la necesidad de aceptar su pasado kármico, que es el punto de partida de su vida. Esto incluye la herencia, las condiciones en que uno ha sido educado por sus padres, la escuela, y todos los sucesos significativos hasta los 20 años. Todo ello ha sido preparado por el yo superior. El haber tenido un padre o madre dominante no es una desgracia externa, sino que ha sido preparado por nosotros mismos para sanar el viejo *karma* superando la resistencia, y así llevar nuestro desarrollo hacia el futuro. Puede empezar a despertar en nosotros: "Yo *soy* mi destino", es decir, "me pertenece, de la misma manera que me pertenecen mi cuerpo o mi consciencia". Tengo que aceptar *"cómo soy ahora"* como punto de partida de un camino de desarrollo. Es como hacerse cargo de un negocio que ya ha estado funcionando previamente. No sirve de nada ignorar las deudas. El hecho de que he nacido quiere decir que mi yo superior tiene que hacerse cargo del negocio, con sus beneficios y sus deudas. Sólo tiene sentido preguntar cómo, con los beneficios existentes puedo comenzar a pagar las deudas. Y uno se da cuenta de que, al mismo tiempo que salda las viejas deudas, se crean otras nuevas.

Darse cuenta de esto, de que hay un proceso continuo de desarrollo, en el que el presente es parte de un largo camino hacia un horizonte que se va alejando cada vez más, puede ser el primer resultado de la fase anamnésica, la cual, por tanto, *ya tiene un elemento terapéutico*.

Un primer requisito es superar la autocompasión. Esto viene acompañado de una primera visión del futuro, al principio sólo a corto plazo, días y semanas, llegando gradualmente al descubrimiento del *leitmotiv* que ha acompañado a la biografía desde el principio, y que será un compañero hasta el último suspiro. Aunque el *leitmotiv* en sí no cambia, se puede reconocer el progreso en el proceso de desarrollo, por el hecho de que el mismo problema se vuelve a encontrar a un nivel superior. Si el *leitmotiv* es el de superar la arrogancia, por ejemplo, este rasgo del carácter, cuando ha sido superado a nivel social, debe ser superado a nivel de la evolución espiritual. Como se dice popularmente: "Un zorro pierde su pellejo, pero no sus trucos". Caeremos una y otra vez en nuestros propios trucos en nuestra vida. El punto de partida de nuestra próxima vida vendrá determinado por el grado en el que somos capaces de transformar esos trucos en objetivos positivos. ¡Depende de nosotros mismos!

c. Método de terapia

Idealmente, se pueden distinguir tres fases en el método de psicoterapia de orientación antroposófica: en primer lugar, la *fase de diagnóstico*, el pasado; en segundo lugar, la *fase de desarrollo*, el presente; y en tercer lugar, la *fase de consolidación*, el futuro.

La *primera* fase, el *diagnóstico*, ha sido descrito anteriormente. Se debería añadir que la diagnosis diferenciada, que va más allá de la designación genérica como *neurosis compulsiva*, incluye un número de elementos claramente diferenciables:

- La biografía hasta el momento actual, en primer lugar cronológica.
- En la biografía, uno busca entonces los momentos clave y los cambios de dirección que aportan un elemento dramático a la biografía cronológica.
- Se hacen conscientes y se nombran las áreas de conflicto correspondientes.

- Se puede llevar a cabo una exploración inicial de las cualidades del conflicto (véase por ejemplo el Capítulo 8 sobre los dobles). Esto hace visible y real la profundidad del conflicto, y facilita una indicación para el pronóstico.
- En esta primera fase, se pueden examinar más en profundidad ciertos episodios o áreas problemáticas por medio de la entrevista empática, o se pueden dejar deliberadamente de lado por el momento.

Durante todo este proceso, el terapeuta intentará encontrar una respuesta a la siguiente pregunta: *¿Dónde se manifiestan estos conflictos, éxtasis, miedos, etc.?* Se pueden considerar las siguientes posibilidades:
- A nivel del yo; lo que aquí significa el nivel del ser humano que se debate conscientemente.
- Al nivel astral del ser humano animalístico, con sus deseos, anhelos, ambición de poder, necesidad de ser apreciado.
- Al nivel etérico de los procesos vitales, con sus muchos ritmos orgánicos, tales como el metabolismo del azúcar, variaciones de la presión sanguínea, curvas de temperatura, etc. También en los procesos vegetativos de órganos tales como el hígado, el riñón, el pulmón, la vesícula, el corazón y demás. Las perturbaciones en estos ritmos vegetativos se reflejan en la consciencia como estados de ánimo tales como miedos, compulsiones, depresiones, y alucinaciones.
- A nivel físico, en el que los trastornos prolongados pueden llevar a deformaciones anatómicas. Estas son más difíciles de poner en orden de nuevo. Aquí tratamos, o con perturbaciones parciales y persistentes de unos pocos órganos, o con *estados psiquiátricos residuales* de esquizofrénicos, casos de graves esclerosis múltiples o de Parkinson. También podemos estar tratando con

pacientes *no totalmente curados*, que han notado síntomas pocos días después de ser tratados de <u>lues cerebri.</u>

Los cambios anatómicos son siempre el último acto de un drama. Y puesto que el cerebro es uno de los órganos centrales, los daños cerebrales también pertenecen a esta categoría. La psicoterapia de orientación antroposófica tiene mucho cuidado y evita caer en la tentación de ver proyectadas las perturbaciones psíquicas en el sistema nervioso central.

Ahora llegamos a la *segunda* fase. El método de la *fase de desarrollo*, como se puede comprender, abarca una gran variedad de posibilidades. Para la elección de una secuencia en el tratamiento, la clave es *"intentar tratar los problemas resolubles primero"*. El objetivo de la fase de desarrollo de la terapia es, a fin de cuentas, poner en funcionamiento un desarrollo bloqueado, inhibido o desviado. En la fase de diagnóstico surgen un gran número de problemas. Algunos son complejos, pero no profundos. Otros son problemas fundamentales, vitales, que probablemente van a tener un efecto determinante en el desarrollo a lo largo de años. Estos problemas esenciales no deben ser abordados frontalmente en primera instancia. Es mejor rodearlos y tratar primero los problemas con más probabilidades de producir resultados en un plazo relativamente corto de tiempo. Esto generará confianza en la terapia y animará al paciente a que acepte sugerencias posteriores sobre terapia artística y otras tareas.

La elección correcta de la estrategia inicial es, a menudo, el factor determinante en el desarrollo posterior del proceso terapéutico. Uno debería cuidarse, sin embargo, de los métodos superficiales que buscan resultados inmediatos. El primer paso terapéutico, además, debe servir para el desarrollo consciente del yo del paciente, y no para su mecanización por medio de, por ejemplo, terapias behavioristas exitosas o tratamientos sugerentes.

(En el Capítulo Once hemos tratado de terapias específicas para neurosis orgánicas y psicosis.)

En apoyo de la fase de desarrollo, se incluirá preferentemente la terapia artística (si está disponible). Los terapeutas artísticos deberían ya saber por su formación como tales en qué puede su arte actuar para ser un elemento de consulta y apoyo para el psicoterapeuta. El terapeuta artístico deberá ser capaz de traducir el diagnóstico del psiquiatra o del psicólogo en las posibilidades de su especialidad artística. Muchas de las cosas que el terapeuta artístico percibe en sus sesiones de pintura, euritmia, o declamación, servirán de indicadores al psicoterapeuta para decidir el enfoque de su propia terapia.

Los *ejercicios especiales para la voluntad* también pertenecen al arsenal del psicoterapeuta. Consisten en simples tareas, tales como regar una planta dos veces al día en horas prefijadas, o encargos complejos, acordados entre el paciente y el terapeuta. Este tipo de ejercicios incrementa la capacidad del paciente de hacerse con las riendas de su vida.

También son útiles los *ejercicios de observación*, por los cuales el paciente comienza a construir una nueva relación con su entorno. Las tareas pueden ser al principio muy simples, como: "Intenta fijarte en los árboles a la izquierda y a la derecha de la carretera mientras vas a coger el autobús cada día". Más adelante, la meta del ejercicio puede ser, por ejemplo, observar las diferencias entre un abedul, un roble y un limonero. También pueden ser muy eficaces para despertar la consciencia cuestiones tales como: "¿Puedes describir qué tipo de arbustos crecen en el jardín de tal y tal casa, ante las cuales has pasado dos veces al día durante años? Ve y échales un vistazo de verdad, y descríbemelos en la próxima visita". En esta área, también son posibles variaciones sin fin, dependiendo del campo de experiencia tanto del paciente como del terapeuta.

No hay una técnica fija en la psicoterapia antroposófica que se pueda aprender de otra persona. Cada terapeuta debe descubrir las formas de terapia que quiere usar, y aprender a manejarlas. Lo que uno consigue por medio de su entusiasmo por la naturaleza, otro lo consigue con charlas sobre los cuentos de hadas, o a través de juegos de situación. El terapeuta usa sus propias *herramientas* y campos de interés, y los adapta al potencial del paciente.

Otro tipo de tarea puede ser la práctica de la positividad. Uno puede, por ejemplo, pedirle al paciente que compre un bloc de notas y que describa cada noche un acontecimiento positivo del día en no más de media página aproximadamente. El paciente no puede acostarse sin haber escrito algo, por muy simple que sea. Debe traer el bloc a cada sesión y discutir el contenido con el terapeuta.

Además, uno anima al paciente no sólo a cumplir tareas prefijadas, sino a imponérselas él mismo, y a perseverar en ellas. Las tareas autoimpuestas emanan del yo en el cuerpo etérico, y lo ponen en movimiento, a pesar de las condiciones de depresión, miedo o compulsiones ya existentes. Como resultado, las "zonas oscuras" que pueden llevar a la compulsión se disuelven de nuevo.

En ciertas circunstancias puede tener sentido trabajar con imágenes. Éstas pueden provenir de cuentos de hadas, relatos, leyendas (como el relato épico de Perceval) con un tema relevante y reconocible por el paciente. La experiencia de tales imágenes activas puede tener también un efecto de alivio sobre el cuerpo etérico.

La tercera fase es la *fase de consolidación*, que desemboca en la búsqueda y encuentro de un nuevo estilo de vida.

Una vez el paciente está encaminado, y sigue cursos artísticos, por ejemplo; una vez ha sido capaz de hacer un balance de su vida, o encontrar una nueva dirección; y una vez ha adquirido la suficiente autoconfianza y autoaceptación, comienza entonces la última fase de la terapia. El paciente debe estar preparado para continuar por sí mismo independientemente. Debe encontrar un nuevo estilo de vida.

Puede tener sentido entonces (dependiendo de las inclinaciones del paciente) comenzar un estudio, por ejemplo, del curso de la vida humana, o sobre literatura religiosa o histórica, o un estudio *goetheano* de la naturaleza de las plantas o de los animales[3]. Como resultado se abren nuevos campos de interés.

El nuevo estilo de vida requerirá encontrar un nuevo ritmo vital. El imbuirse en ritmos diarios, semanales, mensuales y anuales tiene un efecto ordenador en nuestros propios ritmos. La regularidad del propio trabajo, los tiempos regulares de relajación, nutrición y vida social es como una respiración pausada.

Finalmente es importante que se encuentren nuevas tareas permanentes, nuevos objetivos, que puedan llevar al paciente a una vocación con sentido.

En la fase de consolidación, las tareas son fijadas inicialmente por el terapeuta, pero pueden ser reemplazadas por otras elegidas por el paciente. En ciertos casos se puede comenzar, tras un corto periodo de tiempo, a enseñar el trabajo meditativo, es decir, una inmersión intensa y regular en el contenido y sonoridad de un texto o verso. Pueden ser adecuados varios tipos de meditación. Son particularmente efectivas las meditaciones al acostarse y al despertar.

Capítulo 15
El tratamiento terapéutico de perturbaciones en el desarrollo anímico

En el Capítulo 10, hemos descrito las tres cualidades anímicas: alma sensible, alma de intelecto y de corazón y alma consciente. En este capítulo trataremos algunos aspectos pedagógicos y terapéuticos relevantes.

La transformación del *cuerpo* astral (ligado al cuerpo) en *alma* sensible tuvo lugar para la humanidad en su conjunto en el periodo cultural egipcio-babilónico (desde el 3000 a.C. al 700 d.C.). Fue dirigido por altas jerarquías espirituales desde la esfera de Venus. Su tarea era la de impregnar el cuerpo astral con imágenes, por medio del arte sacro, y con procesos de desarrollo por medio de rituales en el templo. Estos ennoblecían y humanizaban el cuerpo astral, mientras que las fuerzas de Marte lo dirigían hacia el mundo. Esto transformó las impresiones sensoriales en observación, que pudo *continuar* su vida en el alma como una experiencia llena de sentimiento incluso cuando la percepción sensorial no estaba ya presente. En otras palabras, el mundo exterior se convirtió en una experiencia interior llena de sentimiento.

En esta fase, el hombre adquirió una experiencia interior continua. Las antiguas culturas persa e india originales no tenían aún esta continuidad de la vida interior. Vivían en la contemplación directa, y desaparición subsiguiente, del contenido de la experiencia. Esta es la razón por la que en los textos culturales y los relatos mitológicos los acontecimientos y las descripciones se repiten una y otra vez.

El hombre moderno tiene que desarrollar su alma sensible individual en una cultura que está ya dos estadios evolutivos más avanzada. Como resultado de ello, el niño se hace con las formas y el contenido del alma sensible por medio de la imitación de formas que ya han sido impregnadas por elementos del alma de intelecto y del alma consciente.

Desde los tres años en adelante, el niño comienza a desarrollar un mundo interior continuo.

Es muy importante, y por consiguiente un factor determinante en la educación de la primera infancia, el que el niño de más de tres años reciba formas y contenidos que aún tengan la pura cualidad del alma sensible. Esto puede hacerse con cuentos de hadas, que entran a formar parte de la vida interior del pequeño por medio de marionetas, relatos y juegos. Todas las actividades, pintura, dibujo, teatros, escuchar o interpretar música, trabajos manuales y el propio juego creativo de los niños, debe ser una pura experiencia, sin la *explicación del significado* propia del alma intelectiva, o interpretaciones morales propias del alma consciente. (Ya nos hemos referido anteriormente a la moralidad como un elemento del alma consciente.)

Este principio en la educación de la primera infancia es al mismo tiempo el principio de la terapia en los casos en los que, por su constitución o por la educación, no se ha desarrollado correctamente el alma sensible. El paciente se queja, en esos casos, de vacío interior, de falta de calidez interior y entusiasmo, de no estar en contacto con el mundo y con las personas. La conversación terapéutica no se debería centrar en explicaciones intelectuales o en enfatizar la moralidad de la situación. No hablen demasiado. En su lugar lean un cuento de hadas al paciente, o un simple relato, o una parábola de la Biblia. Dejen que las imágenes hablen por sí mismas sin explicación alguna, o dejen que el paciente dibuje o pinte una imagen de lo que ha escuchado.

Provoquen que los pacientes hagan euritmia artística o curativa en grupos, y pídanles que recuerden, antes de acostarse, las imágenes que han recibido, o las imágenes de las actividades del día. Enriquezcan la vida interior con lecturas recomendadas y con observaciones de la naturaleza, sin explicar, sólo describiendo: "¿Qué has visto, qué te ha gustado más?".

Eviten las explosiones emocionales y las confrontaciones violentas en las conversaciones de grupo. *Refuerzan las ataduras del cuerpo astral a la naturaleza corporal*, como en los grupos de encuentro y similares. Eviten también que se verbalicen juicios sobre otros o sobre uno mismo. Esto lleva rápidamente a un desarrollo pervertido del alma consciente, sin una profundización moral real, que sólo se alcanza por medio del sacrificio y del amor.

El alma sensible con un desarrollo insuficiente es un hecho común en nuestra cultura materialista e intelectual. Cuando este fenómeno se agrava se llega a las neurosis. Esta es la razón por la cual todas las actividades de higiene social deben tener, en primer lugar, el objetivo de hacer recuperar lo que no se ha tenido en la primera infancia. El yo solar debe ser reforzado por todos nosotros.

En segundo lugar, debemos ocuparnos de los problemas de desarrollo del alma intelectiva y de corazón. El alma intelectiva comenzó a desarrollarse en la antigua Grecia bajo la influencia de la cultura de Júpiter-Zeus. El desarrollo de las fuerzas del sentimiento (alma de corazón) aún no jugaban un papel importante. Al principio, el colorido mundo de la joven alma sensible vivía en el centro, en el yo solar, que era nutrido por la mitología. Luego, se experimentó el despertar del alma de corazón en la imagen de las fuerzas mercuriales de Hermes, que actuaba desde abajo de una manera caótica y dionisíaca.

Podemos reconocer la imagen del comienzo del desarrollo del alma intelectiva y de corazón en el contraste entre los elementos apolíneos y los elementos dionisíacos.

Los antiguos griegos aún tenían que aprender a controlar las caóticas fuerzas orgánico-etéricas. El drama griego, con su catarsis, tenía un importante papel en esto.

En el arte, también encontramos una buena imagen del desarrollo del alma griega: los griegos se experimentaban como conductores de carros, que tenían que controlar a sus arreos de caballos.

Como dije antes, este desarrollo aún era inspirado desde el mundo de Júpiter. No fue hasta los tiempos de Roma cuando se expandieron los misterios mercuriales por toda Europa y se celebró la conquista de las fuerzas metabólicas por el ser humano solar en los misterios de Mitra.

Los cimientos de las fuerzas intelectuales y de corazón en el desarrollo individual se establecen entre los 7 y los 14 años. La pedagogía tiene que contar con esto. La transición de la imagen *experimentada* a la imagen comprendida tiene que producirse con cuidado, e ir al mismo tiempo unida a la penetración de las fuerzas del sentir por las fuerzas etéricas solares. De lo contrario, se corre el peligro de que no se desarrolle correctamente el alma de corazón. Este mal desarrollo del alma de corazón es, como lo es el alma sensible vacía de contenido, un síntoma cultural de nuestros días.

El alma de corazón que no ha sido impregnada por las fuerzas solares se expresa en las convenciones sociales y la comodidad burguesa. Por esto protestaban los jóvenes después de 1950, pero en su protesta se manifestó también el otro lado de las fuerzas vitales de Mercurio: protesta caótica, y una enorme variedad de soluciones que se sucedía sin parar. ¡Mercurio no es constante!

La terapia para los problemas del alma intelectiva debe buscarse en el aprender a pensar por uno mismo, que tiene que reemplazar al tipo de pensar que se manifiesta en la recordación refleja, a la que tan condicionados están los estudiantes hoy en día con las materias programadas y los test de respuesta múltiple.

Entre las quejas de los mayores, uno podría mencionar las siguientes: falta de originalidad en la conversación o en el trabajo; actuar por rutina; pasividad en el uso del tiempo libre; sentimiento de no ser nadie o ser inútil.

También en este caso, la terapia debe encontrar el medio como punto de partida. El paciente debería ser animado a pensar sobre nuevos temas, que no se relacionan con nada que recuerde de su educación, por ejemplo, comenzar un proyecto de grupo terapéutico con un curso intensivo sobre astronomía o sobre observación fenomenológica de la naturaleza. Esto sirve para superar la pereza en el pensar, y el participante descubre que puede pensar por sí mismo.

El siguiente paso puede ser la participación en un grupo de estudio con algunos pacientes en un centro terapéutico.

El alma de corazón es el cimiento de la vida social, y sólo en ese ámbito puede desarrollarse completamente. Las perturbaciones en las habilidades sociales, la soledad, el sentimiento de ser rechazado o de dejarse llevar por las actividades sociales, pueden remediarse sólo en la práctica. Este es un campo de acción para la terapia en grupos, particularmente en el caso de la euritmia. El juego de situación, con tareas definidas y evaluación, ofrece un abanico ilimitado para la práctica. Sin embargo, se debe evitar el encuentro desestructurado en un ambiente emocional.

El alma consciente es la primera fuerza anímica que debe ser desarrollada en el ser humano por sí mismo, sin la ayuda del mundo de las jerarquías. Más bien al contrario, la humanidad deberá ofrecer estas fuerzas a las jerarquías como una contribución para la evolución, la cual, en el siguiente paso, deberá conducir la fase de Júpiter de la evolución humana[1].

Esto significa que el alma consciente tiene que franquear el vacío existente entre el lejano mundo espiritual de Saturno y la cercana actividad del mundo lunar. El centro, el yo solar, tendrá que desarrollar fuerzas suplementarias para esto. Pero, mientras que en anteriores desarrollos el mundo de las jerarquías vino en ayuda del hombre y ayudó a dirigir los extremos hacia el centro, el hombre tiene que tomar sus propias medidas para llegar a este fin. Estas medidas consisten en la creación de instituciones sociales que puedan mantener el equilibrio de las fuerzas de Saturno, el Sol y la Luna, de una manera significativa. Hemos mencionado antes, en este contexto, el orden social tripartito; habrá que crear instituciones sociales, formas sociales, que den la oportunidad para que la vida espiritual, la vida social y la vida del trabajo económico puedan contribuir de igual manera.

El peligro del desarrollo del alma consciente es que las fuerzas anímicas se *hundan*. Esto implica, por un lado, ser arrastrado a áreas luciféricas de la vida espiritual que están ajenas al mundo, tales como las que ofrecen sectas que ponen al alcance del hombre moderno formas espirituales superadas; y, por otro lado, el caer preso de los procesos lunares del cuerpo físico. Esto último se manifiesta en una sexualidad desinhibida o en la glorificación del superhombre físico en los deportes competitivos.

Las fuerzas de Saturno, que actúan *verticalmente* desde una *medianoche cósmica* a otra, producen una experiencia unilateral de la propia personalidad egoísta. Esto puede resultar en ansia de poder. Los procesos lunares, que actúan *horizontalmente* en la corriente de las generaciones, atan al hombre a su herramienta heredada, y promueven el materialismo y la permanencia en el fluir de las fuerzas hereditarias.

El centro, el yo solar, tiene que practicar la generosidad, la tolerancia y la positividad hacia los demás para mantenerse a sí mismo. Si no, los procesos de circulación se endurecen, y pueden surgir muchas formas de infartos y arterioesclerosis. Pero aunque no llegue tan lejos, uno puede notar el endurecimiento de la vida del sentir en el alma, que se manifiesta en ansiedad por la incapacidad de sentir verdadero entusiasmo y de sentir interés, de corazón, por los demás. Uno se siente entonces como embutido en un pequeño corsé que hace imposible la expresión de los sentimientos propios. Esto ocurre a menudo en los problemas de relación (pareja, amistades, o en el trabajo). Aquí es donde la conversación terapéutica y las charlas guiadas en grupo son formas útiles de terapia. Además, la terapia artística en sus muchas formas representa siempre un apoyo en esta área, gracias a sus virtudes como refuerzo del yo solar.

El yo solar es la fuerza correspondiente que previene que la distante espiritualidad de Saturno no se aleje del mundo, y la dirige hacia la clarificación de las tareas aquí en la tierra. Esta misma fuerza eleva las fuerzas lunares de la esfera de la procreación, y las humaniza de manera que pueda haber un encuentro entre almas, y pueda surgir el amor espiritual.

En la evolución humana, sólo estamos al comienzo del desarrollo del alma consciente. Este nuevo *país* en el que hemos entrado como humanidad, es una región no exenta de riesgos y peligros. La fuerza unificadora del alma intelectiva y de corazón, la piedad, va desapareciendo, y la nueva fuerza unificadora, *el poder moral para juzgar con el corazón*, aún es muy débil.

La meta del moderno camino de desarrollo es el potenciar este poder moral de juicio. Una psicoterapia espiritual moderna tiene que buscar el desarrollo de este poder.

Capítulo 16
La constitución histérica

El ejemplo de la histeria demuestra lo cerca que están el camino exterior durante la noche y el camino interior hacia el propio organismo durante el día. Son como los platillos de la balanza, con un punto de apoyo estable y fijo en el centro.

El hombre es un ser del centro. Su consciencia normal diurna sólo es estable cuando hay un equilibrio entre la pérdida de consciencia en el sueño por un lado, y la *prisión de la consciencia* cuando despierta por otro. Con la práctica, sin embargo, el ser humano puede expandir su consciencia en ambas direcciones, pero entonces cruzará fronteras que no pueden ser franqueadas con la consciencia diurna normal. Esto ya ha sido tratado desde distintos puntos de vista.

El hombre, hoy en día, podría quedarse en su consciencia diurna normal, sobre la que construiría su visión del mundo basándose en las percepciones sensoriales, de no ser por el hecho de que los umbrales *superior* e *inferior* ya no son seguros y dejan pasar experiencias que su consciencia normal no sabe manejar.

En la histeria, la esfera media estable es amenazada por cambios en la consciencia que tienen que ver con una irregularidad en la encarnación y la excarnación del dormirse y despertar. Como base de la histeria se encuentra una constitución* en la que los límites funcionales, etérico-astrales, de los órganos (que forman como la piel de esos órganos) son permeables, y además en dos direcciones. Primero, las cualidades orgánicas internas (en términos etéricos, las funciones orgánicas) acce-

---

* El término constitución se emplea aquí en un sentido diferente del utilizado anteriormente. No se refiere sólo a la constitución *física*, sino también al modo en que todos los miembros del ser humano se interconectan e interpenetran.

den a la consciencia diurna por medio del espejo del recuerdo, y provocan ahí experiencias *anormales*.

En segundo lugar, el cuerpo astral, que determina las cualidades de cualquier órgano, se *sumerge* en el entorno y lo observa inconscientemente.

La observación *normal* se produce por medio de los *órganos sensoriales* del cuerpo astral y del etérico adecuados para ello. Hemos aprendido a reconocer y ordenar la información sobre el mundo que nos viene por estos medios, y a transformar esta información en experiencia interior en forma de imágenes conceptuales. Nuestra educación nos ha enseñado a manejar conceptos e imágenes mentales. Todas tienen que ver con información que obtenemos de mirar al mundo desde fuera, y también a nuestro propio cuerpo. Lo que ocurre en la histeria es una *percepción sensorial anormal* por medio de órganos no adecuados para esta tarea. Estas percepciones se trasladan a la consciencia en el *lenguaje orgánico* del órgano en cuestión.

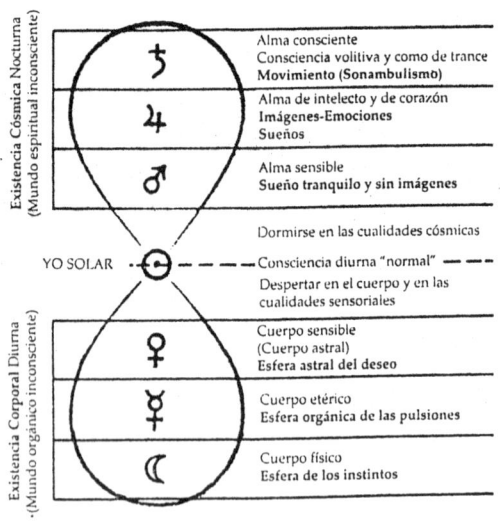

El camino del ser anímico-espiritual a través de la noche y el día

Cuando nos vamos a dormir, desaparece primero la capacidad de movernos. Luego la capacidad de estar en contacto con el mundo por medio de los sentidos, y finalmente desaparece la consciencia diurna.

El estado de sueño subsiguiente tiene varias cualidades:

1. Sueño tranquilo, sin imágenes
2. Sueño con imágenes
3. Movimiento en una consciencia como de trance mientras dormimos (desde movimiento ocular, hablar en sueños a sonambulismo)

En el dibujo de la página ...... estos tres estados han sido representados como un paso por tres capas espacialmente separadas, pero sólo es una representación esquemática.

En realidad, en lo espiritual, no existe la separación espacial, sólo la cualitativa. El ser anímico-espiritual del hombre se une con las cualidades anímico-espirituales del cosmos, y de este encuentro saca la fuerza para el nuevo día.

Durante la noche, el ser anímico-espiritual del hombre vive en las cualidades de las fuerzas planetarias que están más allá del sol, y que son las portadoras de los arquetipos de las cualidades anímicas; se trata del alma sensible, intelectiva y de corazón y consciente del cosmos. Al pasar por esta parte de la lemniscata, el ser humano obtiene cada noche las fuerzas que necesita para la vida de la consciencia diurna del alma sensible, del alma intelectiva y de corazón y del alma consciente. Las cualidades de Marte le dan el impulso en el alma sensible para observar el mundo y para reaccionar ante él. Las fuerzas de Júpiter le dan el poder del pensar para convertir el mundo en pensamientos y para conectarlo con él en los sentimientos. Las fuerzas del lejano Saturno, finalmente, le dan el poder de desarrollar la voluntad en el alma consciente, hasta llegar a la total unión con la tierra y que lleva a la muerte y resurrección: a la conquista moral del mal.

Las imágenes reflejas de los encuentros en estos tres ámbitos son las tres cualidades del sueño: el *tranquilo dormir inconsciente*, que vive en la cualidad del alma sensible; el *soñar*, en el mundo de imágenes emocionales del alma de intelecto y de corazón; y los *movimientos* profundamente inconscientes en el encuentro con la esfera saturniana del alma consciente[1].

El paso a través de estas tres esferas cualitativas no ocurre sólo una, sino varias veces en la noche. Se alternan periodos de dormir tranquilo, de soñar, y de movimiento (particularmente evidentes en el movimiento ocular). Al despertarnos, aún podemos salvar, para la consciencia diurna, los últimos restos de consciencia dormida, esto ocurre cuando intentamos recordar nuestro sueño. Cuanto más despiertos estemos, más difícil será. Aún así, uno puede ejercitarse en recordar partes cada vez más largas de sus sueños.

Cuando despertamos, el yo consciente entra en la naturaleza corporal con las cualidades anímicas ya mencionadas. Si el yo consciente entrase en este mundo desprotegido, se encontraría con las cualidades de los cuerpos físico, etérico y astral en interacción con los procesos orgánicos. Estos procesos son, como ya dijimos, compulsivos. Pueden destruir y reconstruir las sustancias. Y con ese mismo poder compulsivo se encontrarían, y dominarían, el mundo del alma sensible, intelectiva y de corazón y consciente. Y aún más, estas cualidades anímicas entrarían en contacto, y sin preparación, con el mundo astral inconsciente, que se compone de los recuerdos (complejos), emociones e invasiones, que Jung describió fenomenológicamente[2].

El poder protector en nosotros, llamado el guardián menor del umbral (véase Capítulo 8g), dirige las fuerzas anímicas hacia el mundo exterior nada más despertar. En el siglo veinte, sin embargo, este umbral interior desciende cada vez más. Partes del mundo inferior acceden a la consciencia sin la debida preparación, con los resultados ya mencionados, tales como todo tipo de experiencias interiores perturbadoras.

La primera cualidad que aparece es la esfera de los *deseos* astrales inconscientes, que desarrollan su actividad orgánica positiva en la cualidad venusiana. La segunda cualidad es la de las *pulsiones* etéricas, tales como el hambre, la sed, las necesidades vitales, etc., que se reflejan en el alma y la llevan a través de los procesos de destrucción, de conversión y de reconstitución, una y otra vez (cualidad mercurial). Finalmente, el alma-espíritu entra en contacto con los *instintos* ligados al organismo físico, determinantes de los patrones de acción del mundo animal. A este ámbito pertenece todo lo que tiene que ver con la procreación, la construcción del nido, etc.

Con una constitución histérica, al despertar por la mañana, las fuerzas anímicas superiores del alma sensible, intelectiva y de corazón y consciente, entran en el organismo. En la constitución normal, están contenidas en el cuerpo por la piel y por las *pieles* interiores de los órganos, pero en la constitución histérica *saltan* fuera de la piel hacia el mundo exterior.

Como esto ocurre parcialmente, sólo con ciertos órganos, hay una pérdida parcial de la consciencia y una percepción parcial y semiconsciente de cualidades extrañas, extrañas porque ahora uno no mira al mundo, sino que percibe sus cualidades *desde dentro*.

Esto puede llevar a una percepción artística y sensorial de ambientes en la naturaleza, o a la vivencia intuitiva de las necesidades de otro ser humano, por ejemplo cuando uno ayuda a un enfermo. Puede incluso dar como resultado una percepción de todo lo que despierta emociones, ya que los deseos, pulsiones e instintos inconscientes pueden expresarse casi con entera libertad. Normalmente, sólo llega a la consciencia diurna un efecto atenuado y filtrado de estos deseos, impulsos e instintos, y hemos aprendido a manejarnos con ellos. Con ia constitución histérica, sin embargo, entran directamente en la consciencia diurna y trabajan sobre las acciones.

La constitución histérica se caracteriza por toda una serie de manifestaciones. Una de ellas es causada por la relación entre el mundo diurno y el nocturno.

Debido a la interrelación del paso del alma por los mundos diurno y nocturno, como se dibujó en la lemniscata, cualquier alteración en la consciencia diurna provoca, también, otra en la nocturna. El contacto directo y excesivamente intenso con el mundo provoca un debilitamiento de la capacidad de contacto nocturno con las cualidades anímicas cósmicas. Por eso es por lo que el que tiene una constitución histérica entra en el día con sus fuerzas anímicas debilitadas.

Igualmente característico de la constitución histérica, y comúnmente sabido, es el hecho de que, a menudo, es juzgada negativamente. Esto se puede explicar de la siguiente manera:

El alma sensible, en particular, aunque también el alma intelectiva y el alma consciente, son parte de la animalidad del cuerpo astral, elevado desde el nivel animal al nivel anímico humano, primero por la cultura, en la infancia, y luego por el propio yo. En el animal, los instintos orgánicos, pulsiones y deseos actúan directamente. En el hombre actúan también, pero han sido parcialmente retirados de la esfera animal para ser metamorfoseados en fuerzas anímicas humanas. En la constitución histérica, sin embargo, este proceso se ve continuamente como afectado por un cortocircuito, y como resultado de ello, se omite la formación de las cualidades anímicas humanas. La constitución histérica reacciona *parcialmente* (!) a situaciones basadas en el instinto, la pulsión y el deseo, mientras que en una persona sana estas reacciones *primitivas* se han humanizado y son ahora cualidades interiores anímicas.

En los anteriores capítulos se ha señalado ya que el camino interior siempre implica un retorno al propio tiempo individual, al pasado. Este camino interior parcial (que lleva a un deslizarse hacia el entorno) también es una regresión en el tiempo. Esto explica las reacciones regresivas del histérico. Son esta actitud regresiva e infantil, unida a un comportamiento social y a menudo inteligente en el presente, las posibles causas para que la constitución histérica se juzgue como negativa por el entorno.

Ahora quisiéramos tratar sobre una serie de áreas sintomáticas de la histeria, relacionadas con el grado en que se produce la extroversión hacia el entorno. De nuevo tenemos que visualizar el esquema de la lemniscata del día y la noche (página........).

Si los síntomas se manifiestan principalmente en la primera capa bajo el centro, el cuerpo astral, como imagen refleja del alma sensible en la parte superior de la lemniscata, juega un papel esencial. Se producen entonces, en primer lugar, síntomas tales como *cambios patológicos de la consciencia*, es decir, una consciencia atenuada en áreas específicas e incluso la pérdida total de la consciencia de la persona.

En el primer caso se produce una pérdida específica de la memoria o una incapacidad de experimentar las propias acciones en áreas específicas. En el segundo caso, se produce el desmayo. Como se da siempre una experiencia inconsciente de las configuraciones astrales exteriores, además de una atenuación de la consciencia, el cuerpo astral dirige sus deseos a situaciones emocionales. Por eso se produce siempre el desmayo donde pueden surgir las emociones. Y tiene lugar siempre en compañía de otras personas, o en la calle, o en un lugar frecuentado, pero nunca cuando la persona conduce un coche. La persona histérica padece las reacciones negativas del entorno con gusto, siempre que despierten emociones. En realidad, las emociones son formas etérico-astrales creadas por nosotros mismos. Jung las llama *demonios*, lo cual nos parece una denominación adecuada. Los *demonios* emocionales se alimentan de las emociones del entorno. Cuanto más se alimentan, más fuertes y exigentes son.

La segunda capa está compuesta por las actividades del cuerpo etérico en la esfera mercurial, la contraimagen del alma de intelecto y de corazón, que se desarrolla en la esfera de Júpiter.

El cuerpo etérico se expresa siempre en imágenes, imágenes mentales en el alma intelectiva e *imágenes orgánicas* en los cuerpos etéricos de los órganos. Aquí actúa el llamado esquema corporal, la imagen de nosotros mismos que tenemos en nuestro interior. En este ámbito, las emociones siempre participan desde la esfera astral. La experiencia de los órganos se traduce al lenguaje de los órganos sensoriales internos - el sentido del tacto, el sentido de las fuerzas vitales, el sentido del movimiento y el sentido del equilibrio - además del olfato y el gusto, que a menudo se añaden.

Esto significa que la constitución histérica siempre da origen a todo tipo de experiencias orgánicas: insensibilidad - de la garganta, por ejemplo, o de los dedos de las manos, etc... - o hipersensibilidad de ciertas áreas. El sentido de las fuerzas vitales nos hace sentir experiencias como la nausea, cólicos intestinales difusos, o sensaciones desagradables en ciertas partes del cuerpo. El sentido del movimiento nos hace sentir impotencia, o, al contrario, incapacidad de sentir fatiga. El sentido del equilibrio da lugar a sensaciones de mareo o inestabilidad al caminar o al estar en pie. La actividad formadora de imágenes se produce en la esfera mercurial. En este ámbito la fantasía se desboca y se hace ilusoria, lo cual da como resultado la capacidad de tener siempre una buena historia a mano, inventada sobre la marcha (¡todo vendedor tiene que ser un poco histérico!).

La tercera capa, finalmente, es la de las reacciones instintivas ligadas al cuerpo físico. Son la contraimagen del alma consciente en la esfera de Saturno, donde se desarrolla el poder volitivo moral. Pero en su lugar, se produce un comportamiento instintivo básico, fuera de la consciencia ordinaria. Esto tiene lugar en la esfera lunar, en la que juegan un papel importante los órganos sexuales, entre otros. Cuando el problema ha llegado demasiado lejos, siempre surgen problemas sexuales, o bien como frigidez e insensibilidad, o bien como hipersexualidad, con necesidades insaciables a un nivel animal (es decir, sin un componente anímico). Dado que la histeria aguda siempre viene acompañada de estos problemas sexuales, se tiene la creencia de que la histeria está relacionada con la sexualidad, y en particular con la sexualidad femenina. Más adelante trataremos un caso de histeria masculina, para demostrar que ésa es una visión muy unilateral.

La terapia en casos de histeria debe actuar a varios niveles.

El primero es el *nivel social*. Los histéricos hacen todo lo posible porque su problema sea percibido como un problema social por su entorno. Pese a ello, los casos leves de histeria tienen aspectos positivos. La constitución histérica es adecuada para las profesiones que implican el cuidado de los demás - enfermos, niños o ancianos - y también ocupaciones en las que uno trata con el público, como recepcionistas. En todas estas situaciones, el histérico puede tener una influencia benéfica debido a su sensibilidad. Los hombres son a menudo eficaces en tareas comerciales.

Es importante intentar cambiar las condiciones sociales del paciente histérico lo antes posible, de manera que la histeria actúe positivamente. Si se tiene éxito, se hace evidente entonces que la personalidad histérica tiene gran capacidad de sacrificio.

El segundo nivel es el *nivel general constitucional*, que requiere un tratamiento con medicamentos. La medicina antroposófica trata la organización del yo con medicamentos minerales, sobre todo metales, mientras que la organización astral se trata con medicamentos a base de plantas, y el etérico con medicamentos de origen animal. El organismo físico se trata por medio de trasplantes humanos. El ejemplo más conocido de trasplante humano es una transfusión de sangre.

Para la histeria, se prefiere la terapia basada en plantas. En la mayor parte de los casos se utiliza *Bryophyllum* en baja potenciación. Además se deberá tratar el órgano específico dañado. Cada órgano tiene su propio medicamento (basado en una planta). Uno puede también escoger un mineral como base de una terapia con medicamentos. Uno trabaja entonces en el cuerpo astral por medio de la organización del yo. El antimonio (*Stibium*) en varias potenciaciones suele ser usado en este caso, pues su actividad unifica las cualidades de los planetas bajo el sol, y esto es algo siempre necesario[3].

La persona histérica *rezuma*. Tiene la piel húmeda y las manos frías y también húmedas, o al contrario, calientes y húmedas. Este *rezumar* puede tratarse actuando sobre la organización calórica. La balneoterapia[4], la euritmia curativa, y el ejercicio físico sano son muy recomendables.

Un tercer nivel es el de la *psicoterapia*, que hemos dejado en tercer lugar deliberadamente. El paciente histérico va a intentar involucrar al psicoterapeuta en su mundo regresivo y egocéntrico, y cuando el terapeuta se resiste, va a buscar todos los recursos para llevarle a su campo. Esto puede traducirse, por ejemplo, en una dramática escena nocturna de suicidio, con unos márgenes aceptables de seguridad.

Rudolf Steiner, en su curso de pedagogía curativa[5], pone de relieve la increíble astucia del cuerpo astral, ante la cual el yo es como un bebé. La persona histérica tiene muchos trucos bajo la manga. Cuando un síntoma no sirve para satisfacer sus deseos, lo sustituye por otros enseguida. Es el caso de una niña con un brazo histéricamente paralizado que dijo: "Cuando mejore mi brazo, seguro que tengo jaquecas".

Lo que cuenta en la psicoterapia es el fortalecimiento de todas las funciones del yo, y al mismo tiempo de las fuerzas del alma sensible, intelectiva y de corazón y consciente. Esto se consigue, por ejemplo, con ejercicios de observación (que fortalecen el alma sensible) con la ayuda de la pintura terapéutica, el dibujo y el modelado en arcilla. Al despertar el interés por nuevas áreas del conocimiento, por medio de cursos o lecturas recomendadas, se enriquece el alma intelectiva, mientras que las tareas en un entorno social fomentan el desarrollo del alma de corazón.

El fortalecimiento del alma consciente es el más difícil. Se puede conseguir por medio del desarrollo del juicio moral en las propias acciones. Entonces se pone de manifiesto lo difícil que le resulta a la persona histérica ser realmente honesta consigo misma y con su entorno.

Nuestras consideraciones sobre las funciones del yo pueden ilustrarse con un caso de histeria masculina. En 1939, durante la movilización para la Segunda Guerra Mundial, un sargento del ejército ingresó en el hospital con un caso grave de estupor histérico. Estaba en la cama, en posición fetal, chupándose el dedo, sin hablar, y emitiendo sonidos de bebé. Al principio fue imposible establecer contacto con él. Tras cierto tiempo, cuando se hizo posible el contacto, se revelaron sus circunstancias: el paciente era maestro de profesión en un pequeño y remoto pueblo, tenía unos 30 años y era soltero. En el pueblo se le consideraba un genio incomprendido. En realidad era escultor, pero al no tener éxito, se dedicó a la enseñanza, que estaba por debajo de sus capacidades artísticas y espirituales. En su tiempo libre se mostraba misteriosamente ocupado trabajando en una gran escultura, a la que nadie había tenido acceso. Tras muchas conversaciones, esto salió a la luz, y se hizo evidente que la escultura no había existido nunca. Finalmente admitió que una vez en su vida intentó modelar un conejito. Entonces fue llamado a filas como sargento, y todo su mundo de ilusiones se desmoronó, provocando su regresión a la infancia. La terapia posterior se dirigió a animarle gradualmente a que encontrara una orientación real en la vida, basada en el yo.

El encontrar una orientación real es una lucha que dura la vida entera para la constitución histérica, pero cada progreso es una victoria, pese al hecho de que el paciente histérico pueda llegar a desesperar al terapeuta.

Un comentario final: el tratamiento psicoterapéutico analítico del paciente histérico resuelve muy poco por sí mismo, y a menudo provoca un desplazamiento de los síntomas. La histeria es de entrada un fenómeno constitucional, y debe ser tratado como tal.

La histeria como fenómeno de nuestro tiempo

Al tratar sobre la histeria uno debe tener presente la diferencia entre, por ejemplo, el *cuerpo* astral (al que Rudolf Steiner llama también cuerpo sensible) y el *alma* sensible. Esto ya ha sido mencionado anteriormente. El cuerpo sensible nos permite ver la totalidad; el alma sensible es lo que nos permite *experimentar* algo (por ejemplo la belleza, o la satisfacción).

Por la mañana, al despertarnos, el *alma* sensible se une al *cuerpo* astral, ligándose con las impresiones que éste recibe del mundo exterior. Las mismas fuerzas anímicas, que han sido renovadas por la esfera de Marte durante la noche, se dirigen hacia el mundo exterior por medio del cuerpo sensible (cuerpo astral) durante el día, y experimentan en el mundo exterior el placer y el sufrimiento, la alegría y la tristeza, la belleza y la fealdad. La fuerza de Venus del cuerpo astral es la que hace posibles las percepciones sensoriales y las ofrece al alma sensible.

Este proceso se perturba en la constitución histérica porque el cuerpo astral también ofrece las impresiones de las percepciones orgánicas inconscientes, para las que el alma sensible no está preparada. La única cura efectiva y duradera del comportamiento histérico y de la vivencia de los procesos orgánicos inconscientes es el hacer que este proceso se haga consciente, y aprender a manejarse con los procesos orgánicos inconscientes por medio de un ejercitamiento interior. La constitución está tan arraigada que sólo se puede alterar parcialmente. La constitución histérica tiene que aprender a manejarse desde el centro, y a aprovechar las ventajas que tiene por su situación especial. Esto puede contribuir a desarrollar una biografía plena de sentido, con oportunidades especiales.

Por tanto, la histeria nos da una imagen de la gran lucha de nuestro tiempo, la lucha por el *centro*. En el tiempo presente, el centro amenaza con deslizarse hacia los procesos orgánicos. Uno puede mantenerlo en su sitio si da un paso hacia fuera por medio de la espiritualización del alma sensible, que es normalmente la portadora de las impresiones sensoriales y de las experiencias que provocan (impresión sensorial: rojo, rosa; percepción anímica: agradable, bello).

Para preservar el centro es necesario ir un poco más lejos, intensificando la observación, y comenzando a *ver* el arquetipo en la observación de la planta o el mineral. Este es el camino de la fenomenología *goetheana*. Como terapia para el fenómeno temporal de introducirse demasiado en las fuerzas orgánicas inconscientes, se deben penetrar las superficies del mundo sensorial y experimentar conscientemente la realidad espiritual que se esconde tras ellas. Así es como uno entra en la esfera del alma sensible cósmica, que es en realidad el mundo del *yo espiritual como esfera cósmica*, del que recibimos cada noche la fuerza para, al día siguiente, vivir conscientemente en el mundo sensorial individual. Uno tiene que transformar su alma sensible en yo espiritual. Esto sucede como resultado del esfuerzo del yo en la espiritualización del alma sensible. La constitución histérica es un enorme obstáculo en este proceso, debido a que las percepciones anormales de la esfera orgánica y el mundo astral exterior provocan una gran confusión. Por otro lado, cuando el yo es lo suficientemente fuerte, la constitución histérica, debido a su apertura hacia el exterior, es una ayuda cuando se trata de llegar a una experiencia intensa de la realidad espiritual que hay tras el mundo sensorial. *La constitución histérica ya vive en esta realidad, pero no puede interpretarla.* El hacer consciente lo que ya está presente es el primer paso en el camino de desarrollo interior del *yo espiritual*, por medio de la capacidad imaginativa.

De la misma manera, las imágenes alucinatorias de la psicosis, que provienen de la esfera mercurial del cuerpo etérico, deben ser transformadas en *espíritu de vida*. En el camino de desarrollo que transforma el cuerpo etérico en alma intelectiva y de corazón y subsiguientemente en espíritu de vida, uno debe pasar a través de las imágenes emocionales que proyectan las pulsiones en el consciente. Éstas tienen la misma cualidad dramática que los sueños, pero deben ser dominadas y guiadas por el yo. Esto les da un carácter inspirativo, que abre el camino hacia el espíritu de vida.

Las psicosis más profundas, por último, se quedan atascadas en la esfera instintiva del cuerpo físico. Esto es también evidente en el estupor histérico, con sus regresiones al estadio infantil. El yo debe llegar a transformar los instintos, que nos han sido dados por las altas jerarquías, en intuiciones individuales. Y éstas deben reemplazarlos gradualmente, y así hacer manifiesto el *hombre espiritual* en el futuro lejano[6].

Lo importante de este camino de desarrollo humano es mantenerse en el centro. El centro es el mundo rítmico del inspirar y el expirar, de la contracción y la relajación, del día y la noche. *Inspirando y expirando*, el camino de desarrollo da pasos hacia dentro y hacia fuera, buscando siempre el equilibrio.

Capítulo 17
Vías de escape

Anorexia, comportamiento psicopático, adicción

En el capítulo 12 hemos hablado del fenómeno de *escape* del yo del camino de encarnación. Ahora trataremos las tres *vías de escape* más comunes que tienen relación con el rechazo inconsciente de la *maduración terrestre*, que fue como Rudolf Steiner llamó a la pubertad.

La regresión a través de la puerta del nacimiento, como se manifiesta en la *anorexia nerviosa*;

La huida hacia la pseudomayoría de edad, hacia la violencia del *comportamiento psicopático* o en casos de extremas dificultades educativas;

El escape hacia el éxtasis, hacia la excarnación con ayuda de las drogas y el alcohol, que llevan a la *adicción*; una excarnación que en su última fase lleva a olvidar que uno se ha encarnado en esta tierra con toda la resistencia que ofrece.

Estas tres formas llevan al final a la autodestrucción. Son, en su esencia, aspectos del nihilismo espiritual que impregna la cultura del alma consciente.

En el desarrollo del alma consciente, se debe hacer el bien para confrontarse con el mal. En realidad estamos tratando con típicos síndromes modernos. Aquellos que, por la razón que sea, recorren estos caminos, son las primeras bajas de las avanzadillas hacia el desarrollo del alma consciente.

Puntos de vista generales

Nuestro punto de partida va ser el que Rudolf Steiner desarrolló en relación con el *camino de encarnación del hombre*, del que ya hablamos en el capítulo 9, y que trató en las conferencias que dio en La Haya, con ocasión de la fundación de la Sociedad Antroposófica Holandesa, el

18 de noviembre de 1923. En estas conferencias Rudolf Steiner describe el camino del espíritu humano entre dos encarnaciones: después de la muerte, a través de las esferas planetarias de la Luna a Saturno, y de regreso, de Saturno a la Luna[1].

Sobre este paso a través de las esferas planetarias deberíamos añadir lo siguiente:

El paso a cada esfera planetaria subsiguiente supone una extensión del yo humano, que entra en contacto con una nueva cualidad que lo penetra por completo. Cada expansión significa también una mayor disolución del yo y un enrarecimiento de la consciencia del yo. Solo aquellas individualidades que hayan estado en la tierra en contacto con concepciones espirituales pueden mantener su consciencia del yo tras la muerte. Los demás pasarán estas esferas en estado de sueño.

Las esferas planetarias, que se presentan a menudo como esferas concéntricas, no están separadas espacialmente unas de otras, más bien se interpenetran; cada nueva esfera que se atraviesa incluye a las anteriores. Se trata más bien de una distinción cualitativa de principios. El yo puede llegar a madurar para poder experimentar estos principios. En el mundo espiritual uno no se *confronta* con las esferas planetarias (que son en realidad seres espirituales superiores), sino que está *dentro* de ellas y experimenta su actividad dentro de sí, del mismo modo que uno en la tierra tiene sentimientos de alegría o tristeza en su interior, y es capaz de distinguirlos cualitativamente.

Tras la muerte, uno vive durante tres días en el cuerpo etérico, que es el portador de las imágenes de la memoria, y uno experimenta estas imágenes a su alrededor, como una *representación* de su vida, para luego abandonar el cuerpo etérico. Y como ocurre con el cuerpo físico, que cuando es abandonado se disuelve gradualmente en los elementos terrenales, así el cuerpo etérico se disuelve en el mundo etérico que le circunda. Sólo aquellas formas etéricas (pensamientos, sentimientos, impulsos volitivos) que han sido formados por concepciones abstractas, sentimientos o impulsos volitivos materialistas, y que son extraños al mundo etérico cósmico, *no* se disuelven. Como los plásticos sintéticos son rechazados por la tierra y no se descomponen, también las formas de pensamiento ajenas al cosmos son rechazadas. Se quedan atrás, en el mundo etérico, sin haber sido digeridas por él.

Los pensamientos, sentimientos e impulsos volitivos, sin embargo, son, como ya se ha dicho, seres etérico-astrales creados por el hombre. Mantienen una conexión con su creador, aún después de la muerte. Nos encontraremos con estos seres elementales, creados por nosotros, en nuestra próxima encarnación si no se disuelven. Permanecerán atados a nosotros bajo la forma de experiencias perturbadoras. Ellos son uno de los aspectos del doble, como describimos en el capítulo 8.

Tras su liberación del cuerpo etérico, el hombre revive su vida una vez más en el mundo astral bajo la Luna. Experimenta los efectos que sus palabras y actos han tenido sobre los demás. Tras este periodo del *Kamaloka*, continúa su liberación de la encarnación terrestre, dejando atrás las habilidades específicas que ha recibido al comienzo de su encarnación en su descenso a la tierra. Pero no se devuelve justo lo que se recibió. Aquí se aplica la parábola del maestro que dio un talento a cada uno de sus sirvientes para que lo trabajaran en su ausencia. Sólo el que se lo devolvió con intereses, aumentado, pudo disfrutar de los favores del maestro. Nuestros actos morales, nuestros sentimientos nobles y cálidos, y nuestros pensamientos espirituales son el interés que devolvemos a las altas jerarquías como fruto de nuestra lucha terrenal.

De camino por las esferas de la Luna, Mercurio, Venus, el Sol, Marte, Júpiter y Saturno, nos deshacemos de las cualidades anímicas. Este proceso, sin embargo, ya comienza en vida. Desde el momento en que nacemos ya comenzamos a morir, y en la segunda mitad de la vida este proceso de muerte se intensifica. En la primera mitad aún predominan los procesos de vida - aquellos que hemos recibido durante la contracción hacia la encarnación. Al principio actúan en el *cuerpo*. Pero debido a los procesos de *muerte*, sin embargo, descubrimos una vida *espiritual* cuando nos liberamos de la tierra.

Ya lo hemos mencionado, pero queremos insistir en ello: el paso por las esferas no es un camino por zonas separadas, sino una *expansión y disolución* del ser anímico-espiritual del hombre. Esta lenta expansión, seguida de la contracción de la encarnación, es como un gran latido de corazón cósmico: primero la diástole, la expansión en la esfera de Saturno - hasta el límite de las cualidades anímicas - luego la sístole, la contracción hasta entrar en el cuerpo en la tierra.

Podemos intentar describir las cualidades planetarias de encarnación y excarnación por medio de conceptos terrenales. Estos conceptos no son definiciones, sino una aproximación a la comprensión de los ámbitos anímicos cualitativos, en los que uno puede sumergirse por medio del estudio, por medios artísticos, y con acciones deliberadas (con la euritmia, por ejemplo). Así, estas acciones adquieren cada vez más significado y comienzan a tener vida en nuestro interior.

(Encontrarán una caracterización de las siete cualidades planetarias en el capítulo 9, en la primera parte de este libro.)

Esta visión esquemática de la encarnación y la excarnación servirá al lector para tener una primera impresión de las cualidades que actúan en nosotros. Éstas permanecerán en lo inconsciente mientras actúen de una manera sana - en equilibrio. En cuanto salen de ese equilibrio y actúan de manera unilateral - con demasiada fuerza o con demasiada debilidad - provocan síndromes específicos.

En el punto más distante entre dos encarnaciones, llamado por Rudolf Steiner *medianoche cósmica*, en la frontera de la esfera de Saturno, el yo se ha desligado de todas sus cualidades anímicas terrenales, y, con la ayuda de las jerarquías, las ha transformado en capacidades para la próxima encarnación. Es como la planta, que termina su ciclo del año formando una semilla, que es el comienzo del próximo ciclo. Así, el yo lleva su propia semilla para una vida posterior mientras permanece en el ámbito de la medianoche cósmica.

Con la contracción hacia una nueva encarnación, esta semilla, portadora del *karma* individual, le da al yo la posibilidad de formar un cuerpo anímico-astral específico a su paso por las esferas planetarias. La medianoche cósmica es en cierto modo una contraimagen de la mitad de la vida en la tierra. Este importante momento, hacia los 35 años, ha sido vivido por grandes poetas como un momento crucial. Dante en la *Divina Comedia*, y Goethe en el *Fausto*, comienzan un dramático recorrido justo en el momento en que la fuerza de la encarnación se debilita, y se debe encontrar un nuevo impulso para la segunda mitad de la vida. Dante se sentía perdido en un oscuro bosque, Fausto, desesperado hasta el punto de querer quitarse la vida. Necesitan un nuevo impulso para darle sentido a lo que les queda de vida. Igualmente hace falta un impulso del yo, en la medianoche cósmica, para comenzar una nueva encarnación.

Lo que ocurre entonces es que en el momento en que el yo está solo como ser espiritual, Lúcifer se le acerca y le dice que no tiene que volver, - que ha llegado a un estado evolutivo en el que se puede quedar en el reino de Lúcifer como ser espiritual. Nadie resistiría a esa tentación, si las jerarquías no hicieran visible en todo momento al yo humano la forma (*Gestalt*) que el hombre llegará a tener algún día.

El yo lleva consigo el recuerdo de este hombre cósmico como semilla espiritual. Y de la distancia entre ese hombre cósmico y la individualidad del yo surge la resolución del yo de encaminarse hacia una nueva encarnación, de manera que pueda acercarse un poco más al ideal por medio del arduo esfuerzo.

El encuentro con el Guardián Superior en el camino de los misterios nórdicos es un reflejo de ese encuentro con el ideal cósmico de la humanidad. El recuerdo de ese momento fue también lo que iluminó al poeta Schiller cuando declaró que en cada ser humano vive un hombre ideal; el intentar parecerse cada vez más a ese ideal es la tarea más elevada que uno puede tener en esta vida.

El yo lleva la semilla espiritual, que es como una *semilla de memoria creativa*, hacia una nueva encarnación.
Este principio creador participa en la formación del embrión, tal como lo hace la herencia, e influye en las dificultades de nuestra biografía cuando se presentan con una forma temporal. Actúa en nuestra *voluntad* como un poder creador en nuestra vida. Interiormente nos podemos conectar con ese poder hasta los 28 años.

Si la decisión de volvernos a encarnar, la cual es tomada durante la medianoche cósmica, no se ha tomado, por razones kármicas, *con toda el alma*, y el ser humano no se entrega plenamente en esa encarnación, pueden surgir todo tipo de perturbaciones al acercarse la edad adulta. A continuación describiremos una serie de perturbaciones de la encarnación.

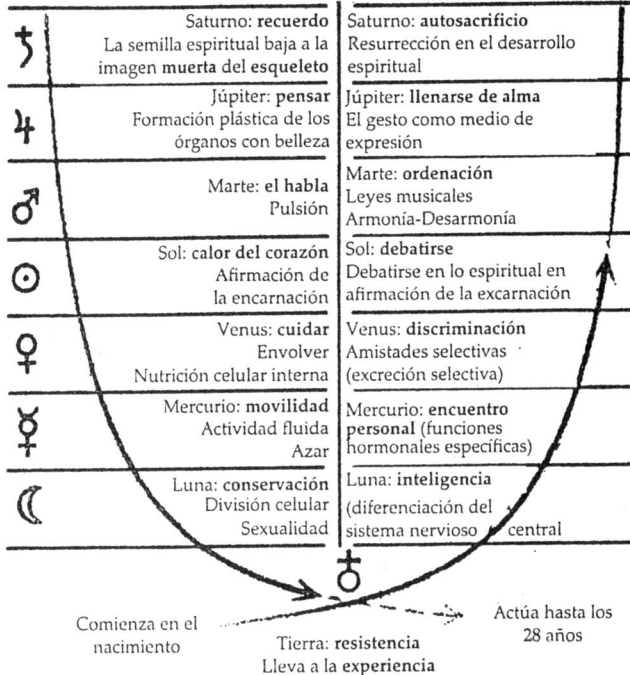

En el diagrama vemos caracterizadas en pocas palabras las cualidades planetarias por las que pasa el ser humano entre dos encarnaciones, una *expiración* y una *inspiración* (véase el capítulo 9 para una caracterización más detallada). De este diagrama se desprende que la curva de descenso representa la vida prenatal, pero continúa durante la vida; la curva ascendente representa la vida post-mortem, pero ya comienza en el nacimiento, y predomina en la segunda mitad de la vida.

Nuestra cultura materialista representa un gran obstáculo para este camino de encarnación y excarnación. El materialismo sólo reconoce el estadio inferior, la vida en la tierra. Son cada vez más numerosas las almas que carecen de la fuerza necesaria para superar esta resistencia suplementaria y llegar a una encarnación plena sintiéndose realizadas en su existencia espiritual.

Anorexia nerviosa

Desde la aparición del materialismo a mediados del siglo pasado cada vez más personas sufren el síndrome de la *anorexia nerviosa*, clasificado como una enfermedad psicosomática. Sólo se conocen algunos casos anteriores a 1850, pero desde entonces se ha hecho cada vez más conocida, sobre todo en las últimas décadas. Casi todo el mundo conoce a alguien que lo ha padecido, o al menos ha oído hablar de ello.

Esta enfermedad se da con menos frecuencia en los varones; es una enfermedad típica de la pubertad *femenina*.

Generalmente, las niñas que la padecen no presentan problemas hasta los 12 años. Con las primeras señales de la pubertad, se produce un cambio físico. Esto se manifiesta en vivencias ilusorias del cuerpo, en las que éste se percibe como demasiado gordo o demasiado pesado. Y estas vivencias son las que justifican las dietas de adelgazamiento.

El primer síntoma de la enfermedad es frecuentemente físico. Tras los primeros periodos, la menstruación se detiene. Surge una inquietud interior, que se manifiesta en una actividad desordenada, sin objetivos, y en el rechazo de la comida. La combinación de la inquietud y el rechazo de la comida producen una seria pérdida de peso, y la paciente vuelve a parecer una niña. Pronto todo se centra en la comida: o se rechaza o se ingiere compulsivamente, a menudo a escondidas por la noche, pero para ser vomitada a continuación. Sólo se leen libros de cocina, y se preparan ricos manjares para otros, con mucha dedicación, pero de los que la paciente no probará bocado.

Debido a la creciente delgadez, la piel se reseca y enfría. Las manos y pies se tornan azulados y <u>con un tacto de madera</u>. Pero las pacientes no se sienten enfermas, al contrario, no tienen ninguna sensación de enfermedad. Caminan y corren largas distancias para quemar lo que han comido, y toman laxantes a escondidas. Y cuando lo tienen prohibido, se hacen con ellos con la astucia del heroinómano que busca su dosis.

Se perturba el equilibrio hormonal, y como resultado de los vómitos y los laxantes puede haber una deficiencia de sal. Por otro lado, estas pacientes rara vez sufren enfermedades infecciosas agudas. El clímax de la enfermedad llega entre los 13 y los 18 años, aunque perviven síntomas parciales durante largo tiempo. Si las pacientes van más allá del estado crítico de peso, pese a todas las precauciones, deberán ser hospitalizadas, pues de otro modo morirían de hambre.

El pensamiento psicológico actual ha buscado la causa de esta enfermedad está en las circunstancias familiares (madre dominante, padre débil, o viceversa; demasiada presión en la infancia, etc.). Pero esto no ha servido de mucho para establecer una terapia, y sí para cargar con sentimientos de culpa a los padres, a menudo sin causa, lo cual además ha tenido efectos negativos. Por otro lado, ha habido un cierto reconocimiento de que esta enfermedad implica un retirarse de la existencia, y por ello se considera a la anorexia nerviosa como una crisis de madurez. Desde este punto de vista sí parece posible una terapia individual.

Si uno observa el síndrome a la luz de lo expuesto anteriormente en el libro, uno quiere ir más lejos: a la voluntad que tiene la paciente de encarnarse.

Si volvemos sobre el diagrama anterior, se puede ver que en el momento en que se ha llegado al punto de mayor conexión con la realidad terrestre, se produce un retirarse, seguido de una vuelta atrás en el camino de la encarnación.

En sus conferencias pedagógicas, Rudolf Steiner siempre hablaba de la pubertad como *maduración terrestre*. Es el momento en el que, unido al propio ser anímico, uno se confronta realmente con la tierra por medio del cuerpo astral. Al comenzar la maduración terrestre el paciente anoréxico se retira, paso a paso. Cada nuevo paso produce más síntomas. ¿Cómo se puede entender todo esto?

En los primeros 14 años de vida se establecen las bases de las diferentes funciones, pero su elasticidad para la edad adulta no ha sido puesta a prueba. A los 12 años la encarnación ha llegado lo suficientemente lejos para que la esfera lunar se active en el cuerpo y comience la menstruación.

En ese momento es cuando comienza la retirada. La menstruación se detiene (se retira de la *Luna*). La movilidad psíquica interior del niño desaparece, y es sustituida por *ideas fijas* y rígidas y acciones que tienen poco sentido, tal vez incluso autodestructivas (*Mercurio*). Se rechaza la comida, pues se siente como una pesada carga en el estómago. Pero sobre todo decae la nutrición celular, los tejidos se endurecen y se ponen rígidos, y la piel se pone fláccida (*Venus*).

La candidez solar del niño se convierte en un comportamiento arisco y defensivo, camuflado en una abundante y rápida conversación, ajena al que escucha. La circulación es insuficiente, la piel de las extremidades se vuelve azulada y fría (*Sol*). La motivación y el habla se vuelven impersonales, caóticos, erráticos y repetitivos, reducidos a algunas formas o maneras artificiales (*Marte*). Desaparece la plasticidad del cuerpo, y las niñas se vuelven literalmente un saco de huesos. La cara toma un aspecto cadavérico, con gesto rígido (*Júpiter*). Y por último, todos los actos se orientan hacia la muerte, sin que la paciente sea consciente de lo que hace. Niega hasta el final que esté ocurriendo algo (*Saturno*).

Cuando se comprende la relación entre todos estos aspectos, se hace evidente el peligro de esta enfermedad. Uno se da cuenta entonces de que la única terapia posible es la de animar a la paciente a que aprenda a aceptar el hecho de hacerse adulta, y sus consecuencias, que quiere decir convivir *con la resistencia*. La terapia, por tanto, debe dirigirse a fortalecer el deseo de encarnación, y paso a paso recuperar las cualidades encarnatorias. Esto se refuerza sobre todo con euritmia curativa, y también con terapia de metales.

Las cualidades encarnatorias, sin embargo, no se pueden aceptar a largo plazo si no se encuentra también una relación con las cualidades excarnatorias, que están a la derecha del diagrama. El intelecto debe dirigirse hacia un renovado interés por la lectura - por ejemplo de biografías, que pueden comentarse más tarde con el terapeuta. Si no se consigue convencer a la paciente de esto, entonces el terapeuta tendrá que contarlas, al principio brevemente, pues la capacidad de concentración es poca. También pueden estimular el interés de la paciente charlas sobre la naturaleza o sobre otros seres humanos. Lo primero, en cualquier caso, es despertar el interés (*Luna*).

El segundo paso es el facilitar cuidadosamente encuentros con otros en tertulias, paseos, tocando música, etc. (*Mercurio*).

El tercer paso es aprender a formar amistades de forma selectiva, y a darle a cada amistad su propio carácter. Son muy importantes las amistades de mucho cariño. Si la paciente consigue enamorarse, eso habrá sido un gran paso adelante. Sin embargo, es poco probable que se enamore de tal manera que el mundo entero cambie para ella. Como mucho, tomará la forma de un afecto forzado, sin mucho cariño (*Venus*).

Entonces viene el desarrollo de las cualidades espirituales *solares*, el llenarse de entusiasmo por algo que no es egoísta ni egocéntrico. Esto es muy difícil, pues las pacientes anoréxicas son extremadamente egocéntricas. Es lo más difícil, pero también es el elemento central de la terapia.

Para poner orden en los objetivos que se pone la paciente, se deben conquistar las cualidades de *Marte*. La actividad caótica reaparecerá una y otra vez. Es importante practicar un instrumento de música, o aprender a pintar o a dibujar con mucha atención. Es muy importante obtener resultados. Si la paciente consigue dominar algunas de esas cualidades, se reflejará de inmediato y espontáneamente en su rostro.

Para conseguir que el gesto esté impregnado por lo anímico, lo mejor es la euritmia y la euritmia curativa. La euritmia curativa será necesaria desde el principio, seguida luego de euritmia en grupos, donde se puede practicar el gesto anímico con otros (*Júpiter*).

Finalmente el deseo de morir, que impregna inconscientemente la anorexia, debe ser transformado en voluntad de vivir y en aspiración de asumir tareas que conlleven un sacrificio (*Saturno*). Cuando la paciente anoréxica ha llegado a hacer un verdadero sacrificio (no un acto compulsivo y forzado, dirigido hacia los demás para ocultar su falta de participación), se puede decir que está en vías de recuperación. Entonces hay esperanza de que *acepte la vida*, que es a lo que se dirige la terapia, a fin de cuentas.

¿Porqué la anorexia desespera a padres y terapeutas? Es porque se rechaza la aceptación de la vida, por profundas razones kármicas. Y lo que ese *karma* lleva consigo sólo lo puede intuir el terapeuta cuando se ha encontrado con el yo de la paciente. Debe evitarse toda especulación. Sólo ayudará un profundo sentido de compasión, y un verdadero amor por el ser humano en la paciente.

Las pacientes anoréxicas piden un enorme compromiso. Uno debe sacrificar unos años de su vida para acompañar a otro ser humano que rehuye la edad adulta en el periodo del alma consciente. Y uno debe *haber vivido* la más elevada cualidad de Saturno, la aceptación positiva de la vida en el sacrificio por el otro, para poder despertarla en la paciente. ¡Uno tiene que obtener credibilidad por medio del propio sacrificio por esa niña!

La terapia de una anorexia aguda requiere de la presencia permanente de otra persona, que deje de lado otras metas en la vida durante unos años. Como esto es raramente posible, la curación suele ser parcial. En los años siguientes se suelen reproducir periodos de comportamiento compulsivo y problemas en las relaciones humanas.

Muchos jóvenes se quejan de que no pueden encontrar sentido en sus vidas por causa del desempleo, y con razón. Pero esto sí que sería una tarea con sentido: compartir con un paciente así las alegrías y las tristezas durante unos años, como un ejemplo de aceptación de la vida.

En el caso de los varones con anorexia, se deben aplicar los mismos principios.

Comportamiento psicopático

Ahora llegamos al extremo opuesto de la anorexia como enfermedad típica de las chicas: el *comportamiento psicopático* en los chicos.

Rudolf Steiner dijo una vez que si hiciéramos una media del grado de encarnación en la humanidad, las mujeres estarían por encima de esa media, y los hombres por debajo. En otras palabras, las mujeres no se encarnan totalmente, mientras que los hombres se encarnan demasiado profundamente. El resultado es hasta audible durante la pubertad: la voz de los chicos desciende una octava.

En las chicas, la perturbación en el proceso de encarnación toma la forma de un echarse atrás ante la maduración terrestre (regresando al periodo prenatal, en cierta manera muriendo por el portal del nacimiento). En el caso de los chicos, se trata más de *saltarse* la aceptación de la resistencia que implica la maduración terrestre, e irrumpiendo *precozmente* en la edad adulta. El paso intermedio de la adolescencia es omitido, así como el efecto corrector de la experiencia laboral.

Vamos de nuevo a recorrer el camino de excarnación, y examinar cómo las características planetarias aparecen en caricatura tan pronto como la resistencia de la experiencia vital se manifiesta. Las fuerzas excarnatorias son la metamorfosis de las fuerzas encarnatorias, que han pasado por la resistencia que da sentido a la vida y ya están en vías de transformación para una vida posterior. En otras palabras, uno comienza a morir en cuanto nace. El proceso de muerte se intensifica con la edad. Lo trágico es que los chicos a los que nos referimos *no experimentan esa metamorfosis*, lo que provoca que las cualidades encarnatorias empiecen a actuar negativamente.

¿Cómo se manifiesta exteriormente el fenómeno llamado comportamiento psicopático?

Los chicos de 16 años en adelante, algunos aún en la escuela, aunque en su mayoría ya no, sin trabajo estable (por su propia elección o no), buscan un medio para escapar del aburrimiento. Buscan cualquier situación que les dé la oportunidad de sentir algo emocional, o, si fuera necesario, la crean. Se forman grupos, bandas, en las que juntos hacen mucho ruido con sus motocicletas y coches, o buscan sitios en los que hay peleas o se pueden provocar fácilmente. Se hacen los *duros*, se comportan y visten como tales, salen con chicas, dan rienda suelta a la sexualidad, al alcohol, las drogas y la música estridente, y se ponen *en contra* de todo lo que se les presenta, bien siguiendo el ejemplo de otros o el de los medios de comunicación. Tanto los movimientos juveniles de comienzos de siglo (*Jóvenes Turcos, Jóvenes Bárbaros*) como los *Ángeles del Infierno* o los *Punks* de nuestro tiempo, son parte de la misma imagen; sólo han cambiado los objetivos y la violencia de sus reacciones.

Desde el punto de vista físico, se trata de un grupo particularmente bien encarnado: sano, fuerte, increíblemente hábil con máquinas y electrónica, despierto, inteligente. Pero, por otro lado, son emocionalmente inestables, pasan de la apatía a la hiperactividad, del idealismo a la desilusión, y buscan por todas partes a los culpables de su miseria. Son presuntuosos e inquebrantables, pero en una conversación personal se traslucen enseguida sus miserias.

Uno se queda con la impresión de que está tratando con individualidades que están por encima de la media, impacientes por vivir, pero sin límites, y temerosos del tipo de resistencia que da *sentido* a su encarnación en la tierra. Por eso surgen con tanta frecuencia en sus conversaciones palabras como *paso de todo* o *no sirve de nada*.

Estas palabras implican que su búsqueda de valores y sentido no ha tenido sus frutos, aunque ellos no quieran reconocerlo.

Este fenómeno se nos presenta bajo muchas formas, desde las *bandas urbanas*, que surgen allí donde hay una oportunidad de luchar contra las autoridades, hasta los terroristas desalmados, que no se echan atrás ante un asesinato planificado. La conexión con objetivos políticos da una apariencia de legitimidad a su estilo de vida. Muchos terroristas políticos fueron estudiantes muy inteligentes, como era el caso de los miembros de la Baader-Meinhof alemana, las Brigadas Rojas italianas y el IRA irlandés.

La diferencia con luchadores por la libertad normales y valientes yace en la sutil distinción entre el verdadero sacrificio por un ideal y el fanatismo de personas con un yo débil, que son esclavos de sus ideas. Si nos referimos a grandes grupos, hay muchos matices entre los dos extremos, por supuesto. Los verdaderos idealistas, sin embargo, suelen ser eclipsados a la larga por los (*enfermos*) fanáticos, y al final sólo quedan estos últimos.

En los movimientos estudiantiles de finales de los sesenta se podía distinguir a ambos grupos en acción. En los setenta, sin embargo, se produjo la desbandada.

Si volvemos sobre nuestro diagrama, observaremos lo siguiente:

Las fuerzas *lunares* aparecen pronto: la madurez sexual llega enseguida, y en los chicos es evidente también un desarrollo temprano de la inteligencia. Esto se expresa en la argumentación sofista y pseudofilosófica, y en el vocabulario, principalmente basado en la jerga marxista y neo-marxista. No obstante, la cosa no suele ir más allá del vocabulario.

Veremos que todas las cualidades de la curva encarnatoria de desarrollo se presentan deformadas, y que todas las cualidades de la curva excarnatoria aparecen demasiado precozmente y restringidas. Así, la función lunar se desarrolla con precocidad, con esa sexualidad desinhibida. La inteligencia está presente, pero no orientada a pensar por sí misma, sino para limitarse a reflejar lo que ocurre en su entorno y en los medios de comunicación.

La función *mercurial* de encarnación se presenta con una alternancia entre la apatía y arrebatos repentinos de actividad. Faltan verdaderos encuentros humanos, y en su lugar se producen pseudo-encuentros en la formación de las bandas.

Las fuerzas de *Venus* son en general débiles, y a veces se manifiestan con formas infantiles, tales como llevar mascotas y similares. También se muestran en el cuidado de objetos, como las motos. Las pulsiones nutricionales están bien desarrolladas. Las fuerzas excarnatorias de Venus en el ámbito psíquico - la elección de amistades - se han pervertido, de forma que sólo queda la relación de pertenencia a un grupo, a la que uno se agarra como a un clavo ardiendo.

La *cualidad solar* de encarnación está presente físicamente, con una superabundancia de fuerzas vitales. Pero la fuerza excarnatoria solar - la voluntad de vivir espiritualmente - está subdesarrollada y sólo se expresa en acciones de protesta dictadas por la moda del día, pues cambian tan rápidamente como la moda. Y aunque si se mira seriamente el fondo de la protesta es legítimo, lo que se busca en la participación en protestas masivas es satisfacer necesidades emocionales, que oculten la insatisfacción interior provocada por la debilidad de las fuerzas solares.

La *función de Marte* es particularmente fuerte en la encarnación. La función excarnatoria, sin embargo, no tiene el control del yo. El orden de la vida, del entorno inmediato, y del futuro, son escasos siempre y en su lugar encontramos un orden basado en la alternancia entre simpatía y antipatía.

Las fuerzas físicas de *Júpiter* están bien desarrolladas en la configuración corporal, visible en la musculatura y en el crecimiento equilibrado. Las cualidades excarnatorias, que se manifiestan en el gesto anímico y en la individualización de la voz, aparecen caricaturizados en los patrones de movimiento del grupo: caminar, mover los brazos, montar en la moto de una manera determinada, etc. Esto también se manifiesta en el brusco paso de un pasearse sin rumbo fijo a una agresión arbitraria al primero que pase por allí, sobre todo si se está en grupo.

La *función de Saturno*, finalmente, se caracteriza por un deseo de encarnación acelerada por un lado, y por la incapacidad de hacer sacrificios conscientes por otro. En lugar de sacrificios individuales, existe el deseo de muerte del grupo (una muerte sin resurrección), provocando peligros constantemente, llegando al límite.

Todo esto se refiere fundamentalmente a los chicos. Del mismo modo que el porcentaje de chicos que padecen anorexia es muy bajo, el porcentaje de chicas con estos problemas también lo es. Y se manifiesta en un comportamiento hiperindividualista, que no es síntoma de fuerza, sino de una vulnerabilidad extrema disfrazada de indiferencia, testarudez, o provocación impúdica (función de Marte pervertida). Uno tiene que poder distinguir a éstas de las pocas chicas a las que se les permite ir con los chicos, pero sólo con fines de exhibición o sexuales, y no como individuos. La cínica práctica de *cambiar después de usar* es un síntoma de esas relaciones impersonales.

El comportamiento psicopático en la adolescencia puede también producirse *parcialmente*, y manifestarse más en relación con un sólo aspecto planetario. La imagen del *playboy* (y de la *mujer fatal*), por ejemplo, surge de una no-metamorfosis de las *fuerzas lunares*.

Si la *cualidad mercurial* no ha sido transformada, entonces uno se convierte en un perpetuo artista fallido, pues la actividad mercurial no está sustentada por el desarrollo moral del yo.

La *fuerza venusiana* no transformada conduce al Don Juan, la figura trágica que no puede encontrar ninguna relación real. Esto se encuentra a menudo en hombres y mujeres que se divorcian a menudo, o en el trotamundos solitario que nunca encuentra un lugar donde quedarse.

Las *fuerzas marcianas*, si no se transforman, dan una imagen que, a primera vista, parecen de un temperamento colérico. Pero es en realidad una incapacidad de traer orden a su vida, de modo que siempre hay una atmósfera de caos alrededor de la persona, interrumpida de vez en cuando con intentos furiosos de crear orden.

Las *fuerzas de Júpiter* no transformadas llevan al caos y a la debilidad en el pensamiento independiente. Como resultado de ello se produce la tendencia a buscar apoyo en una autoridad, en una secta, por ejemplo, o en un movimiento político autoritario. Es común en estos casos un frecuente cambio de autoridad, aunque siempre se tiene la total convicción en la verdad de la última adoptada.

Las *cualidades saturnianas* inmaduras llevan al egoísmo extremo, aunque más por miedo que por libre elección. Lo que sale a la luz es la incapacidad para hacer cualquier tipo de sacrificio o para aceptar la renovación, viviendo siempre en un estrecho círculo de orientación materialista.

En todos estos casos falta la fuerza solar, una cálida y alegre positividad hacia la vida, dirigida hacia la interacción humana.

Hemos hecho una descripción del comportamiento psicopático desde el punto de vista del desarrollo individual. La mayor parte de las descripciones son sociológicas o pedagógicas. Lo que se señala en ellas es que la desviación del comportamiento tiene su causa en un descuido emocional o material, provocado por familias rotas, desempleo, etc.

En la mayor parte de los casos, efectivamente, se pueden reconocer muchos de estos factores. ¿Pero cuáles son las causas? ¿Cómo puede ser que por cada chico con un comportamiento extremadamente desviado haya cientos con los mismos factores negativos en su historial clínico que no caen en un comportamiento psicopático? Es más, este tipo de comportamiento se da también en chicos que han crecido en las circunstancias sociológicas y pedagógicas más favorables.

Además de los factores externos hay siempre un factor interno que determina la reacción. Aquellos que tienen que educar a jóvenes - chicos y chicas - en instituciones benéficas para estos fines, también reconocen estos factores.

En primer lugar, sin embargo, vale la pena señalar que bajo la designación de *inadaptado* hay pájaros de muy distintos plumajes. Una parte tienen leves aberraciones neuróticas y pertenecen al grupo de chicos con daños cerebrales mínimos. Estos no pueden mantener el orden en su entorno y entran continuamente en pánico, pues su instrumento corporal, el sistema nervioso central, está dañado.

En segundo lugar, los inadaptados se diferencian de los que forman bandas, mencionados anteriormente, en que no han sido capaces de manejarse en la vida y han acabado en instituciones hechas al efecto, donde han sido clasificados como incapaces de seguir una educación normal, mientras que el otro grupo ha pasado por la enseñanza primaria, y en muchos casos también por la secundaria. Sus problemas comienzan desde la pubertad en adelante, con la necesidad de hacerse adultos. Pero no pueden con *esta* edad adulta en *este* siglo veinte, en una sociedad que se debate con el paso de una cultura del alma intelectiva y de corazón a una del alma consciente. Por esta debilidad, se saltan el proceso de hacerse adultos, el proceso de maduración terrestre, y huyen a una pseudo-adultez, tal como lo hemos descrito.

Este problema atañe sobre todo a los chicos, tal vez porque las chicas pueden escapar a la prostitución, que también sirve para esconder el miedo a recorrer el camino hacia la edad adulta.

Todos estos fenómenos se han vinculado en las últimas décadas al problema de las drogas, y se han asociado al fenómeno de la adicción. Éste será el tema de la próxima parte de este capítulo.

Para la terapia médica, así como para la euritmia curativa, es muy importante hacer un diagnóstico diferenciado de las perturbaciones del desarrollo descritas hasta ahora, pues son los dos tipos de terapia que deben servir de base para tomar medidas socio-terapéuticas.

Adicción

Una tercera perturbación en la adolescencia y años posteriores se encuentra en el grupo de los que caen en la adicción.

En el capítulo 5 hemos señalado que el yo superior del hombre no se encarna, sino que permanece en segundo plano en la esfera solar. Lo que llamamos yo, aquí en la tierra, es sólo un reflejo del yo superior, aunque un reflejo activo en la organización del yo, el organismo calórico de nuestro cuerpo. El organismo calórico, como el calor en sí mismo, es un fenómeno *frontera*. El calor es a la vez espiritual y físico. Cada intervención del espíritu en la materia se produce por medio del calor, y lo mismo ocurre con la organización humana.

La influencia del yo superior, el segundo hombre interior, que es portador de las intenciones de nuestra encarnación, es especialmente fuerte en los momentos en los que el *nódulo lunar* ha regresado a la posición que tenía en el Zodiaco al nacer - una vez cada 18 años y 7 meses. Como ha sido descrito en el capítulo 5, en ese momento el portal del nacimiento se abre momentáneamente de nuevo. Esta constelación no debe verse como un momento preciso, sino como una fase en la que hay un incremento, y luego un decaimiento de la especial influencia del yo superior, que renueva la actividad del impulso hacia el futuro. El primer nódulo lunar, por lo tanto, se produce hacia los 19 años, y los siguientes a los 37 y 56, y en la vejez hacia los 75. Estos momentos son críticos en la biografía. Especialmente el primero, aunque también el segundo (poco después de la mitad de la vida), es determinante para la realización del *karma* futuro.

Como con la anorexia, y con el comportamiento psicopático, se pueden producir también problemas en la encarnación, que de nuevo sólo pueden ser superados con el enorme poder de sacrificio del prójimo.

Hay un grupo de jóvenes que pasan su pubertad de manera normal, incluso madurando prematuramente, pero que en algún momento entre los 17 y los 23, pierden el hilo de su propio futuro. La consciencia del yo como bebés, y las experiencias del yo a los 10 años, han sido correctas. Aún seguían el impulso del yo que entró por el *portal de la luna* en el nacimiento. Pero el tercer impulso del yo, en el que el yo actual se realiza, falla.

Debe ser renovado con el nacimiento del segundo hombre interior, de lo contrario sólo estarán activas las fuerzas del viejo *karma*. Rudolf Steiner describe este proceso en un verso, con el que resume su conferencia de Londres del 2 de septiembre de 1923. Esta es su traducción:

> *Miro en las Tinieblas.*
> *En ellas surge la Luz -*
> *¡Luz de Vida!*
> *¿Quién es esa Luz en la Oscuridad?*
> *Soy yo en mi realidad.*
> *Esta realidad del Yo*
> *No entra en mi vida terrena.*
> *Soy una imagen de ella*
> *Pero la encontraré de nuevo*
> *Cuando con buena voluntad hacia el Espíritu*
> *Haya pasado por la Puerta de la Muerte*[2].

Son especialmente importantes las palabras "Cuando con buena voluntad hacia el Espíritu". Uno tiene el sentimiento de que esa buena voluntad hacia el espíritu es la condición esencial para la penetración del segundo hombre en los nódulos lunares: cualquier duda en la activación del segundo hombre, en la voluntad de encontrarle, hace que la vida pierda su sentido y no tenga futuro.

El impulso del nacimiento actúa hasta los 28 años, y en cierto sentido tiene repercusión hasta los 35. Pero para entonces se han agotado las reservas que se traían. Sin un nuevo impulso del yo el ser humano caerá en la repetición y se extinguirá.

Pero esas reservas disponibles pueden incluso no ser suficientes para llevar el desarrollo hasta pasar la pubertad. Puede ocurrir entonces que se busque un apoyo externo, con el alcohol, el hachís, los estimulantes, y finalmente la heroína. Pero sobre todo pueden faltar estas fuerzas de encarnación cuando las circunstancias exteriores sirven de obstáculo, como familias rotas, descuido grave motivado por alcoholismo en el entorno, falta de confianza en los adultos y en los compañeros, etc. El encuentro con el yo superior puede, por tanto, no llegar a producirse en la adolescencia. El vacío interior que esto provoca recuerda mucho a la experiencia de los que, como resultado de una debilidad en la encarnación han perdido contacto con el impulso de su yo antes de la pubertad.

Para los que, por una u otra razón, no pueden encontrar a su segunda individualidad, la vida pierde interés. Lo único que queda es encontrar el modo de hacer desaparecer la resistencia terrestre. La consciencia deambula en un reino de sombras, donde el dolor y el deber han desaparecido y dejan lugar a una difusa sensación de bienestar. Este estado se consigue con el alcohol y las drogas. Tienen en común que provocan un estado de pseudo-felicidad, aunque de duración limitada. Y lo consiguen cambiando la relación entre el cuerpo astral y el cuerpo etérico.

El cuerpo astral entra en el reino luciférico de la arrogancia, la pseudo-paz, o el éxtasis. El cuerpo etérico, desconectado del cuerpo astral, se vincula más fuertemente al cuerpo físico, lo que conduce a deformaciones funcionales. Estas se experimentan en la resaca cuando regresa el cuerpo astral, que, a fin de cuentas, es el portador de la consciencia. Esta experiencia de resaca aporta el motivo para la búsqueda de una nueva excarnación del cuerpo astral, lo que provoca una aún mayor perturbación del cuerpo etérico. Este es el mecanismo que causa la *adicción*.

Cada sustancia adictiva lleva a un lento suicidio, y la heroína a un suicidio más rápido. Esto parecerá exagerado a los bebedores o consumidores moderados. Piensan que controlan, y que pueden parar cuando quieran. Pero aunque consigan parar, el daño producido es mucho mayor de lo que se piensa.

Este daño se produce por un lado en la esfera de lo físico-etérico, y por otro en la incapacidad de que el yo superior guíe la vida. Cuando el cuerpo astral se retira de la organización físico-etérica, el yo pierde el punto de contacto desde el que puede manifestarse en el alma sensible, el alma intelectiva y de corazón y el alma consciente. El yo superior es puesto al margen, podríamos decir, y con él la posibilidad de tener un futuro individual con sentido. ¡Por medio de cada sustancia adictiva, el ser humano pierde algo de su potencial para darle sentido a su encarnación!

Siempre ha habido adicción a las sustancias narcóticas. Pero no debemos ignorar que en los últimos 25 años el comercio mundial de drogas, que mueve verdaderas fortunas, muestra que el fenómeno se ha internacionalizado e intensificado.

Las drogas más comunes pueden dividirse en cuatro categorías:
- Opio y sus derivados;
- Alcohol y derivados del cannabis;
- LSD (cornezuelo del centeno), psilocibina (setas), mescalina (cactus);
- Cocaína y psico-fármacos (anfetamina).

El *opio* y sus derivados provienen del Lejano Oriente. El opio provee al consumidor de un mundo de sueños, que se experimentan en solitario. El consumidor de opio pierde peso y *se consume*. Las fuerzas etéricas se extinguen, el cuerpo astral sale de la organización físico-etérica y se experimenta una consciencia ensoñadora y sin yo.

Hay toda una serie de derivados del opio con efectos específicos, tales como la morfina (calmante), codeína (para la tos), y heroína, que es el más peligroso por su inmediato efecto adictivo.

El *alcohol* es un estimulante bien conocido a lo largo de toda la historia de la cultura europea. En la antigüedad (hebrea y griega), el alcohol aún tenía una función sacramental. Se experimentaba lo divino por medio de la intoxicación, pero en un tiempo en el que el alma estaba muy cerca del espíritu, es decir, poco después del *Ocaso de los Dioses*. En la posterior resaca se experimentaba una más firme conexión con el cuerpo físico. En los últimos misterios griegos (en Eleusis, por ejemplo) lo importante era sobre todo esa resaca. La humanidad aún se dirigía hacia una mayor encarnación y a reforzar el vínculo entre el cuerpo etérico y el cuerpo físico, lo cual se promovía por medio del alcohol.

En nuestra época estamos demasiado encarnados, y debemos aprender a superar las ataduras que nos llevan hacia lo espiritual, pero regresivamente. En este camino, el alcohol es un enemigo inminente; ya lo hemos señalado antes. Aun así, es comprensible que muchos de los que sienten la inquietud de la apertura de las fronteras interiores busquen el alcohol como ayuda para huir de esa inquietud, de la autocrítica y de la depresión por medio de un leve grado de intoxicación.

Con los productos derivados del *cannabis* ocurre algo similar. Estas sustancias, al ser fumadas como *hachís* o *marihuana*, provocan un estado de intoxicación en el que las percepciones sensoriales se intensifican, y se crea un estado especial de consciencia. El cuerpo astral sale de la organización físico-etérica, y experimenta los límites del mundo elemental de una manera semiconsciente.

Más tarde volveremos sobre la cuestión de si estas sustancias son nocivas o no.

El *LSD* (una sustancia sintética hecha a base del cornezuelo del centeno), la *mescalina* (a base de un cactus mexicano) y la *psilocibina* (hecha a base de una seta) pertenecen a la categoría de los alucinógenos. Provocan un estado en el que se producen alucinaciones y éxtasis. Como se *experimentan* en estado de vigilia, estas experiencias se pueden recordar posteriormente. El LSD estaba de moda hace algunas décadas como medio de investigación de fenómenos psíquicos ocultos. La mescalina y la psilocibina son bien conocidas gracias a las descripciones de muchos investigadores occidentales. Estas sustancias habían sido utilizadas hace tiempo por los indios mexicanos para alcanzar una *consciencia expandida*, y tenían una función sagrada.

Del LSD sabemos mucho, en parte porque fue utilizado en una época para el tratamiento de la neurosis - con la esperanza de que las alucinaciones que provocaba sirvieran para revelar más del subconsciente de lo que cualquier análisis de los sueños pudiera conseguir. (Este tipo de tratamiento es raramente usado en nuestros días.)

La experiencia del LSD es un claro ejemplo de un cruce del umbral exterior, pero sin la preparación necesaria. Esto significa que el que lo usa no puede controlar la situación en la región del mundo elemental. Se producen *buenos y malos viajes*, sin que se pueda tener mucha influencia sobre ello. Todo lo dicho anteriormente sobre el acceso al mundo elemental se puede aplicar en este caso (léase, por ejemplo, el Capítulo 3). La entrada en ese mundo se experimenta *en* la psique - colores, formas, imágenes, una tras otra, hermosas o terroríficas, pero cien veces más intensas que las impresiones sensoriales ordinarias; esto es típico de una entrada en el mundo elemental.

La *cocaína* ocupa una posición especial. Produce una anormal (y aparente) intensificación de la consciencia y de toda percepción.

Se han hecho todo tipo de afirmaciones *científicas* contradictorias sobre la nocividad del alcohol y las drogas. Mi propia experiencia como médico es la siguiente: *primero* viene la verdadera adicción primaria (debida por ejemplo a la propia biografía), el fracaso a la hora de encontrar perspectivas y confianza hacia el futuro, de encontrar al yo superior, y sólo *después* viene la huida hacia la intoxicación. El consumo de hachís o el LSD refuerzan luego el fracaso del yo. Conozco el caso reciente de dos jóvenes que cayeron en una psicosis aguda y de larga curación tras el consumo de LSD.

Además hay siempre perturbaciones funcionales del cuerpo etérico, que a la larga provocan daños en los órganos físicos - en el hígado por el uso del alcohol, y en el cerebro por el uso del LSD.

Normalmente, el cuerpo astral y el yo salen del cuerpo etérico por la noche, y la astralidad cósmica (el mundo planetario) toma su lugar y reajusta lo que ha sido alterado durante el día.

Pero las drogas son venenos que sacan al cuerpo astral y dejan *desatendido* el cuerpo etérico. Y un cuerpo etérico desatendido atrae a los seres elementales; y es cuestión de suerte lo que viene después. Da la impresión de que en el caso del opio lo que viene son seres luciféricos, y con el LSD y los narcóticos mexicanos son claramente seres ahrimánicos. Y lo que esos seres hacen con el cuerpo etérico uno lo siente después, en la resaca, al regresar el ser anímico-espiritual. Y esta resaca es la justificación de la próxima intoxicación.

La cocaína es claramente una sustancia ahrimánica y provoca graves daños con rapidez, igual que las anfetaminas (psico-fármacos).

No sólo es que las sustancias puedan tener un efecto adictivo, sino que además hay también *acciones* adictivas. El *acto* de fumar cigarrillos, por ejemplo, es tan importante como la ingestión de nicotina. Una actividad adictiva, como las visitas a discotecas, proporciona una excarnación por medio de luces destelleantes, ritmos *compulsivos*, y movimientos desenfrenados. Las investigaciones han demostrado que las luces estroboscópicas y los ritmos compulsivos pueden provocar cambios en los ritmos cerebrales, lo cual es visible en un electroencefalograma. Los ritmos cerebrales son un reflejo en el sistema nervioso central de la actividad del cuerpo etérico. Una pequeña lesión cerebral, provoca ataques de epilepsia. No hace falta mucha imaginación para concluir que, con una excarnación tan exaltada y unos movimientos corporales tales, el yo superior no puede tener acceso al ser humano.

Cuando hablamos de adicción juvenil, debemos distinguir claramente entre la adicción real o adicción *primaria*, y la adicción *secundaria*, provocada desde el exterior por medio de actividades criminales.

La verdadera tendencia a la adicción, como parte del destino individual, comienza generalmente cuando, hacia los 18 años, el yo superior no puede acceder a la vida anímica del adolescente. La vida pierde entonces toda perspectiva de futuro, se hace vacía y fría. Desaparece toda alegría, y se siente que uno es siempre la misma persona que sigue *ociosamente* hacia delante. Asqueada de sí misma y de la sociedad en la que le toca vivir, la persona siente un deseo incontrolable de escapar a la intoxicación o a un mundo de ilusión.

Como dije anteriormente, la verdadera adicción primaria puede también surgir antes en el caso de jóvenes cuyo impulso del yo superior es débil desde el nacimiento. Lo que ocurre entonces es que el niño en la escuela primaria no se siente parte del grupo (de la clase), y la experiencia del yo a los 10 años se altera[3]. Se atraviesa entonces la pubertad con un grado de inseguridad e insatisfacción por encima de la media.

Estos niños son a menudo víctimas indefensas de todos los deseos que provienen del cuerpo astral, y sólo depende de cuál de ellos es el más fuerte. Se producen entonces experiencias sexuales precoces por iniciativa del propio niño, aparte de robos o uso de drogas.

Los jóvenes adictos de los que hablamos ahora no deben confundirse con los jóvenes agresivos y precoces tratados antes. Son más bien niños amables, pasivos, y sin ninguna tendencia hacia cualquier tipo de actividad deliberada. Pueden mirarte a la cara con dulzura, y responder a tus preguntas sobre el futuro diciendo que no tiene ningún sentido. Lo único que les queda es quedarse toda la noche *fumando*, en compañía de otros preferentemente, aunque cada uno está encerrado en su propio mundo. "Y cuando no tenga dinero, entonces me moriré. ¿Y qué? No es para tanto...".

Con la heroína, sin embargo, debido a la adicción, surge la necesidad de estar activo para poder hacerse con la próxima *dosis*. Y para ello se pone de lado cualquier consideración moral.

Debido a que la heroína es un gran negocio, y que el mercado debe estar en continua expansión, muchos jóvenes, incluso menores de edad, son inducidos criminalmente a la adicción. Esto no tiene nada que ver con la adicción patológica primaria. A fin de cuentas, uno puede hacer un adicto de un niño, con darle simplemente ciertas sustancias. En el caso de esta adicción provocada, también se produce la destrucción de la organización físico-etérica, sobre todo si la adicción comienza muy pronto, en la pubertad por ejemplo.

Una nueva forma de adicción es la que se refiere a los psico-fármacos. Esta adicción ha sido provocada por la medicina moderna. Es una reacción a los síntomas internos del cruce inconsciente del umbral (léase la descripción en la Primera Parte). Es un círculo vicioso, provocado por una recurrencia de depresiones y miedos, por la investigación y comercialización de nuevos y siempre mejores y más efectivos medicamentos, y por la incapacidad del mundo médico de hacer posible una terapia verdadera y llena de significado.

La tendencia a la adicción, ya sea fumando, con pastillas para dormir, calmantes o psicofármacos, o sexo, o incluso el estudiar fanáticamente una carrera, depende siempre del grado en el que el yo superior controla la encarnación. Si al yo superior se le escapa la encarnación terrestre, el vacío debe llenarse con *remedios* químicos o por medio del trabajo (*workaholism*: neologismo inglés, algo así como *trabajismo*, adicción al trabajo).

El punto de partida para una terapia debe basarse en la frase del poema antes citado: "Con buena voluntad hacia el espíritu". Sin una buena voluntad dirigida hacia el ser humano superior, ninguna cura de desintoxicación irá más allá de la fase de supervisión; es casi segura una recaída.

Y dado que siempre hay daños en la organización físico-etérica, es siempre necesaria una terapia médica y de higiene general. Además debe haber una estimulación del interés, según el nivel y las posibilidades de la persona en cuestión. Aquí es donde el psicoterapeuta debe usar su imaginación para encontrar medios y maneras junto con el paciente.

El *karma* no es jamás cosa de una persona sola. El *karma* es siempre un proceso interpersonal; el fruto de la interacción con los demás. Esto también se aplica al *karma* orientado hacia el futuro, que se expresa en nuestro leitmotiv. Sólo si cooperamos con otras personas, preferentemente si son personas con el mismo tipo de problemas que nosotros, podemos construir un futuro estable. Este es el secreto de los Alcohólicos Anónimos (A.A.), el club de los ex-alcohólicos que se ayudan mutuamente. Y también es la fuerza de una comunidad de trabajo de ex-drogadictos que montan un comercio o un restaurante juntos.

Los diversos centros que existen para la acogida de drogadictos usan una amplia variedad de enfoques para el tratamiento, desde la rigurosa terapia behaviorista, o más bien, adoctrinamiento behaviorista, hasta la ayuda mutua alternativa. Los centros antroposóficos ponen el acento en la medicina antroposófica y los efectos beneficiosos de la euritmia y el arte.

Está claro que todo depende de si se consigue o no despertar una buena voluntad hacia el espíritu. Si se consigue, es posible una cura permanente. Pero sólo se conseguirá, no obstante, si los pacientes forman parte de una comunidad que les guía en esa buena voluntad hacia el espíritu e incluyen a otros en ello.

El trabajo con adictos es uno de los más difíciles trabajos psicoterapéuticos. El daño etérico producido ha debilitado la voluntad del paciente. La débil encarnación del yo superior provoca que uno se confronte continuamente con el cuerpo astral, con la parte animal del ser humano, que es infinitamente más astuta que el yo a la hora de conseguir lo que quiere.

El daño etérico puede llevar a un comportamiento criminal extremo, en el que no tiene ninguna acción el control del yo. El tratamiento de un estado así es aún un problema sin resolver, pues es necesario además proteger a los otros de este comportamiento criminal, lo cual interfiere en la actividad terapéutica.

En cualquier caso, las decepciones, las recaídas, la frustración, son habituales en el trabajo del terapeuta en este área. Los que lo aguantan y perseveran han dado un gran paso en su propio desarrollo, y sólo con ello pueden mostrar el camino a los seres humanos que están en peligro. Como en todo tipo de trabajo terapéutico en grupos, ya sea en pedagogía curativa o en terapia de adictos, uno debe siempre preguntarse: ¿para quién es importante el trabajo, sólo para los pacientes, o también para los terapeutas?

Capítulo 18
La formación del terapeuta

Se da por supuesto que hoy en día los psicoterapeutas siguen un largo periodo de estudio en el que aprenden a manejar las capacidades necesarias para acompañar el proceso terapéutico. La formación psicoanalítica dura muchos años, y otras especialidades tienen sus propios cursos de formación. La psicoterapia antroposófica (psiquiatras o psicólogos clínicos), así como los asistentes sociales que quieren trabajar en este campo, deben igualmente pasar por una fase de aprendizaje específica. Ésta consiste en desarrollar el tipo de experiencia interior necesaria para poder comprender y compartir las experiencias del paciente, y poder acompañarle hasta el punto en el que pueda integrar sus experiencias en un modo de vida social y personalmente aceptable. En otras palabras, el terapeuta debe conocer el camino interior y exterior *por propia experiencia*, al menos en su primera fase. Esto implica un camino de formación de tipo meditativo, y un contacto e intercambio de experiencias con los formadores y asesores en la terapia.

Sólo podemos dar aquí una visión general de este camino de desarrollo. En realidad es un proceso individual que depende de los contactos personales en las diferentes situaciones de formación.

Para comenzar, trataremos de los ejercicios del camino *exterior*.

En primer lugar, es necesario que el estudiante se libere durante cierto tiempo de las ocupaciones, preocupaciones y pensamientos con los que ocupa su consciencia normalmente. En este estado de apertura, la mirada interior debe dirigirse hacia cada una de las series de procesos que tienen lugar en el ser humano.

Primero debe dirigirse la atención hacia la *naturaleza físico-corporal*, con su sólida forma y condición. Nuestra consciencia se centra en el elemento tierra en nosotros mismos.

Sentimos intensamente cómo la fuerza de la gravedad actúa en nosotros, en el peso de nuestros miembros cuando los movemos contra esa fuerza. Tal vez podemos recordar cuando pudimos dar los primeros pasos tras una enfermedad. O cuando llevábamos nuestro pesado cuerpo de vuelta a casa tras una larga excursión por las montañas. La idea es revivir las situaciones en las que nuestro peso, nuestra relación con la gravedad, se sentía intensamente.

Luego dirigiremos nuestra atención a las formas en las que se manifiestan las partes sólidas y cristalizadas de nuestro cuerpo físico. Las duras formas del esqueleto, sobre todo de la cabeza, son evidentes al tacto. Lo que intentamos sentir entonces es el proceso de endurecimiento, desde el cráneo cartilaginoso del embrión hasta el cráneo cristalizado del adulto. Este proceso de endurecimiento y cristalización se siente como algo doloroso y agudo por un lado, y como algo cristalino y claro por otro.

Lo que intentamos sentir aquí conscientemente a través de *experiencias controladas*, se transforma en algo dominante, a veces hasta amenazador, e incluso paralizante, en aquellos que cruzan el umbral involuntariamente o por medios químicos. Cuando un paciente cuenta, por ejemplo, que en ciertos momentos el mundo le parece hecho de cristal, que las voces resuenan lejanas, y que se siente caminando en un mundo de vidrio, y que entonces siente la necesidad irresistible de beber grandes cantidades de alcohol para liberarse de ese *mundo de cristal*, el terapeuta será capaz de reconocer la humanidad del paciente, y ayudarle a encontrar un medio de terapia. El paciente suele contar en estos casos que este estado se produce varias veces al año, y dura unas semanas, para luego parar, tal y como empezó, *de golpe*. Entre unos ataques y otros el paciente no necesita tomar alcohol y puede trabajar normalmente. Pero el problema es que con estos periodos de enfermedad tan recurrentes, además de los periodos de recuperación, tiene miedo de perder su trabajo.

Esta experiencia, que el terapeuta conoce desde *este* lado del umbral, es padecida por el paciente involuntariamente, ya que ha cruzado el umbral y ha caído presa de las fuerzas elementales de la cristalización. En los periodos *de salud* del paciente, el terapeuta provocará deliberadamente junto con él, las experiencias que ocurrieron involuntariamente, para poder dominarlas, de modo que en el próximo cruce involuntario del umbral la consciencia y el control del yo estén cada vez más fortalecidos, y el paciente pueda efectuar el regreso a través del umbral por sí mismo. Así aprenderá a no tener miedo, primero porque entiende lo que pasa, y segundo, porque puede regresar solo.

En el próximo paso el terapeuta dirigirá su atención interior a su propia *organización fluida*. Se dará cuenta de que en su interior hay un constante fluir de líquidos. El terapeuta debe comenzar a distinguir las diferencias de los fluidos.

La corriente sanguínea se experimenta interiormente como una poderosa y desbordante ola, que brota del corazón con un impulso poderoso, para luego diluirse lentamente en los numerosos canales que la conducen al *laberinto* de los capilares, donde llega a una completa parada. Esto se puede sentir en la punta de los dedos. Desde ahí se reanuda de nuevo en lentas corrientes, que, aumentando de velocidad, se acercan al corazón y finalmente desaparecen en un remolino en la válvula derecha del corazón. Es importante sentir el desbordante impulso inicial, así como la calma en el vórtice cuando regresa al corazón. El terapeuta encontrará todas estas experiencias, pero mil veces más intensas, en los pacientes que hayan cruzado el umbral hacia el mundo elemental.

Pero también se pueden experimentar muchas otras cualidades en el ser fluido. En el estómago y en el intestino delgado se segregan grandes cantidades de fluidos corporales, que son luego reabsorbidos por el intestino grueso. Es un flujo y reflujo como el de las mareas del mar.

Lentamente, la linfa recorre su camino a través y alrededor de las células corporales y va a parar a pequeños riachuelos que desembocan sigilosamente en la corriente sanguínea.

El fluido cerebral, cristalino como un manantial de montaña, bulle en la cavidad cerebral, bañando el cerebro y la médula espinal, para luego ser absorbido por la espina dorsal.

Se pueden experimentar muchos tipos de cualidades de fluidos, que finalmente se resumen en una imaginación del ser fluido en nosotros. Este ser fluido es el portador de numerosos ciclos de secreción y reabsorción, de múltiples ritmos y cadencias, de un complejo equilibrio de presiones y goteos.

Ahora se puede entender lo que Olav Asteson oía cuando hablaba de las aguas debajo, *en el mundo elemental bajo la luna;* y también a todas las curiosas experiencias de pacientes que han cruzado, en parte o totalmente, el umbral, y que proyectan fenómenos aparentemente absurdos como experiencias de su cuerpo.

Luego uno dirigirá su atención hacia el *ser aéreo* del hombre. Como un viento silbante, el aire entra en los pulmones, dividiéndose en miles de bolsas de aire, en las que el movimiento del aire se detiene. Entonces el oxígeno es llevado por la sangre a todo el cuerpo, trayendo *refresco* y nueva vida por donde va. Uno puede sentir este fluir del oxígeno como una corriente dadora de vida. Entonces se puede comprender la imagen de Adán que recibe el *aliento de vida*, y con él la consciencia.

Uno dirigirá después la atención hacia la expiración, que lleva el monóxido de carbono como fuerza de muerte, recogido por todo el cuerpo. Este monóxido de carbono es devuelto al aire, y transformado por la planta en azúcar, almidón y finalmente en fibra de madera, devolviendo oxígeno al aire de nuevo. Uno puede imaginarse el ciclo que conecta al hombre con el mundo vegetal. Lo que en la planta se hace fibroso no debe llegar tan lejos en el hombre, sino que debe ser exhalado. Sólo una pequeña porción puede quedarse y cristalizar en forma de carbonato cálcico en el esqueleto.

Nótese que no se trata de controlar la respiración, como en el hatha-yoga, sino de una experiencia interior del fluir del aliento por todo el cuerpo. Uno podrá así entender la experiencia de las perturbaciones respiratorias que se presentan como hiperventilación o asma. Ya se acepta que ambas enfermedades tienen un origen psicológico. En la hiperventilación se produce una liberación incontrolada de monóxido de carbono, además de una toma excesiva de oxígeno. Esto se produce al comenzar el cruce del umbral hacia el mundo de la luz elemental, o éter de aire. Se necesita cierto grado de fuerza de muerte para la consciencia en la tierra. En la hiperventilación nos encontramos con la tendencia a escapar de las dificultades de "aquí abajo" a través de una huida cruzando el umbral. La respiración forzada provoca también aturdimiento y mareo. El que padece hiperventilación escapa así de sus problemas, y, durante la terapia, éstos deben ser llevados a la consciencia y *aireados*. Incluso el lenguaje común conoce la expresión *airear* en el sentido de aliviar una situación de estrés.

Los problemas del ser aéreo son al mismo tiempo problemas de consciencia, incluido el asma. En un ataque grave de asma, el paciente puede ahogarse en sus pulmones por la incapacidad de exhalar. El paciente asmático es *asmático* en su actitud ante la vida. Se prepara continuamente, no para de estudiar, pero no llega nunca a nada en su situación social. Una madre excesivamente protectora, siempre *encima* de sus hijos, de modo que no los deja *respirar*, puede crear en ellos asma, sobre todo con niños que, por sí mismos, tienen dificultades para expresarse.

Así como el ser aéreo tiene que ver con la consciencia, el *ser calórico* del hombre es el portador del yo. De nuevo dirigiremos nuestra atención interior y buscaremos las sutiles diferenciaciones calóricas. Las más altas temperaturas se encontrarán en los órganos digestivos. La parte más fría es la piel de los miembros. Normalmente irradiamos el calor que hemos producido, y no absorbemos normalmente el calor exterior. Siempre que nos afecta el calor externo reaccionamos. Los conductos sanguíneos se dilatan, y nuestro calor se opone al calor exterior. Sólo si éste es demasiado fuerte nos superará; sólo cinco o diez grados pueden ser fatales. Lo mismo ocurre con bajas temperaturas.

No tenemos que comprender hasta el mínimo detalle el milagro del calor constante para asombrarnos con los estrechos y sutiles límites en los que podemos vivir como seres espirituales con un cuerpo en la tierra. Todos los que atraviesan el umbral y sienten el mundo del fuego llameante de *Muspelheim* conocen el horror, aunque también la bendición, del elemento del fuego.

Intentaremos sentir cómo el entusiasmo espiritual y los sentimientos calurosos se convierten en calor corporal mensurable; cómo el entusiasmo acelera la respiración e intensifica el latir del corazón, pone al ser fluido en movimiento, y vence la gravedad. Con el entusiasmo, la pesadez se convierte en levedad, se supera la fatiga. No hay nada como el entusiasmo como terapia para la neurosis; no el falso entusiasmo del fanático, que es en esencia frío, ni tampoco el falso entusiasmo del extrovertido o del que se entrega a emociones desinhibidas, sino el verdadero entusiasmo hacia la tarea que uno tiene que realizar en esta encarnación.

Cuando el terapeuta ha aprendido a encontrar su camino hacia el mundo elemental, deberá conocer las experiencias de los que han atravesado ese mundo y han tenido vivencias del mundo cósmico que hay detrás. Es el mundo de las armonías cósmicas, el mundo de las cualidades planetarias en su relación con las imágenes de Zodiaco.

Lo que se experimenta allí es que nuestra estructura anímica está, en mayor o menor grado, en armonía con lo que resuena como *armonía de las esferas*. Es una experiencia inspirativa de nuestra propia consonancia o disonancia. Esto se experimenta con tal intensidad, que lleva a sentirse, o totalmente rechazado, o totalmente feliz. Lo más frecuente es un rechazo de nuestra propia existencia y una acusación demoledora. Los que pasan por esto tienen un *mal viaje*, que puede dejarles psicóticos por mucho tiempo. El terapeuta, sin embargo, tendrá que tener por lo menos un acercamiento a esta experiencia. Esto conllevará una especie de modestia existencial. Del escuchar, experimentar y ser tocado por un juicio de uno mismo, puede nacer la promesa de continuar el resto de la vida trabajando para armonizar el pensamiento, el sentimiento y la voluntad. La fuerza terapéutica no viene de lo que uno ya puede hacer, sino de aquello que uno por sí mismo, como terapeuta, lucha por conseguir. Sólo entonces podrá uno encontrar al paciente en igualdad de condiciones, como dos personas que luchan juntas.

Por tanto, el terapeuta debe sentirse como en casa en las experiencias imaginativas del mundo elemental y en las experiencias inspirativas del mundo anímico cósmico para poder ayudar a sus pacientes en el camino exterior.

En el camino *interior*, el terapeuta debe igualmente saber del mundo de experiencias del paciente para poder ayudarle y acompañarle.

Ya hemos señalado que el camino interior es un camino hacia atrás en el tiempo. El terapeuta tendrá que hacer este camino por sí solo.

En primer lugar tendrá que revivir su camino en la vida hasta el presente, lo que implica hacer una retrospectiva en imágenes y sin emociones. "¿Cómo era cinco o diez años atrás? ¿Qué aspecto tenía? ¿Qué tipo de trabajo hacía? ¿Quienes me rodeaban?". Y así, hasta la infancia: "¿Cómo era a los 8, 5 o 3 años de edad? ¿Cuáles son mis primeros recuerdos?". Todo esto debería ser *objetivo*, como si se mirara la vida de otra persona.

Sólo entonces se dirigirá la atención hacia el ser interior: "¿De qué me preocupaba hace 10 años?" En esta fase uno debería evitar todavía revivir situaciones interiores conflictivas. Intentarán acceder a la consciencia, pero uno deberá retenerlas.

Sólo en la siguiente fase puede uno sacar conclusiones y determinar si hay situaciones conflictivas o fracasos recurrentes. ¡De este modo uno comienza a saber algo del "leitmotiv" propio! "Aparentemente hay ciertas cosas y situaciones que no sé manejar; el conseguirlo es mi primera tarea en la vida". Uno entonces se hace la pregunta: "¿Ha cambiado mi manera de manejar estas situaciones a lo largo del tiempo? ¿He aprendido algo, y estoy aprendiendo algo *ahora* al verlo así?".

Luego uno puede volver a la pregunta: "¿Qué o quién me ha permitido encontrarme con las personas que han tenido una influencia positiva en mi vida, y cuándo ocurrió? ¿Qué han cambiado esas personas en mi vida y qué les debo?". Esto hará que la propia vida se haga visible en sus relaciones kármicas. Esto llevará a un profundo sentido de gratitud en el alma, y este sentimiento actuará sobre el paciente en el trabajo terapéutico. Entonces uno traerá a la mente los mejores momentos (las mejores experiencias) vividas hasta entonces. A partir de ellas, también, uno desarrolla un sentimiento hacia el propio *karma*, en el que se debe evitar todo tipo de especulaciones y la tentación de sacar conclusiones prematuras.

Si uno ha seguido cuidadosamente este camino interior, habrá conseguido una mejor comprensión durante una sesión biográfica, y habrá desarrollado la capacidad de distinguir los problemas que tienen una profunda raíz kármica y sólo se pueden resolver con mucho tiempo, si es que se pueden resolver, de los que tienen que ver con reacciones superficiales. Esto es de gran importancia a la hora de seleccionar una estrategia para el tratamiento.

Los ejercicios mencionados son la *preparación* para los pasos en el camino interior. Estos pasos por sí mismos son de una naturaleza íntima y personal, y son por tanto difíciles de describir en términos generales. En una situación de formación, deberán ser tratados en un ambiente de confianza y confidencialidad. En general se puede decir que en los ejercicios preparatorios ya aparece (y la mayor parte de las veces en forma negativa) un juicio sobre las propias acciones.

Una condición inicial al comenzar el camino hacia las profundidades del propio ser es que uno aprenda a *mirar este juicio cara a cara* y pueda soportarlo. Uno verá cómo el *guardián menor* aparece por detrás de sus velos. Mirarle a la cara significa decirse a sí mismo: "Sí, amigo mío, aquí estás, y éste es tu aspecto; tienes mucho que cambiar en esta imagen".

Por medio de esta introspección consciente uno llega a conocer su propio cuerpo astral inconsciente, y mucho mejor que con el análisis de los sueños.

Profundizar aún más en las fuerzas orgánicas del propio cuerpo etérico es siempre una tarea arriesgada. Jung pasó por esta experiencia, pero luego tuvo que retirarse a su torre junto a un lago durante años para recuperarse.

Pero por el bien de nuestros pacientes tendremos que conocer este mundo también. La mayor parte del tiempo uno ya recorre este camino durante los tratamientos, *junto* con el paciente, primero con sus compulsiones, miedos y depresiones, ¡pero consiguientemente también con las propias! Durante el encuentro uno se topa con cosas que reconoce, y que más tarde, con tranquilidad, pueden ser el tema de una contemplación. Como uno no hace este camino sólo para el propio beneficio, sino también para el del otro, uno está protegido contra los demonios y los fantasmas que de otra manera se apoderarían de la propia alma.

En los misterios egipcios uno estaba protegido con la ayuda del sacerdote, como describí en el capítulo 2. Esta ayuda ya no la podemos recibir, ni debemos tenerla. Pero el terapeuta generoso que no se retira a la frialdad del psiquiatra que da tratamiento, sino que tiene el coraje de sufrir objetivamente con el paciente, incluso en el caso de psicosis profundas, y estar así al 50 por ciento en una situación de igualdad humana, encontrará que esta generosa compasión, esta apertura, ofrece una protección segura. Este es sobre todo el caso cuando hay una verdadera alegría compartida al hacer el paciente algún progreso.

En resumen podemos decir que en el camino exterior que uno sigue, se llega a un mundo espiritual objetivo, y en el camino interior a uno bastante subjetivo, pero igualmente espiritual. La preparación para tratar con problemas en ambos mundos debe ser el contenido de la formación del terapeuta antroposófico. Esta es tan intensa como una formación psicoanalítica.

Otra área de formación es la práctica del tratamiento. En la psicoterapia antroposófica no hay técnicas que aprender en este sentido. Este tipo de terapia siempre se produce como consecuencia de un verdadero encuentro entre personas. Por lo tanto, la segunda fase será también muy personal, y sólo posible si hay una mutua relación de confianza.

Con esto damos por concluidas estas consideraciones. Éstas intentan ser una indicación del camino hacia una *terapia biográfica*; *biográfica* porque la terapia es vista como parte de un todo en el camino de desarrollo de aquellos que buscan ayuda, desde la medianoche cósmica, a través de la vida en la tierra, hacia la próxima medianoche cósmica, que es el final de una encarnación y el comienzo de la siguiente.

La pequeña parte de este largo camino, que nos es permitido acompañar aquí en la tierra, puede ofrecernos la posibilidad de dar un *empujón* por el que el proceso de desarrollo se ponga de nuevo en movimiento y pueda continuar. Cada éxito y cada fracaso, no obstante, debe ser visto en el contexto del gran viaje entre una medianoche cósmica y la siguiente.

Notas y Bibliografía

Primera Parte

Prólogo

1.- La tercera edición revisada de este libro aparece con el título: *Maat, ritme, melodie. De therapeutische werking van muzikale elemente* (Medida, ritmo, melodía. La acción terapéutica de los elementos musicales), Zest 1983. No traducido.

2.- *Fases - Crisis y desarrollo del individuo*, 1979

Capítulo 1. El Hombre en el umbral

1.- El concepto de *realismo* se utiliza aquí en un sentido distinto al que le es habitual. En cuatro conferencias pronunciadas en 1914 (*El Pensamiento Humano y el Cósmico*, GA 151, EAM*), Rudolf Steiner describe doce modos de ver el mundo. Los cuatro principales enfoques son: *espiritualismo, idealismo, materialismo* y *realismo*. Por espiritualismo se entiende que lo primordial es el espíritu; en el idealismo, el espíritu se convierte en *idea*; el materialismo considera la materia como lo primordial; solamente en el realismo se ven como reales tanto el espíritu como la materia. El trabajo al que Rudolf Steiner consagra su vida busca adquirir conocimiento sobre la interacción que se produce entre espíritu y materia, y hacer que ese conocimiento sea fructífero para la vida cultural.

2.- El dibujo es una representación simplificada de un esbozo que hizo Rudolf Steiner durante la segunda conferencia (18 de Agosto de 1918) del ciclo *Fisiología Oculta*, GA 128, EPE*.

3.- San Mateo. 25:14. En el capítulo 5 volveremos sobre esta parábola.

4.- E. Neumann, *Depth Psychology and a New Ethic*, Harper, New York 1973.

Capítulo 2. El camino interior: los misterios egipcios

1.- Rudolf Steiner, *Makrokosmos und Mikrokosmos* (*Macrocosmos y microcosmos*), ciclo de 12 conferencias pronunciadas en Viena en 1910, GA 119. No traducido.

2.- Con respecto a estos *seres elementales*, Steiner dio muchas indicaciones. Algunos títulos:

Das Hereinwirken geistiger Wesenheiten in den Menschen (La influencia de entidades espirituales en el hombre), GA 102. No traducido.

Las Jerarquías Espirituales y su reflejo en el mundo físico, GA 110, EAM*.
Las Entidades Espirituales en los cuerpos celestes y en los reinos de la naturaleza, GA 136, EAM*.
El Hombre, Sinfonía de la Palabra Creadora, E.Kier, (Disponible en Editorial Rudolf Steiner), etc.
Los seres elementales son descritos como seres suprasensibles en la esfera de los cuatro elementos, agua, tierra, aire y fuego; se hallan en el estadío más bajo del mundo espiritual. En los cuentos de hadas aparecen como gnomos, elfos, etc.

3.- El concepto de *alma sensible* indica un determinado aspecto del alma humana. En el capítulo 10 volveremos al tema del desarrollo anímico. Los lectores que no están familiarizados con la Antroposofía de Rudolf Steiner pueden consultar en sus obras básicas *Teosofía* y *Ciencia Oculta* (ambas en Editorial Rudolf Steiner). El libro *Teosofía*, en particular, ofrece una buena imagen del hombre como ser de cuerpo, alma y espíritu. En la *Ciencia Oculta* encontramos una descripción detallada del modo en que el ser humano ha ido evolucionando a través de muchas fases y metamorfosis hasta llegar a su condición actual.

4.- Ver nota 3.

5.- Thot es el antiguo nombre egipcio, Hermes es el antiguo nombre griego y Mercurio es el nombre latino. Puesto que la mayor parte de las cosas que conocemos sobre los Misterios Egipcios proceden de descripciones griegas, los conocemos como misterios "herméticos". El término *hermético* ha retenido tan solo las connotaciones de *cerrado*, *inaccesible*, en nuestro lenguaje actual.

Capítulo 3. El Camino exterior: los Misterios del Norte

1.- Para más información sobre la corriente nórdica de misterios, véase mi opúsculo: "*Las Corrientes de Misterios en Europa y los Nuevos Misterios*, (próxima aparición) E. Rudolf Steiner.

2.- Rudolf Steiner renovó y profundizó la doctrina cristiana sobre las jerarquías, haciendo posible una visión totalmente nueva de las entidades que actúan desde el mundo espiritual. Algunas de sus obras donde trata ampliamente el tema son:
La conducción espiritual del hombre y la humanidad, GA 15, EAM y EPE, disponible en la E. Rudolf Steiner.
La Ciencia Oculta. Un bosquejo, GA 13, E. Rudolf Steiner, (próxima aparición), especialmente el capítulo "El Hombre y la Evolución del Mundo" donde se describe el papel de las jerarquías en el

proceso de la creación de la Tierra (este tema, a su vez se desbroza y sistematiza en: *La Crónica del Akasha,* GA 11, EAA, disponible en la E. Rudolf Steiner). Véase también los reseñados en la nota 2 del capítulo 2. (N del Tr.)

3.- Sobre las *Piedras de Extern,* Hans Gsänger escribió un libro sumamente interesante: *Die Extersteine. Mysterienstätte der Menschheit* (*Las Piedras de Extern. Centros de Misterios de la Humanidad*), Schaffhausen, 1978. No traducido.

4.- La Antroposofía no habla de manera abstracta sobre el *mal*, se ocupa de diversos seres que intentan evitar o desviar la evolución humana. *Lúcifer* y *Ahriman* son dos de ellos. Actúan en el hombre individual y en la vida cultural como fuerzas de oposición, pero a su vez como fuerzas de *resistencia* contra el desarrollo del ser humano que éste ha de vencer. En la literatura mencionada en la nota 2 se describen con más detalle, véase también: *Der Innere Aspekt des sozialen Rätsels. Luziferische Vergangenheit und ahrimanische Zukunft* (El aspecto interno de la cuestión social. Pasado luciférico y futuro ahrimánico), GA 193. Editorial Rudolf Steiner.

5.- La traducción alemana provisional de Rudolf Steiner puede hallarse en el ciclo de conferencias: *Der Zussammenhang des Menschen mit der elementarischen Welt. Kalewala. Olaf Östeson. Das russische Volkstum* (La relación del hombre con el mundo elemental. El Kalewala. Olav Asteson. El pueblo ruso), GA 158. No traducido.

6.- Esa traducción no había sido publicada previamente

7.- El original de esta versión está en noruego, presentada y traducida al alemán por Erich Trummler (Orient-Occident Verlag, Stuttgart/La Haya/Londres 1927).

Capítulo 4. Hombre diurno y hombre nocturno.

1.- Federico Schiller. *Cartas sobre la educación estética de la Humanidad.*

2.- Gordon W. Allport, *Becoming* (Viniendo a ser), Yale University Press, New Haven 1955.

3.- V.E. Frankl, *Homo Patiens,* Viena 1950.

4.- Desmond Morris, *El mono desnudo.*

5.- H.S. Verbrugh. *Paradigma's en begripsontwikkeling in de ziekteleer* (Paradigma y desarrollo conceptual en la patología), Haarlem 1978. No traducido.

6.- El texto original de los *Himnos* proporciona algunos problemas a los filólogos. La versión impresa en 1880 ("Athenäum-

Fassung") se desvía considerablemente de la versión manuscrita original. La razón de ello no se ha llegado a esclarecer.

La traducción que aparece en el presente libro, procede directamente del alemán y es de Miguel López Manresa, pero incluye hasta el cuarto himno (los cuatro himnos incluidos por Lievegoed en su libro). Para la versión completa de dicha traducción (Himnos 1 al 6), Véase *Himnos a la Noche* editado en 1994 por Pau de Damasc, Apartado 35288 - 08080 Barcelona. En nuestro país existen también otras versiones: al castellano, la de Francisco Elvira-Hernández, Editorial Visor. Madrid 1974; la de Eustaquio Barjau, Ediciones Cátedra, 1992, o la de José Mª Valverde, Ediciones Icaria, entre otras. O la versión al catalán de A. Tapies, Ediciones Urial.

Capítulo 5. El segundo hombre interior
1.- Ver capítulo nueve.
2.- En su libro *Vorgeburtliche Menschenwerdung* (El desarrollo humano prenatal), Fritz Wilmar ofrece una descripción extensa e imaginativa de este proceso de encarnación y de la formación del cuerpo humano por parte del ser anímico espiritual del hombre.
3.- San Mateo. 25:14.
4.- Ver nota 3 del capítulo 2.
5.- Se puede encontrar una explicación más detallada del concepto de "nodo lunar" en muchos textos de astronomía.
6.- El *año preparatorio* de la Vrije Hogeschool en Holanda está diseñado para atender a jóvenes en esta importante fase de su vida.
7.- En el libro *Fases - Crisis y desarrollo del individuo* se puede encontrar una descripción más pormenorizada de las fases de la vida que aquí se mencionan.
8.- Ver nota 4 del capítulo 3.

Capítulo 6. Los caminos de desarrollo en el pasado y en el presente.
1.- Véase Rudolf Steiner, *En el Umbral de la Ciencia Espiritual*, GA 95, EAM*.
2.- Rudolf Steiner describe determinados períodos en el desarrollo de la Tierra y del hombre que no pueden ser verificados por la investigación histórica exotérica. Ello se debe a que la Tierra física fue precedida por formas de existencia no físicas. Ha habido tres de ellas; Rudolf Steiner las llama *Antiguo Saturno, Antiguo Sol* y *Antigua Luna*. La siguiente fase, la Terrestre, comienza con

una recapitulación de las tres condiciones previas antes de que llegara a consolidarse la Tierra actual. Esas fases recapitulativas, se conocen con el nombre de *Polar, Hiperbórea, Lemuria* y *Atlántida*. La era atlante finaliza con el Diluvio Universal, bien conocido por numerosos documentos antiguos (como el Antiguo Testamento). Vivimos en la era postatlante, que puede ser subdividida en siete épocas culturales conocidas con el nombre de época Protoindia, Protopersa, Egipcio-caldea, Grecolatina, nuestra actual época (desde 1413) y dos épocas culturales que le sucederán. Solamente podemos mencionar brevemente esta evolución, lo que provoca una sensación un tanto esquemática. Pero podemos verla descrita en imágenes vívidas en obras de Rudolf Steiner como *La Ciencia Oculta*, GA 13, ERS*, o *La Crónica del Akasha*, GA 11, EAA* y ERS.

3.- En el libro de D.J. van Bemmelen, *Yoga en Anthroposofie*, Zeist 1976, se describe el sendero yóguico de Patanjali. En castellano existe abundante literatura al respecto.

4.- Las afirmaciones de Swami Mactanandra proceden de un artículo aparecido en la revista trimestral alemana *Die Drei*, Mayo 1981.

5.- Ver nota 4 del capítulo 3.

6.- Ver nota 1 del capítulo 3. Del libro de Walther Johannes Stein se ha publicado una tercera edición con el título *Weltgeschichte im Lichte des Heiligen Gral. Das neunte Jahrhundert* (La Historia del Mundo a la Luz del Santo Grial. El siglo IX.), Stuttgart 1977. No traducido.

7.- Ver Rudolf Steiner, *Esoterische Betrachtungen karmischer Zusammenhänge* (Contemplaciones esotéricas sobre relaciones kármicas), sexto volumen, GA 240. ERS.

8.- Las bien conocidas historias de Perceval se escribieron en el siglo XII. En el libro mencionado de W.J. Stein en la nota 6, sin embargo, se indica que las fuentes históricas del Grial han de buscarse en el siglo IX.

9.- Sobre la relación entre la Revolución Francesa y la corriente Rosacruz, véase por ejemplo, la obra de Irene Tetzlaff, *Der Graf von St. Germain* (El Conde de St. Germain), Stuttgart 1980. No traducido.

10.- Véase las conferencias de Rudolf Steiner del 27 y 28 de septiembre de 1911 en el ciclo *Das esoterische Christentum und die geistige Führung der Menschheit* (El Cristianismo esotérico y la guía espiritual de la humanidad), GA 130. No traducido.

11.- El *Congreso de Navidad*, que tuvo lugar en las Navidades de 1923/24, en el que Rudolf Steiner dio una forma totalmente nueva a la Sociedad Antroposófica, incluyendo la fundación de la Sociedad Antroposófica General, de la que Rudolf Steiner se convirtió en presidente. Como *fundación* para la nueva sociedad, Steiner puso la *Piedra de Fundación* (unos versos meditativos) en el corazón de los presentes. Literatura al respecto:
La Piedra Fundamental, F.W.Zeylmans van Emmichoven, EPE, ERS*.
El Congreso de Navidad, R.Steiner, Sociedad Antroposófica en España. Disponible en E. Rudolf Steiner.
Las Corrientes de Misterios en Europa y los Nuevos Misterios, B. Lievegoed, ERS*.
Die Weihnachtstagung als Zeitenwende (El Congreso de Navidad como punto de inflexión), Rudolf Grosse. No traducido.

Capítulo 7. El camino de la Antroposofía.
1.- Génesis. 30:24.
2.- El libro de Rudolf Steiner *¿Cómo se alcanza el conocimiento de los Mundos Superiores?* GA. 10 (Edit. Rudolf Steiner), apareció originalmente en artículos en la revista *Lucifer-Gnosis*. Más tarde se publicó una serie de ensayos de seguimiento con el título *Die Stufen der höheren Erkenntnis* (Las etapas del Conocimiento Espiritual, Edit. Rudolf Steiner), GA 12. Ese opúsculo contiene una descripción de las tres etapas, Imaginación, Inspiración e Intuición. Otra descripción del sendero de desarrollo la encontramos en la *Ciencia Oculta*, en el capítulo "El Sendero de Conocimiento de los Mundos Superiores". Vale la pena mencionar al respecto el excelente libro de Paul Eugen Schiller: *Der Anthroposophische Schulungsweg* (El sendero antroposófico de autodesarrollo).
3.- Véase, por ejemplo, *La Metamorfosis de las Plantas*, J.W. Goethe, EPD*; el libro *Goethe y su visión del Mundo*, Rudolf Steiner, GA 6, Edit. Rudolf Steiner, contiene un instructivo capítulo sobre el modo en que Goethe fue poco a poco abriéndose paso a la observación de la *planta arquetípica*.
4.- Basado en una nota del Conde Polzer-Hoditz sobre su última conversación con Rudolf Steiner.
5.- Ver B.C.J. Lievegoed, *Der geistige Strom der heilpädagogische Bewegung* (La corriente espiritual del movimiento de la pedagogía curativa), publicación manuscrita, Rheineck (Suiza) 1972. No traducido.

6.- Véase Rudolf Steiner, *El Calendario del Alma*, EPD*, meditaciones para las semanas del año. Y también *Das Jahreskreislauf als Atmungsvorgang der Erde und die vier grossen Festzeiten* (El ciclo anual como proceso respiratorio de la tierra y las cuatro grandes festividades), GA 223. No traducido.

Capítulo 8. Sobre los "dobles" humanos.

1.- Un ejemplo espléndido es *El Retrato de Dorian Gray* de Oscar Wilde.

2.- En 1914 apareció *La Forme Humaine* de A. Sigaud. En 1947, se produjo una importante continuación de la obra de Sigaud con el libro de Corman: *La Diagnostic du Temperament par la Morphologie*.

3.- Literatura sobre los temperamentos: Rudolf Steiner, *El misterio de los Cuatro Temperamentos,* EAA*, disponible en Edit. Rudolf Steiner; C. v. Heydebrand: *La infancia, estudio del alma en cierne*, EAM* y A.C. Harwood, *The Way of the Child* (El camino del niño). No traducido. John Benians, *Los años de oro.* Edit. Rudolf Steiner.

4.- *Sistema neurosensorial y sistema rítmico-respiratorio*; en este contexto se trata de conceptos relacionados con la naturaleza tripartita del hombre. Basándonos en la idea de polaridad, distinguimos entre un *polo superior* (sistema neurosensorial, con la cabeza como centro), un *polo inferior* (el sistema metabólico-motor) y entre los dos una esfera media independiente (el sistema rítmico-respiratorio, con el corazón como centro). Rudolf Steiner habló por primera vez de esta constitución ternaria del hombre en su libro *Von Seelenrätsel* (Sobre los Enigmas del Alma) GA.20 No traducido. Una excelente introducción a los conceptos de la tripartición humana es el librito del Dr. Walther Bühler, *El Cuerpo, Instrumento del Alma*, EPD*

5.- Compárese, por ejemplo, el Capítulo "El sueño y la Muerte" en la *Ciencia Oculta* de Rudolf Steiner. (GA. 13). ERS*

6.- Véase Rudolf Steiner, *Las Jerarquías Espirituales,* GA 110, EAM*.

7.- Véase la nota 6 del capítulo 7.

8.- El título de la conferencia es: *El Misterio del doble. Medicina Geográfica*, EAM* y EPE*, disponible en Edit. Rudolf Steiner, incluida en el ciclo (el resto del cual no está traducido): *Individuelle Geistwesen und ihr Wirken in der Seele des Menschen* (Entidades espirituales individuales y su acción en el alma humana), GA 178.

9.- Véase la nota 2 del Capítulo 2

10.- Rudolf Steiner describe cómo, a raíz de las experiencias de una encarnación masculina, surge en el alma la necesidad de encarnar como mujer en la siguiente encarnación y viceversa. En este sentido, por tanto, existe una *ley* , pero existen numerosas excepciones. Véase el ciclo de Rudolf Steiner, *Las Manifestaciones del Karma*, GA 120, EK*, disponible en Edit. Rudolf Steiner..

11.- *La Ciencia Oculta. Un bosquejo*, Rudolf Steiner, GA13.

12.- Las citas en este texto de *¿Cómo se alcanza el conocimiento de los Mundos Superiores?*. Edit. Rudolf Steiner, han sido tomadas de la versión inglesa, excepto en el uso de la forma moderna de la segunda persona; la letra en cursiva es del autor.

13.- *Ein Weg Zur Selbsterkenntnis des Menschen*. (Un Sendero para el Autoconocimiento del Hombre), Rudolf Steiner, GA 16.

14.- Rudolf Steiner escribió cuatro *Dramas-Misterio* que se representan regularmente en el Goetheanum en Dornach, Suiza., y en otros lugares. *Vier Mysterien Dramen* (Cuatro Dramas-Misterio), GA 14. No traducidos.

Capítulo 9. Los procesos planetarios en el cosmos y en el hombre

1.- Véase B.C.J Lievegoed, *La acción de los planetas en los procesos de vida y en el hombre*. No traducido.

2.- Véase la nota 4 del capítulo 8.

3.- G. Wachsmuth. *Erde un Mensch - ihre Bildekräfte, Rythmen und Lebensprozesse* (El Hombre y la Tierra - sus fuerzas formativas, ritmos y procesos de vida), Kreuzlingen 1945. No traducido.

4.- Una buena descripción de esta función del cuerpo astral la hallamos en el capítulo "El Sueño y la Muerte" en *Ciencia Oculta, un bosquejo*, Rudolf Steiner, GA 13.

5.- Véase el ciclo de conferencias *El Hombre Suprasensible* de Rudolf Steiner, pronunciado en la Haya en 1923, GA 213, EAM*.

6.- La siguiente descripción de los procesos planetarios se basa en los resultados de las investigaciones de L. Kolisko, sobre la relación entre los planetas y los metales. Véase *Die Wirkung der Sterne in Erdenstoffe* (La Acción de los astros en las sustancias terrestres), Stuttgart 1928. No traducido.

7.- Véase J.W. von Goethe, *El Cuento de la Serpiente Verde* (Se puede hallar en el libro *La Nueva Melusina*, editado por Obelisco, Barcelona 1985, en el que se incluyen los tres cuentos de Goethe: *La Nueva Melusina, El nuevo París y La Serpiente Verde*).

8.-Véase la nota 1 del capítulo 1.

Capítulo 10. El desarrollo del alma sensible, del alma intelectiva y de corazón y del alma consciente.
1.- Véase Rudolf Steiner. *Makrokosmos und Mikrokosmos*, GA 119. No traducido.
2.- Véase nota 2 del capítulo 6.
3.- Véase nota 1 del capítulo 4.
4.- Rudolf Steiner e Ita Wegman, *Fundamentos para una ampliación del arte de curar*, GA 27, EPE*, ERS*.
5.-En 1919, Rudolf Steiner difundió la idea de la *tripartición del orden social*. Véase de Rudolf Steiner: *El Nuevo Orden Social*, GA 23, EK*, *El Futuro Social*, GA 382a, EAA*, ERS*; *Introducción a la Economía Política*, GA 340, EPE*, disponible en la Edit. Rudolf Steiner; o el libro de D.W. Frei: *Política con fundamento humano*, EPE*, disponible en la Edit. Rudolf Steiner.

Capítulo 11. La sombra del camino interior.
1.- El Kali Yuga: en la época Protoindia se sabía que en la evolución de la Tierra y de la Humanidad, se produciría una *época oscura*, que duraría 5000 años y que (de acuerdo con nuestro calendario) acabaría en 1899.
El Arcángel Micael (San Miguel): El liderazgo de la cultura terrestre descansa en siete arcángeles que se van turnando para actuar como *espíritu del tiempo* durante un período de 350 años cada uno. En 1879, Micael asumió su turno después del liderazgo de Gabriel. Véase de Rudolf Steiner: *La Misión de Micael* (GA. 194) EAM* y *Esoterische Betrachtungen karmischer*
(Contemplaciones esotéricas sobre las relaciones kármicas), Vol. 3, GA 237. No traducido.
2.- Véase la nota 14 capítulo 8.

Capítulo 12. La sombra del camino exterior
1.- Flo Conway y Jim Siegelman, *Snapping*, 1978
2.- *Die Himmlischen Verfhhrer. Sekten in Deutschland* (Los tentadores celestiales. Las sectas en Alemania), Hamburgo 1979. No traducido

Segunda Parte

Capítulo 13.
El pensar terapéutico en la psicoterapia antroposófica.
1.- Para el concepto de *karma* en la Antroposofía véanse los libros básicos de Rudolf Steiner (Nota 3, capítulo 2) y sus ciclos de conferencias *Las Manifestaciones del Karma*, GA 120, EK*, *Reencarnación y Karma*, GA 135, EAA*. O la colección *Cuadernos de Reflexión sobre el Karma*, EPD*. (Disponibles en la Edit. Rudolf Steiner).
2.- Consúltese cualquiera de los buenos libros sobre Jung.
3.- Rudolf Steiner, *Curso de pedagogía curativa*, GA 317, EAM* (próxima aparición Edit. Rudolf Steiner). Este curso ofrece las bases de la educación curativa antroposófica.
4.- Entre algunos de los títulos sobre la Pedagogía Waldorf: de R. Steiner: *La Educación del Niño - Metodología de la Enseñanza*, GA 308, Editorial Rudolf Steiner, y los numerosos ciclos traducidos por la Editorial Antroposófica de México (EAM*); consúltese también de Frans Carlgren *Una pedagogía para la Libertad*, ERS* y los *Cuadernos de Higiene Social*, (todos disponibles en la Editorial Rudolf Steiner)
5.- Rudolf Steiner, *Curso de pedagogía para Jóvenes*, GA 217, Edit. Rudolf Steiner.

Capítulo 14. Puntos de vista para el diagnóstico y la terapia.
1.- Una introducción a la medicina antroposófica en español la hallamos en el libro del Dr. Victor Bott *La Medicina Antroposófica* (2 volúmenes), Editorial Cárcamo, Madrid, (disponible en la Editorial Rudolf Steiner). Y en el librito escrito por Rudolf Steiner e Ita Wegman *Fundamentos para una ampliación del Arte de Curar*, GA 27, EPE*, o el ciclo de Rudolf Steiner *La Ciencia espiritual y la Medicina*, GA 312, EPE*.
2.- Una buena idea de la esencia del enfoque antroposófico a la terapia artística (con énfasis en la pintura) lo hallamos en el libro de Margarette Hauschka: *Zur kunstlerischen Therapie* (Hacia una Terapia Artística), 1978.
3.- Una buena introducción, aunque no sea fácil, a la observación goetheana lo constituye el libro de J. Bockemühl *Partnership with Nature*, Wyoming, R.I., 1981.

Capítulo 15. El tratamiento terapéutico de perturbaciones en el desarrollo anímico.
1.- *Ciencia Oculta*. ERS*.

Capítulo 16. La constitución histérica.
1.- En investigaciones sobre el sueño realizadas mediante EEG, el REM (movimiento rápido del ojo) ha sido interpretado como una forma de sueño ligero; aquí se describe como una forma de sueño en el que se activa la función profundamente inconsciente del movimiento en el hombre.
2.- Véase la nota 2 capítulo 13.
3.- Compárese con las notas 4 del capítulo 10 y la nota 1 del capítulo 14.
4.- La Dra. Margarette Hauschka desarrolló la terapia de baños o hidroterapia y el masaje rítmico en base a indicaciones de la Dra. Ita Wegman. Véase de M. Hauschka. *Rythmische Therapie und Massage*.
5.- Véase nota 3, capítulo 13.
6.- El Yo Espiritual, el Espíritu de Vida y el Hombre-Espíritu son los tres miembros constitutivos superiores del ser humano. Véase la literatura mencionada en la nota 3 del capítulo 2.

Capítulo 17. Vías de escape.
1.- Véase nota 5 del capítulo 9.
2.- Estos versos están incluidos en el ciclo de 1923: *Initiationswissenschaft und Sternenerkenntnis* (La Ciencia de la Iniciación y el Conocimiento de los Astros), GA 228. No traducido. Estos son los versos originales en alemán:

  Ich schaue in die Finsternis:
  In ihr ersteht Licht.
  Lebendes Licht.
  Wer ist dies Licht in der Finsternis?
  Ich bin es selbst in meiner Wirklichkeit.
  Diese Wirklichkeit des Ich
  Tritt nicht ein in mein Erdendasein.
  Ich bin nur bild davon.
  Ich werde es aber wieder finden
    Wen ich,
    Guten Willens für den Geist,
    Durch des Todes Pforte gegangen.

3.- Sobre la experiencia del yo a los 10 años de edad, véase de B.C.J. Lievegoed: *Las Etapas Evolutivas del niño*, EAM*. (Próxima aparición Edit. Rudolf Steiner).

* Abreviación de las editoriales que han publicado dichos títulos en castellano:

ERS: Editorial Rudolf Steiner - Guipúzcoa 11 1º Izq. - 28020 MADRID. Tlf. 553.14.81

EPD: Ediciones Pau de Damasc - Apartado 35288 - 08080 BARCELONA (sólo por correo).

EPE: Epidauro Editora - Buenos Aires, Argentina.

EAA: Editorial Antroposófica Argentina - Buenos Aires, Argentina.

EAM: Editorial Antroposófica México - México D.F.

EK: Editorial Kier - Buenos Aires, Argentina.

La abreviatura "GA" seguida de un número se refiere al número qu el libro ocupa dentro de la Edición Completa (Gesamt Ausgabe) d la obra de Rudolf Steiner, de más de 350 títulos.

Para los títulos en alemán solicítese información, entre otras, a las direcciones siguientes:

Engel und Co. GMBH - Alexanderstr.11 - 70011 STUTTGART - Alemania.

Buchhandlung am Goetheanum - Goetheanum - CH-4113 DORNACH - Suiza.

De gran parte de los títulos en original alemán u holandés existen versiones en inglés o francés.

Para información de lo publicado en inglés:

Rudolf Steiner Bookshop - 35 Park Road - LONDON NW1 6XT - Inglaterra.

Para información de lo publicado en francés:

Centre Triades - 4, rue de la Grande Chaumière - 75006 PARIS - Francia.

Les Trois Arches - 24, avenue des Tilleuls - 78400 CHATOU - Francia.

Editions Anthroposophiques Romandes - 11, rue Verdaine - CH-1204 GINEBRA - Suiza.